JULES MICHELET

L'AMOUR

Elibron Classics
www.elibron.com

Elibron Classics series.

© 2005 Adamant Media Corporation.

ISBN 1-4212-0322-7 (paperback)
ISBN 1-4212-0321-9 (hardcover)

This Elibron Classics Replica Edition is an unabridged facsimile
of the edition published in 1858 by L. Hachette et Cie,
Paris.

Elibron and Elibron Classics are trademarks of
Adamant Media Corporation. All rights reserved.

This book is an accurate reproduction of the original. Any marks, names, colophons, imprints, logos or other symbols or identifiers that appear on or in this book, except for those of Adamant Media Corporation and BookSurge, LLC, are used only for historical reference and accuracy and are not meant to designate origin or imply any sponsorship by or license from any third party.

J. MICHELET

L'AMOUR

PARIS

LIBRAIRIE DE 'L. HACHETTE ET CIE

14, RUE PIERRE-SARRAZIN, 14

1858

L'auteur se réserve son droit de reproduction et de traduction.

INTRODUCTION

I

Le titre complet de ce livre qui en dirait parfaitement le but, le sens et la portée, serait : L'affranchissement moral par le véritable Amour.

Cette question de l'Amour gît, immense et obscure, sous les profondeurs de la vie humaine. Elle en supporte les bases même et les premiers fondements. La Famille s'appuye sur l'Amour, et la Société sur la Famille. Donc l'Amour précède tout.

Telles les mœurs et telle la Cité. La liberté serait un mot, si l'on gardait des mœurs d'esclaves.

Ici on cherche l'idéal, mais l'idéal qui se peut

réaliser aujourd'hui, non celui qu'il faut ajourner à une société meilleure. C'est la réforme de l'Amour et de la Famille qui doit précéder les autres et qui les rendra possibles.

Un fait est incontestable. Au milieu de tant de progrès matériels, intellectuels, le sens moral a baissé. Tout avance et se développe; une seule chose diminue, c'est l'âme.

Au moment vraiment solennel où le réseau des fils électriques, répandu sur toute la terre, va centraliser sa pensée et lui permettre d'avoir enfin conscience d'elle-même, quelle âme allons-nous lui donner? Et que serait-ce si la vieille Europe, dont elle attend tout, ne lui envoyait qu'une âme appauvrie?

L'Europe est vieille et elle est jeune, en ce sens qu'elle a, contre sa corruption, les rajeunissements du génie. A elle de changer le monde en se changeant. Elle seule sait, voit et prévoit. Qu'elle garde la volonté, et tout est sauvé encore.

On ne peut se dissimuler que la volonté n'ait subi dans les derniers temps de profondes altérations. Les causes en sont nombreuses. J'en signalerai deux seulement, morales et physiques à la fois, qui, frappant précisément au cerveau et l'émoussant, tendent à paralyser toutes nos puissances morales.

Depuis un siècle, l'invasion progressive des spiritueux et des narcotiques se fait invinciblement, avec des résultats divers selon les populations ; — ici obscurcissant l'esprit, le barbarisant sans retour, — là mordant plus profondément dans l'existence physique, atteignant la race même, — mais partout isolant l'homme, lui donnant, même au foyer, une déplorable préférence pour les jouissances solitaires.

Nul besoin de société, d'amour, de famille. A la place, les mornes plaisirs d'une vie polygamique, qui, n'imposant nulle charge à l'homme, ne garantissant pas la femme (comme la polygamie de l'Orient), est d'autant plus destructive, indéfinie, sans limite, stimulante et énervante par un continuel changement.

On se marie de moins en moins (voir les chiffres officiels). Et, ce qui n'est pas moins grave, quand la femme est épousée, ce n'est que très-tard. A Paris, où elle est précoce et nubile de bonne heure, elle n'arrive au mariage qu'à vingt-cinq ans. Donc, huit ou dix ans d'attente, le plus souvent de misère, de désordres même forcés. Le mariage est peu solide et ne garantit pas de l'abandon.

Etat sauvage où l'amour n'est qu'une guerre à la femme, profitant de sa misère, l'avilissant, et flétrie, la rejetant vers la faim.

Chaque siècle se caractérise par sa grande maladie. Le treizième fut celui de la lèpre ; le quatorzième, de la peste noire; le seizième, de la syphilis; le dix-neuvième est frappé aux deux pôles de la vie nerveuse, dans l'idée et dans l'amour, chez l'homme au cerveau, énervé, vacillant, paralytique, chez la femme à la matrice, douloureusement ulcérée. Ce siècle sera nommé celui des maladies de la matrice, — autrement dit, de la misère et de l'abandon de la femme, de son désespoir.

La punition est celle-ci : c'est que cette femme souffrante, de son sein endolori, n'enfantera qu'un malade, qui, s'il vit, cherchera toujours, contre l'énervation native, un secours fatal dans l'énervation alcoolique et narcotique. Supposons que, par malheur, un tel homme se reproduise, il aura d'une femme plus souffrante encore un enfant plus énervé. Vienne plutôt la mort pour remède et guérison radicale.

INTRODUCTION

On a senti parfaitement dès le commencement du siècle que la question de l'amour était la question essentielle qui se débat sous les bases même de la société. Où il est fixe et puissant, tout est fort, solide et fécond.

Les illustres utopistes qui, sur tant d'autres sujets (sur l'éducation, par exemple), ont jeté de vives lueurs, n'ont pas été si heureux sur le sujet de l'amour. Ils y ont montré, j'ose dire, peu d'indépendance d'esprit. Leurs théories, hardies de forme, n'en sont pas moins pour le fond serves du fait, calquées timidement sur les mœurs du temps. Ils trouvaient la polygamie, et ils y ont obéi, en faisant pour l'avenir des utopies polygamiques.

Sans grande recherche morale, ils auraient pu, pour trouver la vraie loi en cette matière, consulter simplement l'histoire et l'histoire naturelle.

Dans l'histoire, les races d'hommes sont fortes, au physique et au moral, précisément en raison de la vie monogamique.

Dans l'histoire naturelle, les animaux supérieurs tendent à la vie de mariage et l'atteignent au moins pour un temps. Et, c'est en grande partie pour cela qu'ils sont supérieurs.

On dit que l'amour chez les animaux est changeant et variable, que la mobilité dans le plaisir est pour eux l'état de nature. Je vois cependant, que dès qu'il y a quelque stabilité possible, des moyens réguliers de vivre, il se forme entre eux des mariages, du moins temporaires, créés non pas seulement pour l'amour de leur couvée, mais très-réellement par l'amour. J'en ai fait cent fois la remarque, spécialement en Suisse sur un ménage de pinsons. La femelle ayant péri, le mâle tomba dans le désespoir et laissa périr les petits. Évidemment c'était l'amour, et non l'amour paternel, qui l'avait retenu au nid. Elle morte, tout était fini.

La nourriture moins abondante dans le progrès de la saison oblige beaucoup d'espèces à rompre leurs mariages temporaires Les conjoints sont bien forcés de se séparer alors, d'étendre leur rayon de quête et de chasse, et ils ne peuvent plus revenir le soir au même nid. Ainsi la faim les divorce, non la volonté. Les petits progrès d'industrie qu'amène toujours la fixité du mariage sont interrompus, annulés.

Autrement, ils resteraient. Ce n'est pas seulement le plaisir qui les tient, car la femelle fécondée ne le donne guère. C'est le véritable instinct de la société, de la vie commune, la jouissance de sentir près de soi tout le jour une petite âme à soi, qui compte sur vous, vous appelle, a besoin de vous, ne vous confond nullement (vous pinson, vous rossignol), avec nul de même espèce, n'écoute que votre chant, et y répond fréquemment par ces cris plaintifs et doux, à voix basse pour ainsi dire (pour être entendue d'un seul), de son cœur à votre cœur.

———

De nos jours, on est revenu avec force sur les questions de l'Amour. Des écrivains de génie, tel dans des romans immortels, tel sous forme théorique, éloquente, âpre et austère, les ont puissamment agitées. Pour des raisons qu'on comprendra, je m'abstiens d'examiner leurs livres; nos dissentiments paraîtront assez par le mien. Je me permettrai seulement de dire, malgré mon admiration et mon respect sympathique, que ni d'un côté ni de l'autre on n'a pénétré assez au fond du sujet.

Ses deux faces, l'une physiologique, l'autre de pratique morale, sont restées encore obscures.

La discussion continue sans qu'on sache, ou qu'on daigne remarquer, qu'elle porte sur plus d'un point où l'autorité suprême, celle des faits, a prononcé, tranché sans retour.

L'objet de l'amour, la femme, en son mystère essentiel, longtemps ignoré, méconnu, a été révélé par une suite de découvertes, de 1827 à 1847.

Nous connaissons cet être sacré, qui, justement en ce que le moyen âge taxait d'impureté, se trouve en réalité le saint des saints de la nature.

La variation légitime de la femme a été connue. Et non moins sa fixité, ce qui fait le caractère, fatalement durable, de l'union et du mariage.

Comment parler de l'amour, sans dire un mot de tout cela ?

— — —

Une autre chose essentielle, c'est que l'amour n'est pas, comme ils le disent, ou le font entendre, une crise, un drame en un acte. Si ce n'était que cela, un accident si passager vaudrait à peine l'attention. Ce serait une de ces maladies éphémères, superficielles, dont on cherche seulement à être quitte au meilleur marché possible.

Mais, fort heureusement, l'amour (et j'entends l'amour fidèle et fixé sur un objet) est une succession, souvent longue, de passions fort différentes qui alimentent la vie et la renouvellent. Si l'on sort des classes blasées qui ont besoin de tragédies, de brusques changements à vue, je vois l'amour continuer le même, parfois toute une vie, avec différents degrés d'intensité, des variations extérieures qui n'en altèrent pas le fond. Sans doute, la flamme ne brûle qu'à condition de changer, hausser, baisser, remonter, varier de forme et de couleur. Mais la nature y a pourvu. La femme varie d'aspects sans cesse ; une femme en contient mille. Et l'imagination de l'homme varie aussi le point de vue. Sur le fond, généralement solide et tenace, de l'habitude, la situation dessine des changements qui modifient, rajeunissent l'affection.

Prenez, non pas l'exception, le monde élevé, romanesque, mais la règle, la majorité, les ménages de travailleurs (c'est la presque totalité), vous y voyez que l'homme, plus âgé que la femme de sept ans, dix ans peut-être, et qui a été d'ailleurs bien plus mêlé à la vie, domine d'abord de beaucoup sa jeune compagne par l'expérience, et l'aime un peu comme sa fille. — Elle l'égale ou le dépasse bien vite : la maternité, la sagesse économique, augmentant son importance, elle compte autant que lui, et elle est aimée comme sœur. — Mais quand le métier, la fatigue, ont fait baisser l'homme, la femme, sobre et sérieuse, vrai génie de la maison, est aimée de lui comme mère. Elle le soigne, elle prévoit ; il se repose sur elle et souvent se permet d'être quelque peu enfant, sen-

a.

tant qu'il possède en elle une si bonne nourrice et une providence visible.

Voilà à quoi se réduit, *chez les petites gens*, cette grande et terrible question de la supériorité d'un sexe sur l'autre, question si irritante, dès qu'il s'agit des gens *comme il faut*. C'est surtout une question d'âge. Vous la verrez résolue, le lendemain de la noce, au profit de l'homme, quand la femme est petite fille, — résolue au profit de la femme plus tard. Quand, le samedi soir, l'homme apporte son salaire; elle fait la part de la semaine (la nourriture des enfants), elle laisse à son mari l'argent de ses menus plaisirs. Et elle n'oublie qu'elle-même.

Si l'amour n'est qu'une crise, on peut aussi définir la Loire une inondation.

Mais songez donc que ce fleuve, dans son cours de deux cents lieues, dans son action si multiple, si variée, comme grande route, comme irrigation des cultures, comme rafraîchissement de l'air, etc., influe de mille et mille manières. C'est lui faire tort que de le prendre uniquement par ce côté violent que vous trouvez plus dramatique. Laissons son drame accidentel, qui réellement est secondaire. Prenons-le plutôt dans l'épopée régulière de sa grande vie de fleuve, dans ses influences salutaires et fécondes, qui ne sont pas moins poétiques.

Dans l'amour, le moment du drame est intéressant, sans doute. Mais c'est celui de la violence fatale où l'on ne peut qu'assister, où l'on n'influe que très-peu. C'est comme le torrent qu'on regarde au point le plus resserré, écumant et furieux. Il faut le prendre dans l'ensemble et la continuité de son cours. Plus haut, il fut ruisseau paisible; plus bas, il devient rivière large, mais docile.

L'amour est une puissance nullement indisciplinable. Il donne, comme toute autre force naturelle, une prise à la volonté, à l'art, qui, quoi qu'on en dise, le crée très-facilement et facilement le modifie par les milieux, les circonstances extérieures et les habitudes.

Comment l'homme plus âgé, plus avancé, plus éclairé, initiera la jeune femme?

Comment la femme développée, arrivée à son apogée de grâce et de puissance, retient, reprend le cœur de l'homme, le relève fatigué, le rajeunit, lui rend des ailes pour planer sur les misères de la vie et du métier?

Quel est **le règne** de l'homme sur la femme, et de **la femme** sur l'homme?

C'est une science et c'est un art. Nous en disons le premier mot. D'autres approfondiront.

Pour résumer ce qui précède :

On n'a guère pris encore l'amour que par son moment, son côté le moins instructif.

Il a un côté fatal et profond d'histoire naturelle, qui influe infiniment sur son développement moral. Cela a été négligé.

Il a un côté libre et volontaire, où l'art moral agit sur lui, et qui a été négligé.

Ce livre est un premier essai pour remplir ces deux lacunes.

II

Tant que le côté fatal, invariable, de l'amour n'était pas éclairci, on ne savait pas précisément où commençait sa liberté, son action spontanée, personnelle et variable. La femme était une énigme. On pouvait éternellement en jaser, et dire le pour et le contre.

Quelqu'un, entre ces discoureurs, s'est avancé et a tranché le débat : quelqu'un qui en sait beaucoup, la sœur de l'amour : la Mort.

Ces deux puissances, en apparence opposées, ne vont pas l'une sans l'autre. Elles luttent, mais à force égale. L'amour ne tue pas la mort, la mort ne tue pas l'amour. Au fond, ils s'entendent à merveille. Chacun d'eux explique l'autre.

Notez qu'il fallait ici (pour saisir la vie tiède encore) la mort sous sa forme rapide, cruelle, la mort violente. C'est elle surtout qui nous enseigne. Les suppliciés ont révélé le mystère de la digestion. Et les femmes suicidées celui de l'amour physique et de la génération.

Il fallait trouver un lieu où la mort violente fût commune, où le suicide livrât sans cesse à l'observation un nombre immense de femmes de tout âge, et la plupart dans leurs crises de souffrances, celles-ci au moment du mois où la nature les exalte, celles-là enceintes qui voulurent mourir avec leur enfant, des vierges enfin, pauvres fleurs qui désespérèrent de l'amour.

Je n'ai pas le chiffre total pour Paris. Mais le lieu de Paris où l'on expose les corps de celles qui ne meurent pas chez elles, la Morgue, en reçoit cinquante par an. C'est donc cinq cents en dix ans! Nombre énorme, si l'on songe à leur timidité naturelle et à la peur extrême qu'elles ont de la mort.

Dans quels mois ces morts violentes de femmes sont-elles le plus communes? Aux beaux mois où elles sentent plus cruellement leur abandon, aux mois riants où la femme aime. Car c'est un point essentiel que l'amour, la génération, est plus recherchée par l'homme dans les fêtes de l'hiver et dans les banquets qui les suivent; par la femme au temps des fleurs, sous les influences plus pures de la nature rajeunie, du soleil et du printemps. Alors elles supportent bien moins leur douloureux isolement, leurs misères sans consolation, et elles aiment mieux mourir.

Les statistiques ne font pas comprendre cela. Elles confondent la plupart de celles qui meurent ainsi dans l'exaltation de l'amour, sous le nom d'aliénées.

———

Dès le commencement du siècle, la science s'était mise en marche vers la grande révélation. Geoffroy Saint-Hilaire et Serres créèrent l'embryogénie. Baër (1827) commença l'ovologie, et fut suivi de MM. Négrier et Coste. En 1842, un maître, Pouchet de Rouen, formula toute la science, et par un livre de génie la posa pour l'avenir dans une audacieuse grandeur.

Il n'avait guère observé que sur les mammifères inférieurs, peu sur la femme elle-même. L'ingénieux et savant Coste et son habile auxiliaire Gerbes (artiste anatomiste) eurent la gloire et le bonheur de voir toute la vérité. Pendant dix ans environ (depuis la création de la chaire d'ovologie jusqu'à la publication de l'incomparable atlas qui complète ces révélations), ils ont pu lire dans la mort, et des centaines de femmes leur ont livré le suprême mystère d'amour et de douleur.

———

Au total, quel résultat de cette enquête solennelle ? que ressort-il de ce grand et cruel naufrage de femmes, de cette alluvion funéraire que nous jettent chaque année l'isolement, l'abandon, l'amour trompé, le désespoir ?

Ce qui reste de ce naufrage, c'est une grande vérité qui change infiniment l'idée qu'on se faisait de la femme :

Ce que le moyen âge insultait et dégradait, appelait impureté, c'est précisément sa crise sacrée ; c'est ce qui la constitue un objet de religion, souverainement poétique. L'amour l'avait toujours cru, et l'amour avait raison. La sotte science d'alors avait tort.

Mais *la femme est sous le poids d'une grande fatalité.* La nature favorise l'homme. Elle la lui donne faible, aimante, dépendante d'un constant besoin d'être aimée et protégée. Elle aime d'avance celui à qui Dieu semble la mener. Pour se défier, se défendre, s'arrêter sur cette pente, il lui faut bien plus de force d'âme qu'il ne nous en faut jamais, et dix fois plus de vertu. Quel devoir pour nous ! La Nature se remet de son innocente fille à la magnanimité de l'homme.

Mais voici qui est plus fort. Des faits, venus d'une autre source (*V. Lucas*, t. II, p. 60), commencent à établir que l'union d'amour, où l'homme se porte si légèrement, est pour la femme bien autrement profonde et définitive que l'on n'avait jamais pu croire. Elle se donne toute et sans retour. Le phénomène observé sur les femelles inférieures se retrouve, moins régulier, mais se retrouve sur la femme. La fécondation la transforme de manière durable. La veuve donne fréquemment au second époux des enfants qui ressemblent au premier.

Cela est grand et terrible. — La conclusion est accablante pour le cœur de l'homme. Quoi! la nature a tant fait pour lui, l'a favorisé à ce point! Lui ensuite qui fait les lois, il s'est favorisé lui-même, il s'est tellement armé contre une faible créature que la souffrance lui livre! Avec ce double avantage, quelle devrait être sa douceur pour la femme, combien tendre sa protection !

Le flux et reflux vital, le profond renouvellement qu'elle subit avec tant de douleur, en fait le plus doux, le plus modifiable des êtres, dès qu'on l'aime et qu'on l'enveloppe, qu'on l'isole des mauvaises influences. Toute folie de la femme est une sottise de l'homme.

Dans quelle harmonie profonde, dans quelle étonnante régularité, se fait le grand mouvement et de la vie et des idées! Le détail arrive confus, ce semble, et tout fortuit. Éloignez-vous, voyez l'ensemble; vous êtes plus que surpris, renversé d'admiration, devant l'à-propos singulier avec lequel des pièces toutes diverses et sans rapport apparent, s'ignorant les unes les autres, viennent s'agencer, concorder, pour bâtir le poëme éternel.

Dans cette période de vingt ans où la dépendance physique de la femme fut si fortement démontrée par la science, sa libre personnalité non moins fortement éclata dans la littérature. A cette loi de la nature qui l'asservit à la douleur, en fait une chose souffrante, elle répond : « Non, je suis une âme! »

La voilà donc révélée, et dans sa fatalité, et dans sa personnalité. Autant elle nous attendrit, autant d'autre part elle impose de respect et d'admiration. Des deux côtés s'ouvre à nous un bonheur inattendu, celui d'aimer davantage, une infinie perspective dans l'approfondissement de l'amour.

Qui nierait cette jeune puissance par laquelle elle a éclaté. Le grand prosateur du siècle est une femme, madame Sand. Son poëte le plus chaleureux est une femme, madame Valmore. Le plus grand succès du temps est celui d'un livre de femme, le roman de madame Stowe, traduit dans toutes les langues, et lu par toute la terre, devenu pour une race l'évangile de la liberté.

Si les premiers mots de la femme ont semblé des voix de révolte, qui peut se méprendre aux cris de douleur de cette pauvre malade, dans l'agitation du réveil?... Soignez-la et aimez-la... Ah! que la plus fière donnerait aisément les gloires du monde pour un moment d'amour vrai! Le livre où veut écrire la femme, le seul livre, c'est le cœur de l'homme, écrire en lettres de feu qui ne s'effacent jamais.

L'éclat et le bruit littéraire nous ont fort exagéré les changements qui se sont faits. Toute cette agitation est à la surface. La femme est ce qu'elle était. Telle que la science récente nous l'explique, atteinte de la blessure d'amour qui saigne toujours en elle, attendrie par la souffrance, heureuse de s'appuyer, telle elle fut, telle elle reste. Partout où elle est solitaire, où le monde ne la gâte pas, c'est un être bon et docile, se pliant de cœur à nos habitudes, qui souvent lui sont très-contraires, adoucissant les rudes volontés de l'homme, le civilisant et l'ennoblissant.

Les femmes et les enfants sont une aristocratie de grâce et de charme. Le servage du métier abaisse l'homme et le rend souvent étroit et grossier. Le servage de la femme n'est que celui de la nature ; il n'est autre que sa faiblesse, sa souffrance, qui la rend attendrissante et poétique.

Le Corrège peignait toujours (et insatiablement) des enfants très-jeunes, au moment où la vie lactée, la vie physique et fatale, étant dépassée, laissait apparaître le premier rayon de leur petite liberté. Elle se révèle alors dans leurs jolis mouvements avec une indicible grâce. L'enfant est gracieux parce qu'il se sent libre et qu'il se sent très-aimé, parce qu'il sait d'instinct qu'il peut faire tout ce qu'il veut et que toujours on l'en aimera davantage. La mère n'est pas moins admirable en ce premier ravissement : « Ah ! qu'il est vif ! ah ! qu'il est fort !... il est capable de me battre ! » Ce sont ses cris. Elle est heureuse ; elle l'adore en ses résistances, en ses charmantes révoltes... Est-ce qu'il en aime moins sa mère ? Elle sait bien le contraire. S'il la voit un peu fâchée, il se rejette en ses bras.

Comment l'homme, au premier élan de la personnalité de la femme, n'a-t-il pas été pour elle ce qu'est la mère pour l'enfant ?

Longtemps elle semblait muette, ne disait

rien. Voyez, dans le théâtre indien, la tristesse de l'amant quand il ne peut tirer un mot de cette belle bouche. Et que sait-il s'il est aimé? est-ce une personne? est-ce une chose? « Au nom de ceux que tu aimes, ne parleras-tu donc jamais?... — Comment saurais-je, ô mon seigneur!... » Ce silence et cette ignorance éternelle du consentement et de la pensée cachée, au fond, c'est un vrai divorce. C'est la cause de cette tristesse, si souvent décrite, de cette fureur dont parle Lucrèce, de ce désespoir dans le plaisir même.

Voici enfin qu'elle a parlé... O bonheur, c'est une personne! Du fond obscur et fatal, sa liberté s'est détachée... Elle peut haïr... Tant mieux, car elle peut aussi aimer. Je la voulais telle. Ce premier élan vif et fort me charme, et ne me fait pas peur. Entendons-nous, belle Clorinde. Et Dieu me garde de croiser jamais le fer avec vous. Que j'aime bien mieux être blessé!... Mais, hélas! vous l'êtes d'avance. La nature, sévère, a voulu que toujours vous le fussiez, pour qu'on vous guérît toujours.

Pour le dire franchement, entre hommes (mais n'en disons rien aux femmes), nous avons été ridicules de gronder et de nous fâcher. Le duel n'est que simulé.

Elles n'ont nullement adopté les paroles de combat que l'on disait en leur nom. Partout où elles n'ont pas d'amies obligeantes qui leur enseignent à guerroyer, elles sont douces, pacifiques, ne veulent rien qu'être aimées.

Mais elles le veulent extrêmement, et, pour cela, rien ne leur coûte. Une dame (madame de Gasparin), dans un beau livre mystique, éloquent, tendre autant qu'austère, nous déclare que leur bonheur est d'obéir et qu'elles veulent que l'homme soit fort, qu'elles aiment ceux qui commandent et ne haïssent pas la fermeté du commandement.

Cette dame, qui croit suivre l'Apôtre, mais le dépasse infiniment avec l'élan d'un cœur jeune, assure qu'une obéissance inerte et de patience ne suffit pas à la femme, qu'elle veut obéir d'amour, activement, obéir même d'avance au désir possible, à la pensée devinée, et sans dire jamais : Assez, sauf un seul point, le salut de l'objet aimé.

Révélation profonde et vraie. Ce qui tourmente la femme, c'est bien moins la tyrannie de l'homme que sa froideur, bien moins d obéir que de n'avoir pas d'occasion d'obéir assez. C'est de cela qu'elle se plaint.

Nulle barrière, nulle protection étrangère. Elles

ne servent, dit très-bien l'auteur, qu'à brouiller les époux, rendre la femme misérable. Rien ne reste entre elle et lui. Elle va à lui forte de sa faiblesse et de son sein désarmé, de ce cœur qui bat pour lui...

Voilà une guerre de femme. Le plus vaillant sera vaincu. Qui aura maintenant le courage de discuter si elle est plus haut ou plus bas que l'homme. Elle est tous les deux à la fois. Il en est d'elle comme du ciel pour la terre ; il est dessous et dessus, tout autour. Nous naquîmes en elle. Nous vivons d'elle. Nous en sommes enveloppés. Nous la respirons, elle est l'atmosphère, l'élément de notre cœur.

III

Par trois fois en vingt-cinq ans, l'idée de ce livre, du profond besoin social auquel il voudrait répondre, s'est présentée à moi dans toute sa gravité.

La première fois, en 1836, devant un flot littéraire fort trouble qui nous inondait, j'aurais voulu montrer l'histoire. J'étais en plein moyen âge. Mais les textes essentiels n'étaient pas publiés encore. Je fis quelques pages hasardées sur les femmes du moyen âge, et m'arrêtai heureusement.

En 1844, la confiance de la jeunesse, et j'ose le dire, les sympathies de tous, m'entouraient dans la chaire de morale et d'histoire. Je vis et sus beaucoup de choses. Je connus les mœurs publiques. Je sentis la nécessité d'un livre sérieux sur l'amour.

En 1849, quand nos tragédies sociales venaient de briser les cœurs, il se répandit dans l'air un froid terrible; il semblait que tout le sang se fût retiré de nos veines. En présence de ce phénomène qui semblait l'imminente extinction de toute vie, je fis appel à ce peu de chaleur qui restait encore; j'invoquai, au secours des lois, une rénovation des mœurs, l'épuration de l'amour et de la famille.

L'occasion de 1844 mérite d'être rappelée.

En recueillant mes souvenirs et revoyant mes nombreuses correspondances d'alors, je vois que la confiance singulière que me témoigna le public vint de ce qu'on sentait en moi un véritable solitaire, étranger à toute coterie, hors des querelles du temps, enfermé dans sa pensée.

Cet isolement n'était pas, du reste, sans inconvénient. D'abord, il m'ôtait l'à-propos. Il m'arrivait, comme aux myopes, de heurter tel mur, telle borne. Je cherchais souvent, j'inventais de vieilles choses, trouvées et connues. En revanche, j'étais resté jeune. Je valais mieux que mes écrits, mieux que mes leçons. J'apportais à cet enseignement de la morale et de l'histoire une âme très-entière encore, une grande fraîcheur d'esprit; sous des formes parfois subtiles, une vraie simplicité de cœur, enfin, en pleine polémique, un certain esprit de paix.

D'où venait cela ? De ce que, fort préservé de mon temps, n'en connaissant point les hommes (et les livres peu), je ne haïssais personne. Mes batailles étaient celles d'une idée contre une idée.

Cela toucha le public. Il n'avait jamais rencontré un homme si ignorant.

C'est-à-dire qui connût si peu tout ce qui courait les rues.

N'ayant aucune connaissance des formules répandues ni des solutions banales qui m'auraient aidé à répondre, j'étais obligé de tirer de moi, de puiser toujours en moi, et, n'ayant nulle autre chose, de leur donner de ma vie.

Ils en voulurent et ils vinrent. Beaucoup se révélèrent à moi, ne craignirent pas de montrer des blessures cachées, apportèrent leurs cœurs saignants. Des hommes toujours fermés de défiance contre la dérision du monde s'ouvrirent sans difficulté devant moi (je n'ai ri jamais). Des dames brillantes et mondaines, d'autant plus malheureuses, d'autres pieuses, studieuses, austères, le dirai-je ?

des religieuses, franchirent les vaines barrières de convenance ou d'opinion, comme on fait quand on est malade. Étranges, mais très-précieuses, très-touchantes correspondances, que j'ai gardées avec le soin et le respect qu'elles méritent.

Je n'avais pas été au monde. Le monde était venu à moi. J'y gagnai de grandes lumières. Des secrets de notre nature que je n'eusse jamais devinés me furent tout à coup révélés. J'en sus plus en peu d'années que ne m'aurait appris jamais le spectacle monotone que donnent les salons tous les soirs. Je sus, je vis le fond des cœurs. Mais, pour répondre à leur appel, je fus obligé aussi de scruter bien mieux le mien, d'y chercher des moyens, des forces. Je ne veux pas me vanter de n'avoir rien ressenti du contact habituel de tant d'âmes ébranlées. Mais cela même servit. L'impression que j'en recevais, réelle et profonde, leur fut parfois un remède. Plus d'un se trouva apaisé par la sympathie qu'il trouva en moi. Au défaut d'autre moyen, dans mes propres émotions, j'avais comme un art sans art, une homœopathie morale.

Je ne rougis point d'être homme.

Un médecin de province, que je ne connaissais pas, m'écrit un jour qu'il vient de perdre sa fiancée qu'il devait épouser dans huit jours, et « qu'il est désespéré. » Il ne voulait rien, ne demandait rien, sinon de dire à un homme, à qui il croyait du cœur, « qu'il était désespéré ! »

Que répondre, que dire à cela ? quels discours, hélas! trouver, quelle consolation pour une si terrible aventure ? Je voulus pourtant lui écrire sur-le-champ, et je m'y mis de mon mieux. Au milieu de ce travail, que je sentais trop inutile, m'interrompant pour relire encore une fois sa lettre, j'y sentis une telle force d'inconsolable douleur, que la plume m'échappa... Car ce n'était pas une lettre, c'était la chose elle-même, trop naïve et trop cruelle; je vis la scène tout entière. Et mon papier se mouilla, et ma lettre s'effaça. Mais, telle quelle, illisible comme elle était, je la cachetai, et telle je la lui envoyai.

―――

C'était mon cœur (rien de moins) que je donnai à cette foule. En revanche, que me donna-t-elle ?

A une heure encore matinale, comme je travaillais enfermé chez moi, un jeune homme, impétueux, ne s'arrête pas à la consigne. Il pénètre, il frappe, il entre.

« Monsieur, me dit-il, excusez mon entrée si insolite, mais vous n'en serez pas fâché. Je vous apporte une nouvelle. Les maîtres de certains cafés, de certaines maisons connues, de certains jardins de bal, se plaignent de votre enseignement. Leurs établissements, disent-ils, perdent beaucoup. Les jeunes gens prennent la manie des conversations sérieuses, ils oublient leurs habitudes... Enfin, ils aiment ailleurs... Ces bals risquent de fermer. Tous ceux qui gagnent jusqu'ici aux amusements des écoles se croient menacés d'une révolution morale qui, sans faute, les ruinera. »

Je lui pris la main et lui dit : « Si ce que vous m'annoncez là se réalisait, je vous déclare que ce serait pour moi le triomphe et la victoire. Je ne veux nul autre succès. Le jour où les jeunes gens prendront des mœurs graves, la liberté est sauvée. Qu'un tel résultat arrive, et par notre enseignement, je l'emporterai, monsieur, comme la couronne de ma vie, pour mettre dans mon tombeau. »

Il sortit. Et, resté seul, je me dis : « Moi, en retour, je leur ferai tôt ou tard un don. Je leur écrirai le livre d'affranchissement des servitudes morales, le livre de l'amour vrai.

J'étais bien loin, à cette époque, de soupçonner la grandeur, la difficulté de ce sujet vaste et profond. J'ignorais surtout les renouvellements originaux, inattendus, que l'amour a d'âge en âge. Le passé pesait trop sur moi, l'histoire m'opprimait. Je risquais de rester ce que j'étais jusque-là, artiste érudit.

Je voulais affranchir mon temps, et c'est lui qui m'affranchit. Ces âmes confiantes et transparentes de jeunes gens qui s'ouvraient me révélèrent bien des choses. Ils ont fourni, sans le savoir, une part considérable à l'immense trésor de faits dont peu à peu sortit ce livre.

Mais rien ne m'a plus servi que l'amitié de ceux à qui l'on dit tout, je veux dire, celle des médecins. J'en ai connu intimement plusieurs des plus illustres de ce siècle. J'ai été, pendant dix ans, plus que l'ami, j'ose dire le frère d'un physiologiste éminent qui gardait dans les sciences naturelles le sens exquis des choses morales.

J'appris beaucoup avec lui sur bien des sujets, mais très-spécialement sur l'amour.

Une chose me frappait en cet homme infiniment ingénieux, et très-délicat, la perfection calculée de sa vie domestique. Il avait une femme laide, gracieuse, ignorante et charmante (originaire de Savoie). Il avait trouvé moyen de l'associer à ses idées, à ses recherches, à ses découvertes.

Il travaillait, sans étalage d'instruments, de laboratoire, près d'elle et au coin de son feu, inventant des appareils réduits et commodes, pour faire dans un appartement des recherches souvent compliquées qui, suivies en grand, l'auraient tenu hors de sa maison, éloigné d'elle et rompu ce permanent accord d'esprit.

Il lui vint une grande épreuve. Cette dame, par suite accidentelle d'une maladie de femme, devint folle et délira pendant une année ou deux. Il la garda près de lui, continua ses travaux au milieu d'une distraction et d'un tiraillement si cruel.

Sa folie était assez douce, mais elle parlait beaucoup. Elle rêvait tout éveillée. Elle avait de vaines craintes. Elle mêlait des propos bizarres à toute conversation, permettait difficilement de suivre le fil d'une pensée. La patience de son mari ne se démentit jamais. Un jour, je lui en témoignai mon admiration. Il me dit : « Dans une maison de santé, où on la traiterait durement, où l'on ne supporterait pas ses petites incartades, elle deviendrait tout à fait folle, et ne se remettrait jamais. Mais, bien traitée, n'étant pas étonnée, effarouchée, ne voyant qu'un visage ami, n'entendant que des paroles bien suivies et de raison, elle guérira à la longue, sans autre remède. » Cela eut lieu en effet.

Je ne crois pas qu'on puisse citer un exemple plus remarquable d'affection. Les jeunes gens, aux premiers élans pour une jeune et jolie maîtresse, qui n'apporte que des roses, se croient bien avant dans l'amour. « Ils donneraient leur vie pour elle. » Je ne sais. La vie elle-même est souvent facile à donner, et c'est l'affaire d'un instant; mais la douceur persévérante d'une patience à toute épreuve qui subit pendant des années le supplice de l'interruption, la force calme qui sans cesse rectifie, rassure, affermit une pauvre âme errante et malade, possédée de ses mauvais rêves, c'est peut-être la preuve d'amour la plus grande et la plus forte.

Ce qui me surprit surtout, c'est l'obéissance qu'il obtenait d'elle, en choses qu'elle ne pouvait comprendre. Résultat de la communication complète, et du parfait enveloppement moral où elle avait vécu jusque-là. Avec un corps très-altéré, une âme tout à fait défaillante, quelque chose subsistait en elle, survivait à tout, l'union et le besoin de complaire, et disons d'un mot : l'amour.

Je sentis bien par ce fait et par d'autres analogues qu'entre le monde fatal où vivent les physiologistes, et le monde plus ou moins libre où se tiennent les moralistes, se trouve une sphère mixte que j'oserais appeler de *fatalité volontaire*, c'est-à-dire d'habitudes voulues et libres d'abord, qui, par l'amour, deviennent une heureuse fatalité et une seconde nature.

C'est la grande œuvre de l'amour de créer cela.

Un très-illustre écrivain, qui récemment a traité ces questions, veut que la femme obéisse, et croit qu'elle obéira par le seul fait de sa nature inférieure.

La dame dont j'ai parlé plus haut, dans son beau livre, ne la croit pas inférieure, mais veut aussi qu'elle obéisse. Égale? et obéissante? Comment ces deux mots iront-ils ensemble? Elle ne l'explique pas assez. Elle s'en rapporte vaguement aux bons sentiments chrétiens, à la Bible et à la Grâce.

Cela est plus difficile que l'un et l'autre ne le pensent.

L'homme doit avoir sur la femme jeune, et la femme âgée sur l'homme, un grand et très-grand ascendant. Mais, pour obtenir cela, pour établir entre eux la vraie unanimité, pour assurer surtout le maintien, le crescendo de cette unité de cœur, c'est l'habitude qu'il faut, un ensemble d'habitudes.

Et il y a une méthode qui peut y conduire.

Le cadre matériel de la vie y fait beaucoup, toutes les formes de communication matérielle et morale.

Je le dirais, si le mot n'avait pas été gâté par des ouvrages futiles, il y faut *un art d'aimer*.

J'entends l'art d'aimer jusqu'au bout. Les débuts sont trop faciles. Mais je crois que, cet art aidant la nature, celle-ci accorde à l'âme, à tout âge et jusqu'à la mort, ce que j'appelle (au livre V) les rajeunissements de l'amour.

Je crois avoir sérieusement supprimé la vieille femme. On n'en rencontrera plus.

Faut-il dire un mot de la forme?

Elle était bien secondaire, dans un livre si grave en lui-même, et dans un sujet si neuf en réalité. J'ai supposé que le lecteur (intéressé à la chose, car ici tout homme l'est) ne s'amuserait pas au style. Et je n'y ai point songé.

Nulle prétention littéraire. J'ai marché comme j'ai pu, « courant, nageant, rampant, volant » (pour dire le mot de Milton). Parfois je m'adresse à tous, au public ; souvent à un seul, souvent aussi je mets le précepte sous une forme narrative.

Pour cela, j'ai imaginé deux jeunes gens que je marie, que je suis dans toute leur vie.

Pourtant, ce n'est pas un roman. Je n'ai pas ce

genre de talent. Puis, la forme romanesque aurait eu l'inconvénient de trop individualiser.

Mes deux amants sont anonymes.

Des personnages nommés (comme l'Émile et la Sophie de Rousseau) font tort aux idées. Le lecteur s'occupe justement de l'inutile, de cette biographie, de la mise en scène ; il oublie l'utile et le fonds. J'ai mieux aimé rester libre de laisser par moments ce couple, soit pour dire un mot des vices du temps, soit pour formuler en mon nom telle vérité grave où j'éprouvais le besoin d'exprimer fortement mes convictions et de confesser ma foi.

Est-ce à dire que mon jeune homme, qui revient partout dans ce livre, n'existe pas? N'en croyez rien. Il existe. La plus forte preuve, c'est que je vais lui parler.

IV

Tu connais le musée du Louvre, et peut-être, parmi les sculptures, tu as vu la *Délivrance d'Andromède*.

Ce groupe a beaucoup souffert, étant resté cent cinquante ans sous les arbres de Versailles, et plus d'une fois blanchi, outrageusement gratté par des barbares qui en ont fait disparaître les finesses. N'importe, refais-le en esprit, délicat, tiède et vivant, comme il sortit de la fiévreuse main du Puget.

Ce grand artiste, en qui fut l'âme souffrante d'un siècle malade, né en Provence, et vivant devant l'enfer des galères de Louis XIV, a sculpté toute sa vie d'infortunés prisonniers. Tel est le Milon, pris dans l'arbre et dévoré par le lion. Tels les Atlas de Toulon, misérablement écrasés. Telle la petite Andromède.

Persée vient de tuer le monstre qui allait la dévorer. Dans un inexprimable élan de félicité, il enlève d'un seul doigt la lourde chaîne de fer qui suspendait la jeune fille. Pour elle, éperdue, demi-morte, elle ne sait pas où elle est. Elle ne sait qui la délivre. Elle ne pourrait pas se porter, ayant été paralysée par ce rude froissement de chaînes, et surtout par l'épouvante. On peut dire qu'elle n'en peut plus. Cet état d'extrême faiblesse et d'abandon absolu est tout à fait au profit de l'heureux libérateur. Car enfin, elle n'est pas morte ; son petit cœur bat encore, et pour qui ? on le sent bien. Les yeux fermés, de tout son poids elle se laisse aller sur lui. Close encore, mais si émue ! sa jolie bouche veut dire : « Prends-moi, reçois-moi, porte-moi... Je suis tienne, charge-toi de moi... Je me donne, sois ma providence, fais de moi ce que tu veux. »

OEuvre charmante, passionnée, absurde sous un rapport (signe encore de la passion). Il a désiré tellement nous attendrir pour la petite, qu'il l'a faite toute petite, de taille d'enfant avec les formes d'une femme. Elle semble d'une autre race que son libérateur, jeune homme très-haut de taille, long plutôt que grand, faible hercule de la décadence, comme on put l'imaginer sous le règne famélique de Louis XIV, et comme ne l'aurait jamais conçu la forte antiquité.

N'importe, cet homme admirable a atteint son but. Il a produit un grand effet d'amour et de pitié. Tous ceux qui voient cette œuvre ne manquent pas de s'écrier avec attendrissement : « Oh! qu'il est heureux, ce Persée!... Que j'aurais voulu être là, et sauver la petite fille ! »

———

Heureux qui délivre une femme ! qui l'affranchit de la fatalité physique où la tient la nature, de la faiblesse où elle est dans l'isolement, de tant de misères, d'obstacles! Heureux qui l'initie, l'élève, la fortifie et la fait sienne!... Ce n'est pas elle seulement qu'il a délivrée ; c'est lui-même.

Dans cette délivrance commune, l'homme a l'initiative, sans nul doute. Il est plus fort, il est mieux portant (n'ayant pas surtout la grande maladie, la maternité). Il a une forte éducation. Il est favorisé des lois. Il a les meilleurs métiers et gagne bien davantage. Il a la locomotion; s'il est mal, il vogue ailleurs. La pauvre Andromède, hélas! doit mourir sur son rocher; si elle était assez adroite pour s'en délivrer, le quitter, nous dirions : « C'est une coureuse. »

Mais une fois délivrée par toi, cher Persée, de

combien de servitudes elle va te délivrer! Faisons-en l'énumération.

La servitude de bassesse. Si tu as le bonheur au foyer, tu ne t'en iras pas le soir chercher l'amour sous les quinquets fumeux d'un bal et l'ivresse au ruisseau.

La servitude de faiblesse. Tu ne traîneras pas, comme ton triste camarade, ce jeune vieillard, gras, pâle, fini, qui fait rire les femmes. L'amour vrai te gardera et concentrera ta force.

La servitude de tristesse. Celui qui est fort et fait les œuvres de l'homme, celui qui partant au travail laisse au foyer une âme aimée qui l'aime et ne pense qu'à lui, par cela seul a le cœur gai et il est joyeux tout le jour.

La servitude d'argent. Retiens de moi cette recette très-exacte d'arithmétique : *Deux personnes dépensent moins qu'une.*

Je vois force célibataires qui restent tels par l'effroi des dépenses du mariage, mais dépensent infiniment plus. Ils vivent très-chèrement au café et chez les restaurateurs, très-chèrement au spectacle. Le cigare de la Havane, fumé tout le jour, est à lui seul une dépense.

Pourquoi fumer? « Pour oublier, » disent-ils. Mais rien n'est plus funeste. *Il ne faut jamais oublier.* Malheur à qui oublie les maux! il ne cherche pas les remèdes. L'homme, le citoyen qui oublie, se perd, lui et son pays. Grand avantage d'avoir au foyer une personne sûre, aimante, à qui vous pouvez tout dire, avec qui vous pouvez souffrir. Elle vous empêchera d'oublier, de rêver. Il faut souffrir, aimer, penser. C'est là la vraie vie de l'homme.

On se dit célibataire. Mais qui l'est? J'ai cherché; je n'ai pas rencontré cet être mythologique. J'ai vu tout le monde marié, par mariages temporaires, il est vrai, secrets, honteux, tel pour trois mois, tel pour huit jours, et tel pour une minute. Ces mariages d'un moment, qui sont la misère de la femme, n'en sont pas moins très-chers pour l'homme. La baleine mange beaucoup moins que la Dame au camellia.

Si la femme n'a point d'amies dont la concurrence la trouble et la jette dans la toilette, elle ne dépense rien. Elle réduit toutes vos dépenses, à ce point que le calcul donné plus haut, n'était pas juste. Il ne faut pas dire « deux personnes, » mais « *Quatre dépensent moins qu'une.* » Elle nourrit de plus deux enfants.

Quand le mariage est raisonnable, prévoyant, quand la famille ne croit pas trop rapidement, la femme, loin d'être un obstacle à la liberté de mouvement, en est au contraire la condition naturelle et essentielle. Pourquoi l'Anglais émigre-t-il si aisément et si utilement pour l'Angleterre même ? Parce que sa femme le suit. Sauf les climats dévorants (comme l'Inde), la femme anglaise, on peut le dire, a semé toute la terre de solides colonies anglaises. C'est la force de la famille qui chez eux a créé la force et la grandeur de la patrie.

Une bonne femme, un bon métier ; si tu as cela, jeune homme, tu es libre ; je veux dire, tu peux partir ou rester.

Si tu pars, au moins pour un temps (car je ne puis pas supposer que l'on quitte pour toujours la France), ayant un monde d'amour et de liberté avec toi, tu te sentiras bien fort. Tu aviseras d'où vient le vent, et diras : « La terre m'appartient. »

Si tu restes, libre (par l'amour) des vices et des dépenses vaines, pouvant rire de tant de pauvres millionnaires inquiets, tu mépriseras cette foule prosternée devant le sort. Tu diras : « Qu'ils usent leur vie à courir après un trésor. J'aime. Et j'ai trouvé le mien. »

Un métier et une femme, voilà la première liberté. Et de là viendront les autres.

Je dis un métier, non un art de luxe. Ayez-en un de surcroit, à la bonne heure. Mais il faut d'abord un des arts utiles à tous. Qui aime et veut nourrir sa femme, ne s'amuse guère à faire ici de l'amour-propre, à chercher la ligne précise entre l'art et le métier. Ligne en réalité fictive. Qui ne voit que la plupart des métiers, si l'on y pénètre à fond, sont des branches réelles d'un art? Ceux du bottier, du tailleur, sont bien près de la sculpture. Le dirai-je? Pour un tailleur qui sent, modèle et rectifie la nature, je donnerais trois sculpteurs classiques.

Songe à tout cela, cher ami (que tu sois aux écoles étudiant, ou jeune ouvrier ailleurs, il n'importe). Commence déjà, dans les jours de repos, à réfléchir, à préparer, arranger de loin ta vie. Profite de ces moments, et si, par hasard ce livre tombait dans tes mains, lis-en quelques pages et songe. Il a, entre autres défauts, celui d'être extrêmement bref. Cela sera repris plus tard par d'autres, et mieux. Quand celui qui écrit ceci, clos et couvert dans la terre, reposera de son travail, un plus habile tirera de son esquisse imparfaite un chapitre, et en fera peut-être un grand livre fécond, immortel. Mais comme on ne fait tout cela qu'avec un même élément (le même en moi et en toi, l'amour et le cœur de l'homme), tu peux toi-même déjà, sur ces données sèches encore, te composer d'avance le livre de ta vie.

Penses-y le soir du dimanche, lorsque l'étourdie bacchanale de tes bruyants camarades, déroulant par l'escalier, frappera rudement à ta porte, dira : « Eh ! que fais-tu encore ?... Es-tu un ours !... On t'attend. Nous allons à la Chartreuse, à la Chaumière, aux Lilas... Nous partons avec Amanda, Héloïse et Jeanneton. »

Réponds-leur : « Un peu plus tard... J'ai encore quelque chose à faire. »

Si tu dis cela, je t'assure qu'entre les deux pâles fleurs que tu nourris sur ta fenêtre, parmi les fumées de Paris, une troisième apparaîtra, une fleur, et pourtant une femme... l'image vaporeuse et légère de ta future fiancée.

Elle est un peu bien jeune encore. Elle a peut-être treize ans, toi vingt? Il faut qu'elle grandisse. Mais toute jeunette qu'elle est, si tu penses beaucoup à elle, elle te gardera bien mieux que ton père et que ta mère. Car elle est sévère, la petite. Elle ne permet pas de folie. S'il t'en passe en tête, elle te dira très-bien sans parler : « Non, mon ami, reste, et travaille pour moi. »

Je te donne cette ombre charmante pour gardien et pour Mentor, pour précepteur et gouverneur. Quand elle aura dix-sept, dix-huit ans, les rôles changeront. Épouse, elle entrera chez toi, et trouvera très-bon, très-doux, que tu sois son maître à ton tour.

Tu remercieras Dieu alors, dont la tendresse inventive a fait la femme pour toi, la femme, le miracle de divine contradiction.

Ce livre va te l'expliquer par les faits, non par hypothèse. Elle change et ne change pas. Elle est inconstante et fidèle. Elle va muant sans cesse dans le clair-obscur de la grâce. Celle que tu aimas ce matin n'est pas la femme du soir. Une religieuse d'Alsace s'oublia, dit-on, trois cents ans à écouter le rossignol. Mais qui saurait écouter et regarder une femme en toutes ses métamorphoses, s'en étonnerait toujours, s'y plairait ou s'en piquerait, mais jamais ne s'y ennuierait. Une seule occuperait dix mille ans.

Et cependant, avec cette puissance de rénovation, telle est la force de l'amour, son heureuse fatalité, que la femme s'imprègne à fonds, se pénètre de l'objet aimé jusqu'à devenir lui-même.

De sorte qu'en avançant, elle gagne en grâce de femme. Mais le fonds fixe est fait homme.

Donc, si ce livre est solide, et si, le suivant pas à pas, tu maintiens ta femme libre des influences extérieures et fidèle à sa nature, je puis te dire hardiment le mot qui résume tout : « Ne crains pas de t'ennuyer, car elle changera sans cesse. Ne crains pas de te confier, car elle ne changera pas. »

LIVRE PREMIER

—

CRÉATION DE L'OBJET AIMÉ

I

DE LA FEMME

L'objet de l'amour, la femme, est un être fort à part, bien plus différent de l'homme qu'il ne semble au premier coup d'œil; plus que différent, opposé, mais gracieusement opposé, dans un doux combat harmonique qui fait le charme du monde.

A elle seule et en elle-même, elle offre une autre opposition, une lutte de qualités contraires. Elevée par sa beauté, sa poésie, sa vive intuition, sa divination, elle n'en est pas moins tenue par la nature dans un servage de faiblesse et de souffrance. Elle prend l'essor chaque mois, notre pauvre chère Sibylle, et chaque mois, la nature l'avertit par la douleur, et par une crise pénible la remet aux mains de l'amour.

Elle ne fait rien comme nous. Elle pense, parle, agit autrement. Ses goûts diffèrent de nos goûts. Son sang n'a pas le cours du nôtre ; par moments, il se précipite, comme une averse d'orage. Elle ne respire pas comme nous. En prévision de la grossesse et de la future ascension des organes inférieurs, la nature a voulu qu'elle respirât surtout par les quatre côtes d'en haut. De cette nécessité résulte la plus grande beauté de la femme, la douce ondulation du sein, qui exprime tous ses sentiments dans une éloquence muette.

Elle ne mange pas comme nous, ni autant, ni les mêmes mets. Pourquoi? Surtout par la raison qu'elle ne digère pas comme nous. Sa digestion est troublée à chaque instant par une chose : elle aime du fond des entrailles. La profonde coupe d'amour (qu'on appelle le bassin) est une mer d'émotions variables qui contrarient la régularité des fonctions nutritives.

Ces différences intérieures se traduisent au dehors par une autre plus frappante. La femme a un langage à part.

Les insectes et les poissons restent muets. L'oiseau chante. Il voudrait articuler. L'homme a la langue distincte, la parole nette et lumineuse, la clarté du verbe. Mais la femme, au-dessus du verbe de l'homme et du chant d'oiseau, a une langue toute magique dont elle entrecoupe ce verbe ou ce chant : Le soupir, le souffle passionné.

Incalculable puissance. A peine elle se fait sentir, et le cœur en est bouleversé. Son sein monte, descend, remonte ; elle ne peut pas parler, et nous sommes convaincus d'avance, gagnés à tout ce qu'elle veut. Quelle harangue d'homme agira comme le silence de la femme ?

II

LA FEMME EST UNE MALADE

Bien souvent assis, et pensif, devant la profonde mer, j'épiais la première agitation, d'abord sourde, puis sensible, puis croissante, redoutable, qui rappelait le flot au rivage. J'étais dominé, absorbé de l'électricité immense qui flottait sur l'armée des vagues dont la crête étincelait.

Mais avec combien plus d'émotion encore, avec quelle religion, quel tendre respect, je notais les premiers signes, doux, délicats, contenus, puis douloureux, violents, des impressions nerveuses qui périodiquement annoncent le flux, le reflux, de cet autre océan, la femme!

Du reste, ces signes sont si clairs, que, même hors de l'intimité, cachés, timidement contenus, ils se manifestent au premier coup d'œil. Chez les unes, qui semblent fortes, (mais qui alors sont d'autant plus faibles), un bouillonnement visible commence, comme une tempête, ou l'invasion d'une grande maladie. Chez d'autres, pâles, bien atteintes, mortifiées, on devine quelque chose comme l'action destructive d'un torrent qui mine en dessous. Chez la plupart, l'influence moins énergique semble plutôt salutaire; elle rajeunit et renouvelle, mais toujours au prix des souffrances, au prix du malaise moral qui trouble bizarrement l'humeur, affaiblit la volonté, et fait une personne toute autre, toute nouvelle, pour celui même qui dès longtemps la connaît le mieux.

La femme la plus vulgaire, alors, n'est pas sans poésie. Longtemps d'avance, et souvent dès le milieu du mois lunaire, elle donne les touchants indices de sa transformation prochaine. Le flot vient déjà et la marée monte.

Elle est agitée ou rêveuse. Elle n'est pas bien sûre d'elle-même. Parfois des larmes lui viennent, souvent des soupirs. Ménagez-la, parlez-lui avec une extrême douceur. Soignez-la, entourez la, sans importunité pourtant, s'il se peut, sans qu'elle le sente. C'est un état très-vulnérable. Elle porte en elle une puissance plus forte qu'elle, et comme un Dieu redoutable. Des mots singuliers, éloquents parfois, qu'on n'eût point du tout attendus, lui viennent et vous étonnent. Mais ce qui domine tout (sauf le cas où on aurait la barbarie de l'irriter), c'est un surcroît de tendresse, d'amour même. La chaleur du sang avive le mouvement du cœur.

« Amour physique et fatal? » Oui et non. Les choses se passent dans un mélange indistinct, et le tout reste une énigme.

Elle aime, elle souffre, elle veut l'appui d'une main aimante. C'est ce qui, plus qu'aucune chose, a fortifié l'amour dans l'espèce humaine, fixé l'union.

On a dit souvent que c'était la faiblesse de l'enfant qui, prolongeant les soins d'éducation, avait créé la famille. Oui, l'enfant retient la mère, mais l'homme est tenu au foyer par la mère elle-même, par sa tendresse pour la femme, et le bonheur qu'il trouve à la protéger.

Plus haut et plus bas que l'homme, humiliée par la nature dont elle sent la main pesante, mais en même temps élevée à des rêves, des pressentiments, des intuitions supérieures que l'homme n'aurait eus jamais, elle l'a fasciné, innocemment ensorcelé pour toujours. Et il est resté enchanté. — Voilà la société.

Une puissance impérieuse, une tyrannie charmante, l'a immobilisé près d'elle. Cette crise toujours renaissante, ce mystère d'amour, de douleur, de mois en mois l'ont tenu là. Elle l'a fixé d'un seul mot : « Je t'aime encore plus, quand je suis malade ! »

Lorsqu'elle n'a plus les soins, l'enveloppement d'une bonne mère qui la soigne et qui la gâte, elle réclame un bon mari, dont elle puisse user, abuser. Elle le prie, elle l'appelle, à raison ou sans raison. Elle est émue, elle a peur, elle a froid, elle a rêvé ! Que sais-je ? Il y aura de l'orage ce soir, ou la nuit; déjà elle le sent, elle l'a en elle : « Je t'en prie, donne-moi la main... J'ai besoin d'être rassurée. »

« Mais il faut que j'aille au travail... » — « Reviens donc vite... Aujourd'hui, je ne peux me passer de toi... »

On les dit capricieuses. Mais rien n'est moins vrai. Elles sont tout au contraire régulières, et très-soumises aux puissances de la nature. Sachant l'état de l'atmosphère, l'époque du mois, enfin l'action de ces deux choses sur une troisième dont je parlerai, on peut prédire avec plus de sûreté que les anciens augures. On devine presque à coup sûr ce que sera l'humeur de la femme, triste ou gaie, quel tour prendra sa pensée, son désir, son rêve.

D'elles-mêmes elles sont très-bonnes, douces, tendres pour celui qui les appuie. Leurs aigreurs, leurs fâcheries, presque toujours, sont des souffrances. Bien sot qui s'y arrêterait. Il faut seulement alors d'autant plus les ménager, les soigner et compatir.

Elles se détendent, regrettent ces tristes moments, s'excusent souvent avec larmes, vous jettent les bras au cou et disent : « Tu sais bien... Ce n'est pas ma faute. »

Cet état est-il passager? Nullement. Partout où la femme n'extermine pas son sexe par un travail excessif (comme nos rudes paysannes qui de bonne heure se font hommes), partout où elle reste femme, elle est généralement souffrante au moins une semaine sur quatre.

Mais la semaine qui précède celle de crise est déjà troublée. Et dans les huit ou dix jours qui suivent cette semaine douloureuse, se prolonge une langueur, une faiblesse, qu'on ne savait pas définir. Mais on le sait maintenant. C'est la cicatrisation d'une blessure intérieure, qui, au fond, fait tout ce drame. De sorte qu'en réalité, 15 ou 20 jours sur 28 (on peut dire presque toujours) la femme n'est pas seulement une malade, mais une blessée. Elle subit incessamment l'éternelle blessure d'amour.

Shakspeare a dit : « La Pitié sous figure d'un petit enfant. »

Les femmes diront qu'il a bien dit. Au mot d'enfant, tout leur cœur s'ouvre et s'attendrit.

Mais, nous autres hommes, qui savons davantage les réalités, nous dirons que les enfants, si légers, si insouciants, favorisés de la nature en cent choses, puissants de leur jeune croissance et de l'âge ascendant, sentent le mal infiniment moins, et ne sont pas le symbole souverain de la Pitié.

Voulez-vous savoir la personne malheureuse, vraiment malheureuse, et l'image vraie de Pitié. C'est la femme qui, dans l'hiver, à certaine époque du mois, souffreteuse, et toute craintive de tels accidents prosaïques qui souvent viennent en même temps, est forcée d'aller rire au bal, dans une foule légère et cruelle...

Hélas! où donc est sa mère? ou plutôt un homme aimant qui la soigne, travaille pour elle, lui permette de rester le soir chaudement close et devant le feu. Il la ferait dans ces jours-là coucher de bonne heure, et lui, continuant sa veille, il aurait pour récompense ce dernier mot à voix basse : « Mon Dieu, je vous donne mon cœur, à vous et à mon mari ! »

III

LA FEMME DOIT PEU TRAVAILLER

Les véritables travailleurs qui savent que la mise en train est beaucoup, souvent presque tout, savent aussi qu'un travail coupé fréquemment donne peu de résultat. La femme, si maladive et interrompue si souvent, est un très-mauvais ouvrier. Sa constitution mobile, le constant renouvellement qui est le fonds de son être, ne permet pas qu'elle soit longtemps appliquée. La tenir tout le jour assise, c'est une grande barbarie.

Elle n'est guère propre au travail, même en sa pleine santé. Combien plus si elle est enceinte, dans ce grand *travail* de douleurs que souvent l'homme lui impose si légèrement! Aux quatre premiers mois où l'enfant, flottant encore, l'agite du roulis pénible d'un vaisseau en pleine tempête, aux cinq mois d'absorption où il boit sa mère et vit de son sang, enfin dans les trois mois au moins qu'il faut pour raffermir un peu les pauvres viscères arrachés, que voulez-vous qu'elle fasse? Après cette horrible fatigue, allez-vous la mettre au travail, quand elle a donné le meilleur d'elle-même, son sang, sa moelle et sa vie?

Tout ce que les économistes, etc., ont dit sur l'application de la femme à l'industrie, ne touche qu'une exception, imperceptible sur la carte, un petit point noir de l'Europe. Ils oublient toute la terre.

Dans tous les lieux, dans tous les temps, la femme n'a été et n'est occupée qu'aux travaux domestiques, qui, chez les tribus sauvages (où le guerrier se réserve pour la fatigue des grandes chasses) comprennent un peu d'agriculture ou de jardinage.

Et c'est en faisant peu ou rien que la femme produit les deux trésors de ce monde Quels? l'enfant, l'homme, la beauté, la force des races. Quels encore? la fleur de l'homme, cette fleur d'arts, de douceur et d'humanité qu'on appelle civilisation. Tout cela est venu dès l'origine, de la culture délicate, tendre et patiente, que la femme, épouse et mère, nous a donnée au foyer.

La femme agit autant que nous, mais de toute autre manière. J'en vois qui travaillent douze heures par jour, et ne croient pas travailler. Une des plus laborieuses me disait modestement : « Je vis comme une princesse. C'est lui qui travaille et qui me nourrit. Les femmes ne sont bonnes à rien. »

Ce *rien* veut dire un travail doux, lent, coupé, volontaire, toujours en vue de ce qu'elle aime, pour son mari ou son enfant. Ce travail qui n'absorbe pas son esprit, est comme la chaîne du tissu de ses pensées. Elle y mêle, comme la trame, telles choses de la maison dont l'homme trop occupé ne se fût point avisé, souvent des rêves sérieux sur l'avenir de ses enfants, parfois aussi une poésie plus haute et plus générale d'humanité, de charité.

Quelqu'un demandait à l'illustre et charmante madame Stowe, comment elle a fait l'*Oncle Tom* : « Monsieur, en faisant seule le pot-au-feu de la famille. »

Il faut que le travail de la femme soit pour elle de l'amour encore, car elle n'est bonne à autre chose. Quel est son but de nature, sa mission ? La première, aimer. La seconde, aimer un seul. La troisième, aimer toujours.

Toujours autant, sans se lasser. Quand le monde ne vient pas la troubler et la changer, la femme plus que l'homme est fidèle. Elle aime très-également, d'un cours continu et que rien n'arrête, comme coule la rivière ou le fleuve, comme une belle source solitaire de la Forêt Noire à qui, passant par là en juillet 1841, je m'avisai de demander de quel nom elle s'appelait. Elle dit : « Je m'appelle *Toujours*. »

IV

L'HOMME DOIT GAGNER POUR DEUX

« Elle dort, ta pauvre petite, elle dort, et ce serait bien dommage de l'éveiller, car elle rêve avec bonheur, on le voit à sa bouche émue. C'est d'amour, donc c'est de toi. Il n'est que cinq heures encore, il est bon qu'elle reste au lit (à ce moment du mois surtout), et qu'elle dorme un peu le matin. Si nous pouvions cependant deviner ce qui flotte dans ce souffle léger, qui est sur sa lèvre ? Que pense-t-elle ou que veut-elle ?

« Je ne sais. » — Eh ! bien moi, je vais te le dire : « Toute à toi, et toute en toi ! »

C'est bien simple, mais c'est un monde. Une révélation tout entière est dans ce mot, la formule complète de la nature, l'évangile du mariage.

« Mon ami, je ne suis pas forte. Je ne suis pas propre à grand chose, qu'à t'aimer et te soigner. Je n'ai pas tes bras nerveux, et, si je fais trop longtemps attention à une chose compliquée, le sang se porte à ma tête, le cerveau me tinte. Je ne puis guère inventer. Je n'ai pas d'initiative. Pourquoi? Je t'attends toujours et ne regarde qu'en toi. »

« A toi seul, l'élan, l'aiguillon, et aussi les reins, la force patiente, l'invention et l'exécution. Donc, tu seras créateur, et tu me feras un nid, de ton génie et de ta force.

« Un nid? davantage, un monde harmonique, d'ordre, de douceur et de paix, une cité de bonheur, où je ne voie plus souffrir, où je n'aie plus à pleurer, où la félicité de tous mette le comble à la mienne. Car vois-tu? que me servirait ce doux nid, si j'étais heureuse toute seule. Si j'y souffrais de la pitié, je haïrais presque mon propre bonheur. »

Maintenant qu'elle a parlé, essayons de formuler sa pensée, faut-il dire sa loi? oui, c'est celle de l'amour.

« Au nom de la femme et de par la femme, souveraine de la terre, ordre à l'homme de changer la terre, d'en faire un lieu de justice, de paix, de bonheur et de mettre le ciel ici-bas.

« Et que me donnera-t-elle? » Elle-même. Elle

étendra son cœur à la mesure même de ton héroïsme. Fais le paradis pour les autres. Elle saura te donner le tien.

C'est le paradis du mariage que l'homme travaille pour la femme, qu'il apporte seul, qu'il ait le bonheur de fatiguer et d'endurer pour elle, qu'il lui sauve et la peine du labeur, et les froissements du monde.

Le soir, il arrive brisé. Le travail, l'ennui des choses et la méchanceté des hommes ont frappé sur lui. Il a souffert, il a baissé, il revient moins homme. Mais il trouve en sa maison un infini de bonté, une sérénité si grande, qu'il doute presque des cruelles réalités qu'il a subies tout le jour : « Oui, tout cela n'était pas, ce n'était qu'un mauvais songe. Et tout le réel, c'est toi ! »

Voilà la mission de la femme (plus que la génération même), c'est de refaire le cœur de l'homme. Protégée, nourrie par lui, elle le nourrit d'amour.

L'amour, c'est son travail propre, et le seul qui lui soit essentiel. C'est pour l'y réserver toute que la nature l'a faite si peu capable des labeurs inférieurs de la terre.

L'affaire de l'homme est de gagner, et la sienne de dépenser.

C'est-à-dire de régler et faire la dépense mieux que l'homme ne le ferait.

C'est-à-dire de lui rendre indifférente et insipide toute dépense de plaisir. Pourquoi en chercher ailleurs? Quel plaisir, hors la femme aimée?

« La femme, c'est la maison, » dit sagement la loi indienne. Et mieux encore le poëte indien : « La femme, c'est la Fortune. »

L'expérience de l'Occident nous permet d'ajouter un mot : « Et surtout la femme pauvre. »

Elle n'a rien, et apporte tout.

V

CE QUE SERA LA FIANCÉE — RICHE OU PAUVRE?

Elle sera douce, croyante, initiable et surtout neuve de cœur.

Tout le reste est secondaire.

Pour commencer par le point qui touche le plus aujourd'hui, la fortune, je dois dire que je n'ai jamais vu une fille riche qui fût docile. Presque toutes, dès le lendemain, dévoilaient des prétentions infinies, surtout celle de dépenser selon leur dot et au delà. Tel, qui se croyait enrichi, s'est trouvé réellement pauvre, obligé de se jeter dans les hasards de la spéculation.

J'ai osé, il y a douze ans, formuler cet axiome, vérifié de plus en plus : « Si vous voulez vous ruiner, épousez une femme riche. »

Il y a là un danger plus grand que de perdre sa fortune, c'est de se perdre soi-même, de changer les habitudes qui vous ont fait ce que vous êtes, qui vous ont donné ce que vous avez de fort et d'original. Avec ce qu'on appelle un bon mariage, vous deviendrez quelque chose comme l'appendice d'une femme, une manière de prince époux, ou le mari de la reine.

Une belle et très-belle veuve, toute aimable et de bon cœur, disait à quelqu'un : « Monsieur, j'ai cinquante mille livres de rente, des habitudes paisibles, point mondaines. Je vous aime et je ferai ce que vous voudrez... Vous êtes mon ancien ami, me connaissez-vous un défaut? » — Un seul, madame, vous êtes riche. »

« Quoi! la richesse est-elle un crime? »
Non, tout ce qu'on veut dire ici, c'est que la femme qui arrive au mariage plus riche que le

mari, est rarement initiable. Elle ne prendra pas ses idées, sa manière de vivre et ses habitudes. Elle imposera les siennes; de l'homme, elle fera sa femme, ou la dispute commencera. L'insensible et doux mélange des deux vies ne se fera pas. La greffe par approche sera impossible. Il n'y aura pas de mariage.

Plus pauvre, au contraire, la femme est riche de bonne volonté. *Elle aime et croit* (grande chose!...) Est-ce tout? non, il en faudrait une troisième, qu'elle ne peut pas donner toujours : *comprendre celui qu'elle aime.*

Quand il y a trop de distance de condition, d'éducation, quand il y a plusieurs degrés à franchir, la difficulté est très-grande. Il y faut beaucoup de temps, beaucoup d'art, une patience que n'a pas toujours un homme occupé. On voit parfois, on admire une jeune fille de campagne heureusement née, fleur de beauté et de bonté, de sagesse, infiniment pure, aimante, douce et docile. Adoptez-la, épousez-la; vous êtes tristement surpris en voyant la difficulté infinie que vous rencontrez pour vous entendre avec elle. Elle y fait bien ce qu'elle peut; elle écoute et veut profiter; elle se remet toute à vous. Et cela ne sert à rien. Elle n'a pas l'attention forte. Elle est trop sanguine aussi; les races de campagne, transplantées hors des travaux rudes, sont tout offusquées par le sang. Elle ne sent que trop tout cela. Elle pleure, s'en veut, « d'être si sotte. » Elle ne l'est pas du tout. Elle est même très-intelligente dans les choses de sa sphère et à sa portée. La faute n'est pas à elle, mais à vous qui avez cru qu'on peut franchir aisément plusieurs degrés d'initiation.

Cette jeune fille de campagne pouvait, devait épouser un ouvrier distingué de la ville. Et la fille qui serait survenue de ce mariage, déjà affinée de race, et cultivée de bonne heure, eût épousé un lettré; elle l'eût suivi, compris en tout sans difficulté. Il y eût eu mariage d'esprit.

En sera-t-il ainsi toujours? non, j'espère bien le contraire. Les classes, ainsi que les races, vont peu à peu se fondant. Toutes les anciennes barrières tomberont devant le tout-puissant médiateur, maître en égalité, l'Amour.

VI

FAUT-IL PRENDRE UNE FRANÇAISE?

Il ne suffit pas d'aimer, il ne suffit pas de comprendre. Il faut rendre quelque chose, étincelle pour étincelle, pensée pour pensée. Voilà pourquoi, comme nation, je préférerais la Française à toutes les femmes du monde.

L'Allemande est douceur et amour, d'une pureté, d'une enfance, qui transporte au paradis. L'Anglaise, chaste, solitaire, rêveuse, immuable au foyer, si loyale, si ferme et si tendre, est un idéal d'épouse. La passion espagnole mord au cœur, et l'Italienne dans sa beauté et sa morbidesse, sa vive imagination, souvent dans sa candeur touchante, rend la résistance impossible, on est ravi, on est conquis.

Cependant, s'il faut à l'homme une âme qui réponde à la sienne par des éclairs de raison autant que d'amour, qui lui refasse le cœur par une vivacité charmante, gaieté, saillies de courage, mots de femme ou chants d'oiseau, il lui faut une Française.

Une chose dont il faut tenir compte, c'est qu'elles sont très-précoces. Une Française de quinze ans est aussi développée pour le sexe et pour l'amour qu'une Anglaise de dix-huit. Cela tient essentiellement à l'éducation catholique et à la confession qui avance tellement les filles. — La musique, cultivée si assidûment chez nous, a encore une grande action. L'Anglaise y travaille aussi, mais pour elle c'est une tâche. L'Italienne et l'Allemande aiment la musique pour elles-mêmes. Mais ce n'est, pour la Française, que l'amour sous forme d'art. L'amour vient, la musique passe; ce piano, tant cultivé, reste solitaire.

En général, la jeune Française n'a ni le teint éblouissant, la pureté visible, l'attrait virginal et attendrissant de la fille allemande. Les deux sexes ont chez nous longtemps quelque peu de sécheresse. Nos enfants sont précoces, de sang ardent et robuste. On ne naît pas jeune en France, mais on le devient. La Française embellit étonnamment par le mariage, tandis que la vierge du Nord y perd et souvent se fane.

On risque bien peu ici en épousant une laide. Elle n'est telle, le plus souvent, que faute d'amour. Aimée, elle va être tout autre, on ne la reconnaitra plus.

VII

LA FEMME VEUT LA FIXITÉ ET L'APPROFONDISSEMENT DE L'AMOUR

La femme n'est guère touchée des vaines batailles qui de nos jours ont lieu en son nom. Ce grand débat contradictoire l'occupe médiocrement. Est-elle plus haut que l'homme ou plus bas? La théorie en cela est secondaire. Partout où elle est réfléchie, fine et sage, elle est maîtresse; elle tient la maison, les affaires, l'argent même, dispose de tout.

Obéira-t-elle? A ce mot, vous croyez qu'elle résiste. Point. Elle rit et secoue la tête. Elle sait bien en elle-même que plus elle obéirait, plus elle est sûre de gouverner.

Au fond, que désire la femme, quelle est sa secrète pensée? pensée instinctive et confuse qu'elle suit, sans bien s'en rendre compte, dans tous les lieux, dans tous les temps, pensée qui explique très-bien ses contradictions apparentes, sa sagesse et sa folie, sa fidélité et son inconstance ?

Elle veut être aimée ? Sans doute, mais ce mot si général, ne dit pas le fond du fond.

Elle veut le plaisir physique ? Oui, mais médiocrement. En sa qualité de malade, elle est sensible et abstinente, plus tendre, mais plus pure que nous.

Elle veut régner chez elle, être maîtresse de maison, maîtresse au lit, au foyer, à table, dans tout son petit monde. Voilà, dit l'ancienne Perse, voilà, dit Voltaire dans ses contes, « ce qui plaît surtout aux dames. » Cela est vrai, mais s'explique par un sentiment plus intime, auquel on peut rattacher les trois articles précédents :

Le point secret, essentiel, capital et fondamental, c'est que toute femme se sent comme un centre puissant d'amour, d'attraction autour duquel tout doit graviter. Elle veut que l'homme l'entoure d'un insatiable désir, d'une curiosité éternelle. Elle a le sentiment confus qu'il y a en elle un infini de découvertes à faire, qu'à l'amour persévérant qui poursuivrait cette recherche sans fin elle aurait de quoi répondre, qu'elle l'étonnerait toujours de mille aspects inattendus de grâce et de passion.

Cette obstination d'amour, cet effort ardent, curieux, qui poursuit la découverte de l'infini dans un seul être, implique un foyer très-pur, exclusif, et monogamique. Rien de plus froid qu'un sérail, c'est un amour de chenille qui traine de rose en rose, gâtant le bord de la feuille sans atteindre le calice.

———

La femme, dans toute l'histoire, est la mortelle ennemie de la vie polygamique. Elle veut l'amour d'un seul, mais elle veut que ce soit vraiment de l'amour, une passion avide, inquiète, qui, toujours comme la flamme, aille et veuille aller en avant. Elle ne pardonne nullement à ce possesseur unique, à ce préféré, de chercher si peu ce que vaut son trésor, de croire sottement le lendemain qu'il n'a plus rien à apprendre.

De là viennent les malheureuses tentatives d'un être né très-fidèle et qui l'eût été toujours, pour trouver ailleurs une âme qui s'informe mieux de la sienne, y pénètre davantage et y trouve plus de bonheur. Elle n'y réussit guère. L'amant, tout comme le mari, effleure la profonde coupe. Ni l'un ni l'autre ne sait que le meilleur est au fond.

L'homme désire et la femme aime. Il a inventé des centaines de religions, de législations polygamiques. Il voulait jouir et durer; il cherchait son plaisir d'abord, puis, sa perpétuité par une famille nombreuse. La femme ne voulait rien qu'aimer, appartenir, se donner.

Que l'amour est grand chez elle! et grande sa résistance à l'impureté polygamique dont on lui faisait un devoir! Dans le Mahahbharat indien, elle ne veut aimer qu'un seul; elle en est punie, elle meurt. Dans le Zend-Avesta persan, sommée par les mages de dire ce qui plaît aux femmes, elle demande un voile, le baisse et dit : « Être aimée, cultivée de son mari, être maîtresse de maison. » Cette belle réponse déplaît; elle est frappée, elle meurt. Mais son âme va au ciel en s'écriant : « Je suis pure. »

Une chose fort remarquable dans ces révélations antiques du cœur de la femme, c'est que l'amour y paraît seul, et non la pensée de génération.

Dans l'amour, elle voit l'amour, son amant, son mari. L'enfant paraîtra plus tard. C'est l'homme qui s'inquiète plutôt de la perpétuité de race.

Une jeune dame, très-austère (madame de Gasparin), n'a pas craint de toucher ce point délicat, de révéler ce secret de la femme : *Le but du mariage est le mariage*, l'enfant n'est que le second. L'amour conjugal impose plus de renoncement, de vertu, que l'amour maternel; car l'enfant, c'est la mère encore; la mère s'aime elle-même en lui.

Elle a dit cela simplement, naïvement, courageusement. Elle n'a pas demandé un voile comme la matrone de Perse, se sentant assez voilée de vertu, de cette noble virginité que garde l'épouse et qu'elle ne perd jamais.

Mot très-pur, et qui est au fond dans l'intérêt de l'enfant, le mot qu'il dirait lui-même, s'il parlait avant de naître. Ce qu'il a à souhaiter, c'est l'unité préalable de ceux dont il doit sortir. S'ils sont en parfaite communion de cœur, l'enfant peut venir; le foyer est prêt, un doux nid va le recevoir. S'il n'arrivait que pour trouver le divorce dans le mariage, il périrait moralement, et physiquement peut-être. Donc, toute question de famille, d'éducation, etc., est subordonnée à une question antérieure, celle de l'amour, identification mutuelle des deux qui aiment et qui peu à peu ne font qu'un.

―――

Voilà la pensée de la femme, hors de toute hypocrisie, posée dans sa gravité sainte, contre l'idée du moyen âge, qui crut que le mariage n'avait pour but que l'enfant, et oublia que la mère avant d'être mère, est épouse et la compagne de l'homme.

Profonde, profonde ignorance. Ils ne savaient pas que la femme, même celle qui n'a pas d'enfant, est de cent manières féconde. Elle l'est pour son mari en qui la plus simple même met, à l'insu de tous deux, des sentiments, des pensées, des habitudes à la longue. A chaque instant, fatigué, ayant dispersé, perdu son électricité morale, l'homme la reprend dans la femme, en sa douce société, en son chaste sein.

Elle est sa fille; il retrouve en elle et jeunesse et fraîcheur. Elle est sa sœur, elle marche de front aux plus rudes chemins, et faible elle soutient sa force. Elle est sa mère, l'environne. Parfois dans les moments obscurs, où il se trouble, où il cherche, ne voit plus son étoile au ciel, il regarde vers la femme, et cette étoile est dans ses yeux.

Il ne faut pas que l'état des mœurs actuelles, l'effréné vertige, le tourbillonnement aveugle dont nous sommes les témoins, nous trompe sur le fond des choses; il ne faut pas s'arrêter à telles femmes, telles classes et tel temps. Il faut voir la femme éternelle.

Elle est dans toute l'histoire l'élément de fixité. Le bon sens dit assez pourquoi. Non-seulement parce qu'elle est mère, qu'elle est le foyer, la maison, mais parce qu'elle met dans l'association une mise disproportionnée, énorme, en comparaison de celle de l'homme. Elle s'y met toute et sans retour. La plus simple comprend bien que tout changement est contre elle, qu'en changeant elle baisse très-vite; que, du premier homme au second, elle perd déjà cent pour cent. Et qu'est-ce donc au troisième? que sera-ce au dixième? hélas!...

Quand les rôles s'intervertissent, quand la femme devient mobile et réclame le changement, sa dégradation, sa ruine, c'est un cas d'aliénation, un signe effrayant, bizarre, de malheur et de désespoir. Ce pervertissement de la nature dans la femme l'accuse moins que celui qui fait son malheur; car c'est le crime de l'homme.

Dans le spectacle étonnant qu'elles nous donnent aujourd'hui, d'inquiétude, d'agitation, dans leurs furies de toilette, il y a encore bien moins d'inconstance réelle que de concurrence et de vanité, souvent aussi d'inquiétude, quand la jeunesse, la beauté, leur échappe, et que chaque matin elles voudraient se renouveler.

Ces variations étonnantes dans la parure et la toilette sont très-souvent les caprices d'un cœur malade, inhabile, qui veut retenir l'amour. Il en est de très-fidèles qui, pour garder leur amant, travaillent incessamment à se déguiser, se changer. Elles le feraient tout de même dans une grande solitude, dans un désert, dans un chalet des Alpes où elles vivraient avec lui.

Vont-elles bien à leur but? Je ne le crois pas. Les impressions du cœur sont plutôt troublées qu'affermies par ce changement continuel. On serait tenté de leur dire : « Ma chère, ne varie pas si vite. Pourquoi forcer mon cœur fidèle à une permanente infidélité? Hier, tu étais si jolie! J'avais commencé à me prendre à cette ravissante femme. Et aujourd'hui où est-elle? Déjà disparue... Ah! je la regrette. Rends-la-moi. Ne me force pas d'aimer tant le changement. »

La toilette est un grand symbole. Il y faut de la nouveauté, mais non brusque, jamais surtout une nouveauté complète qui désoriente l'amour. L'accessoire varie avec grâce, et suffit pour tout changer. Une fleur de plus ou de moins, un ruban, une dentelle, peu ou rien, souvent nous enchante, et l'ensemble est transfiguré. Ce changement sans changement va au cœur et dit sans parler : « Toujours autre et toujours fidèle. »

Les folies, les épidémies passagères de luxe et de mode, n'ébranlent nullement pour nous ce que nous avons, d'après l'universalité des temps et des lieux, posé comme la loi essentielle du cœur de la femme et le fond de sa nature.

Ce qu'elle veut, ce n'est pas l'amour seulement, mais la fixité, la persévérance passionnée, indéfiniment avide et curieuse, l'éternel approfondissement de l'amour.

Elle le veut et elle y a droit. Car, à cette ardente enquête, elle répondrait à jamais par une improvisation éternelle, inépuisable, de bonheur inattendu.

Un mot d'une comédie qu'on croirait léger, me paraît mériter attention :

La dame. Vraiment, ton maître m'aimera-t-il?...

Le valet. Ah! madame, il a juré, qu'autant vous renouvellerez d'attraits, il renouvellera d'amour.

Mais la dame pouvait répondre : Pourquoi pas? s'il est fidèle, non pas fidèle comme un sot, d'une constance monotone, mais d'un amour inventif, insatiablement avide de mieux sentir la femme aimée; celle-ci, riche comme la mer, prodigue comme la machine électrique en étincelles, peut dépasser son attente. En elle est la brûlante iris des grâces de la passion, des désirs qui embellissent ou des refus qui attirent. Quelles limites à sa puissance? Nulles que celles de la Nature. Elle est la Nature elle-même.

VIII

IL FAUT QUE TU CRÉES TA FEMME
ELLE NE DEMANDE PAS MIEUX

La femme de dix-huit ans sera volontiers la fille, je veux dire, l'épouse docile, d'un homme de vingt-huit ou trente ans.

Elle se fie à lui de tout, croit sans peine qu'il en sait plus qu'elle et que tout le monde, plus que son père et sa mère qu'elle quitte en pleurant, mais sans trop de peine. Elle croit tout ce qu'il lui dit, et lui remettant son cœur, lui remettant sa personne, elle est bien loin de discuter les nuances d'opinion qui pourraient les séparer au fond, et sans s'en rendre compte, elle lui remet aussi sa foi.

Elle croit, elle veut commencer une vie absolument nouvelle, sans rapport avec l'ancienne. Elle veut renaître avec lui et de lui : « Que ce jour, dit-elle, soit le premier de mes jours. Ce que tu crois, je le crois; *Ton peuple sera mon peuple et ton dieu sera mon dieu.* »

Moment admirable pour l'homme, d'une puissance, d'une prise très-forte. A lui de savoir la garder.

Il faut vouloir ce qu'elle veut, et la prendre au mot, la refaire, la renouveler, la *créer*.

Délivre-la de son néant, de tout ce qui l'empêche d'être, de ses mauvais précédents, de ses misères de famille et d'éducation.

C'est son intérêt d'ailleurs, c'est l'intérêt de votre amour. Sais-tu pourquoi elle désire se renouveler par toi? C'est parce qu'elle devine que tu l'aimeras davantage, et toujours de plus en plus, si tu la fais tienne et toi-même.

Prends-la donc, comme elle se donne, sur ton cœur et dans tes bras, comme un tendre petit enfant.

———

Elle le sent, elle le sait, par une seconde vue de femme : l'amour, dans nos temps modernes, n'aime pas *ce qu'il trouve*, mais bien *ce qu'il fait.*

Nous sommes des ouvriers, créateurs et fabricaleurs, et les vrais fils de Prométhée. Nous ne voulons pas une Pandore toute faite, mais une à faire.

C'est ce qui garantit que ce temps qu'on croit refroidi aura des forces d'amour inconnues aux âges antérieurs, des ravivements tout nouveaux de chaleur et de passion.

La passion des vieux temps, pour un idéal fixé, était presque morte en naissant; elle se refroidissait bientôt pour ce qui n'était pas son œuvre. Mais notre passion moderne pour un être progressif, pour l'œuvre vivante, aimante, que nous faisons heure par heure, pour une beauté vraiment nôtre, élastique à la mesure de notre puissance même, quelle intarissable flamme en jaillira chaque jour... Comment? de toute occasion, ou légère, ou sérieuse, toujours, partout. Il en sera comme des nappes immenses de feu qui couvent sous certaines contrées de la Chine; sur chaque point, frappez, creusez légèrement, et la flamme sort.

IX

QUI SUIS-JE POUR CRÉER UNE FEMME?

C'est l'objection timide que plus d'un fera. Ces hommes, ailleurs vaniteux, avouent ici leur faiblesse. La difficulté, l'immensité de cette œuvre, les inquiète.

Pour l'effleurer, à la bonne heure; pour en tirer le plaisir d'une nuit, à la bonne heure; mais la culture assidue, persévérante, d'une âme, cela les effraye; ils reculent.

« Je n'y suis guère préparé. Déjà entamé par la vie, par une éducation cruelle, par la réaction violente qui la suit pour le plaisir, je me sens bien peu capable de prendre en main cette vierge, ce jeune cœur plein d'amour qui me veut pour son créateur, son dieu d'ici-bas... Ai-je donc assez de lumière, hélas! assez d'amour même? Ai-je gardé le sens d'aimer? »

Non, ne te méprise pas, ne te défie point de toi; veuille et persévère, tu peux de grandes choses encore, et dans la vie et dans l'amour. Ce vain passé qui te poursuit, tout cela n'était pas l'amour. Tu n'en es pas même à le deviner. Ce sens dort, mais il existe; c'est la réserve de Dieu. Et même la prostituée en est susceptible encore. Plus profond est l'abîme, plus ardent le désir du ciel.

Si tu devais rester en face de ta jeune fiancée, sans y chercher rien qu'un peu de plaisir, ton âme y défaillerait bientôt; l'ennui se mettrait entre vous. Ici, cela n'est pas possible; vois avec quelle confiance elle veut se remettre à toi, afin de devenir toi-même. Cette œuvre de transformation, ce doux progrès de mélange, maintiendra à votre union la flamme du premier jour, l'augmentera. Comment ferais-tu pour ne pas aimer toujours davantage, quand tu te sentiras en elle meilleur et purifié? quand à chaque instant de son chaste cœur te reviendront les rayons de ta nature primitive, de la belle jeune lumière qui rayonna à ton berceau, qui s'était obscurcie en toi, mais qu'elle, cette âme charmante, te rend encore embellie?

Donc, ne va pas sottement, quand elle vient d'un grand cœur et qu'elle veut se donner, hésiter, dire (par une lâche et coupable humilité) : « Je ne suis pas digne. » Tu n'es pas libre de le dire. Il n'y a rien de moyen ni de médiocre dans le mariage. Celui qui ne s'empare pas fortement, puissamment de la femme, n'en est estimé ni aimé. Il l'ennuie, et l'ennui, chez elle, n'est pas bien loin de la haine. Elle échappe, au moins de cœur, et non-seulement elle, mais les enfants même; la famille tout entière devient étrangère, ennemie.

Tu demandes quels titres tu as à s'emparer d'elle, je vais te les dire :

Le premier et le plus fort, c'est le vif et ardent bonheur qu'elle-même a, au mariage, de pouvoir dire : « Je t'appartiens. »

Elle se sent libre alors, pourvu que tu sois son maître. Libre de qui, le dirai-je? de sa mère, qui, tout en l'aimant, la traite jusqu'à vingt ans, et la traiterait jusqu'à trente, toujours comme une petite fille. Les mères françaises sont terribles. Elles adorent leur enfant, mais elles lui font la guerre, l'annulent par l'éclat, la force et le charme de leur personnalité. Elles sont bien plus gracieuses, et souvent plus jolies même, plus jeunes surtout, très-jeunes. Tant que la fille est sous sa mère, elle a le chagrin d'entendre les hommes dire entre eux chaque soir : « La petite n'est pas mal, mais combien la mère est mieux ! »

Riches ou pauvres elles se nourrissent la plupart très-mal, et très-mal aussi leur fille. Mais la mère qui est toute grâce, tout esprit et tout éclair, n'a pas besoin de fraîcheur. La fille en aurait besoin. Le mauvais régime la tient pâle, chétive, un peu maigre. La pauvre jeune demoiselle ne prolonge que trop souvent l'*âge ingrat* jusqu'au mariage. Là enfin, heureuse par toi, elle va prendre d'aimables contours, elle te devra sa beauté; si tu t'occupes beaucoup d'elle, si tu l'enveloppes doucement, mais fortement de ton amour, elle fleurira, ta jeune rose, plus fraîche alors et plus vierge qu'au temps de sa triste jeunesse.

Être belle, et par l'amour; quel bonheur ! Je renonce à dire l'excès de sa reconnaissance... Être belle ! mais pour une femme c'est le paradis, c'est tout. Si elle a le sentiment qu'elle te doit une telle chose, oh ! qu'elle cédera de bon cœur aisément sur tout le reste; qu'elle sera ravie de te sentir maître, trancher, décider de tout, lui épargner le plus souvent la fatigue de vouloir !

Elle reconnaîtra volontiers, ce qui est réel, que tu es son ange gardien, que tes dix ou douze ans de plus, ton expérience du monde, te font connaître mille choses dont tu peux la préserver, mille dangers où ses dix-huit ans, sa demi-captivité de jeune demoiselle, la laisseraient fort aveugle, et où, selon toute apparence, elle irait tête baissée.

Exemple. Sa mère dont si souvent elle a désiré d'être libre, la fille la regrette pourtant au moment de la quitter. « Si nous vivions tous ensemble? mon ami... » Ce mot, ce vœu échappe bien souvent au bon cœur de la fiancée. Le mari sait mieux qu'elle que rien ne serait plus funeste, que tous en seraient malheureux, qu'une vie de gêne et de discordes en résulterait.

« Mais, du moins, si j'avais ma bonne, qui m'aime tant, qui est si adroite, ma Julie! Il n'y a qu'elle qui sache bien m'habiller?... » Là encore, c'est lui qui la garde. Il obtient qu'elle n'amène pas la souple et fine femme de chambre, qui la gâte et qui serait le vrai rival du mari, le flattant, et en dessous la travaillant contre lui, confidente dangereuse des petits chagrins de femme, et maîtresse peu à peu, vraie maîtresse de la maison. Heureusement le jeune homme du plus loin voit tout cela, et obtient qu'on le dispense de recevoir chez lui la séduisante vipère.

Ce sont là des points très-graves où il y a quelque peu de dissentiment. Parfois même elle se détourne un peu et pleure un moment, toutefois en avouant qu'après tout tu as plus d'expérience, que tu as sans doute raison.

Si tu l'emportes sur ces choses, combien plus sur tout le reste! En affaires, en intérêts, en idées, elle reconnaît sans peine que tu sais et vois plus et mieux, surtout que tu as des habitudes d'esprit bien autrement fortes et graves.

Cela seul d'avoir un métier, une spécialité d'art, c'est une grande supériorité de l'homme. Il y faut une gymnastique préalable, avoir brisé la roideur de ses articulations, dompté, plié, fortifié ses facultés d'action. C'est en forgeant qu'on se forge soi-même. On y apprend spécialement que pour réussir, aboutir à une œuvre, il faut de la persévérance, de la conscience, le sérieux désir de bien faire, et une grande précision. Les femmes en seraient très-capables, de cette précision, et elles ne l'ont presque jamais; c'est qu'elles ne veulent pas assez.

———

Il faut dire aussi qu'étant jeune, la femme est un peu fatiguée, souvent troublée par le sang. Ces pudiques et charmantes roses qui si souvent lui montent aux joues, c'est sa parure, mais son obstacle. Elles la rendent très-peu capable d'une attention soutenue. Aussi cette femme aimée, si on la laissait faire, elle n'aurait que trop de penchant à se rejeter sur toi, à te dire : « Pense à ma place, » comme l'enfant fatigué au bout de dix pas, qui veut que sa mère le porte. Mais il ne le faut pas souffrir. Il faut aider, soutenir la belle paresseuse, sans la dispenser de marcher.

C'est là ou jamais, mon ami, que tu auras occasion de savoir si tu es homme d'esprit. Elle te pose sans le savoir, cette enfant chérie, le plus haut problème de méthode : Comment tu renonceras aux procédés scolastiques qui ont fait ton éducation, comment cette science rigide, abstraite, à l'état de pur cristal, tu pourras la ramener à l'état de vie, et d'un diamant faire une fleur, pour la donner à ton enfant.

Oh! le beau et grand problème. Combien difficile!... Mais aussi, pour toi, quelle utilité! Jamais, sans cela, tu n'eusses su toi-même si tu savais à fond, jamais si tu étais maître de cette science déposée en toi, mais non assimilée à toi, et non fondue dans ta substance. Tu le sauras bien désormais, quand ta science sera mêlée au plus chaud sang de tes veines, quand elle aura passé, brûlante, par ton cœur et par ton amour.

Je suis à cent lieues des disputes. J'ai le cœur trop plein ici pour m'écarter et répondre à ceux qui doucereusement voudraient te décourager en disant que la science moderne, ayant peu d'unité encore, ne peut être ainsi ramenée à la simplicité vitale, pour être transmise à la femme, à l'illettré, à l'enfant.

Un mot suffira.

L'esprit moderne n'a que deux faces :

Les sciences de la vie, qui sont celles de l'amour. Elles nous disent la vie identique, la commune parenté et la fraternité des êtres.

Les sciences de la justice, qui sont la haute charité et l'amour impartial. C'est la fraternité encore.

« Sont-ce deux choses? » Non, ce n'en est qu'une. Ces deux grandes églises de Dieu que nous bâtissons depuis trois cents ans, elles se réunissent au sommet, elles ne sont plus qu'une à la pointe, et s'embrassent près du ciel.

Plus le droit s'est exhaussé, humanisé, et plus aussi la fraternité de justice a rencontré la fraternité naturelle et médicale, les sciences de la vie, de l'amour et de la pitié. (Voir les notes.)

Voilà la science moderne, unique, identique, à deux sexes. Tu la perçois par le juste et le vrai, l'ordre et l'harmonie. Et *elle*, ta jeune initiée, elle la sent par la pitié, la tendresse. Tous deux par l'amour.

Jeune homme, tu veux être aimé, n'est-ce pas? conquérir la femme?

Eh! bien, pour cela sois homme. Je veux dire, conserve au-dessus des étroitesses (utiles et nécessaires) du métier, le haut sentiment de l'ensemble vital, l'amour du tout pour le tout. C'est par là que tu resteras digne d'être aimé toi-même, grand, noble, puissant sur la femme, qui n'est qu'amour et que vie.

Si tu étudies les lois, par exemple, va le soir, va le dimanche, à l'église de la nature, je veux dire au Jardin des plantes. Que ton ami, jeune médecin, te mène à la table noire, t'enseigne la mort.

Et si tu es médecin, fais halte aussi quelquefois. Tu ne vois que trop la douleur. Apprends-en les causes sociales. Informe-toi, par moments, de la grande thérapeutique d'équité, d'ordre civil, qui viderait les hôpitaux, de cette cité de justice qui guérirait par le bonheur.

———

Sur ce terrain, mon ami, tu es bien sûr d'être entendu, car ta femme est toute pitié, toute tendresse et toute croyance.

Eh! qu'elle a envie de te croire, quand tu viens à elle le cœur plein de tant de vérités nouvelles, rajeunissantes, attendrissantes! Constraste frappant! ta vierge, ta fiancée de seize ans, ta fraîche et florissante rose, si tu regardes son esprit, son éducation byzantine, elle vient à toi vieille et caduque, sous les rides du moyen âge. Toi, au contraire, homme moderne, comme opinion, science, idée, tu lui arrives neuf et fort, éblouissant de jeunesse. — Puissance incroyable d'amour, et quel bonheur sera le tien!

Par une erreur innocente de tendresse et de reconnaissance, elle t'attribue, te renvoie tout ce qu'a fait l'esprit des temps. Elle t'aime à cause de Linné et pour le mystère des fleurs. Elle t'aime pour les diamants du ciel que vit le premier Galilée. Elle aime en toi jusqu'aux sciences de la mort qui nous ont appris le profond secret d'amour, et qui, contre la barbare impiété des temps gothiques, nous ont dit : « La femme est pure. »

Résigne-toi, mon ami. C'est de toi que vient toute chose; tu as le mérite de tout. C'est toi qui as fait tout être et qui as fait toute science. Elle n'ose pas le penser, son amour le pense pour elle; car étant son créateur, tu es aussi celui du monde; monde et Dieu, tout se perd en toi.

LIVRE DEUXIÈME

INITIATION ET COMMUNION

I

LA MAISON DU BERGER

Les folies des amants méritent attention. Sages, ne méprisez pas les paroles des fous. Ces innocents parfois, au hasard du délire, ont dit de vrais oracles.

Écoutez ce jeune homme qui pour la première fois, en mai, à la campagne, promène sa fiancée timide. Les parents suivent à distance, et pas trop près. Il semble faire appel à toute la nature, à la terre et au ciel, dans un si grand bonheur. Mais la terre, mais le ciel, et que dis-je? sa fiancée même, tout semble disparu dans un nouveau transport. Qu'a-t-il donc vu? la maison du berger.

« Ah! c'était là mon vœu!... Étroite et solitaire, c'est la demeure que je rêvais pour nous.., Ne pouvoir se quitter, errer ensemble, échapper à la foule, fuir tout contact impur, sceller son paradis de mystère et d'oubli du monde ! »

. . . .

Jeune homme, ta folie n'est pas si folle. La maisonnette qui roule par les champs est sans doute un logis trop dur pour ta compagne délicate, mais ton instinct du moins te révèle une chose juste et vraie que bien d'autres apprennent tard et à leurs dépens :

Ne semez point dans la grand'route.
Ne plantez point dans le torrent.
N'aimez point au milieu des foules.

———

Que peut-on sur la femme dans la société ? rien. Dans la solitude ? tout.

———

Du reste, ce n'est pas elle qu'il faut garder ainsi peut-être, mais toi-même. Plus elle est solitaire, plus tu vis avec elle, plus vous mêlez vos cœurs. Mais qu'elle ait une société, et je dis la meilleure, qu'elle ait avec elle sa mère, sa sœur, une amie respectable, justement pour cela, tu crains moins de l'éloigner d'elle, et le nœud va se desserrer. « Elle est avec sa mère, je vais voir mes amis. Elle est avec sa sœur, je puis visiter tel salon. » Puis tu seras repris au tourbillon du monde; tu aimeras sans doute encore, mais toujours moins. Crois-tu qu'en rentrant chaque soir fatigué, l'air blasé, distrait, tu retrouveras la même femme et le même amour au foyer?

———

« Ainsi, à votre sens, le mariage sera une vie de reclus, de captif? La femme enfermée seule? l'homme sortant à peine, pour le besoin des affaires? Ce n'est plus une vie, c'est une mort anticipée. Faisons nos testaments avant le mariage; le lit de noce est un sépulcre. Plus d'amis, plus de république. Adieu le citoyen. L'amour et le foyer vont exterminer la patrie. »

Ce n'est pas ma pensée. J'espère une société tout autre, pure, libre, forte, où la table de fraternité reçoive à sa première place l'épouse, la mère, la vierge, où les fêtes étalent la charmante assemblée de nos dames, près des magistrats, assises et couronnées de fleurs. La femme, reine des foules, arbitre délicat, austère, des mœurs publiques, ce sera le charme touchant des cités de l'avenir.

Tout cela est loin encore peut-être. Laissez-moi donc, en attendant, dire des choses possibles et pratiques, les seules que comporte le temps.

La solitude que je veux pour la femme, ce n'est pas la maison du vieux jaloux Arnolphe, qui tient sous clef, et garde à vue Agnès, le corps d'Agnès du moins, en étouffant son cœur, et lui asphyxiant son esprit.

Je veux d'abord qu'Agnès ait un jeune mari, selon son âge. J'ai dit la proportion : vingt-huit ans et dix-huit. Pour s'en écarter, il faut des rapports très-spéciaux, très-singuliers, très-rares, qui peuvent se trouver, mais presque jamais ne se trouvent.

Je veux la liberté complète pour Agnès. Si la femme naît faible et serve de souffrance, l'amour est sa rédemption, le mariage son affranchissement successif. Elle y devient égale, souvent supérieure à la longue.

« Sa taille? je vous prie. — Juste aussi haut que mon cœur. » (Shakspeare).

La solitude, au reste, est toute relative. L'amour est chose si forte, qu'il domine toute circonstance,

Il peut, à la rigueur, être seul au sein d'un grand peuple. Il est sain, il est pur, en pleine épidémie. Un palais, un grenier, un trône, une boutique, pour lui, c'est parfois même chose. N'oublions pas pourtant qu'il ne subsiste fort contre les obstacles du monde qu'aidé d'un cœur honnête, d'une vie laborieuse, d'une succession de travaux, qui remplissent, moralisent les jours.

Qui n'a vu, au plus noir, au plus triste quartier de Paris (rue des Lombards, je crois), une belle femme, née fort riche, qui, malgré son éducation distinguée et sa grande dot, passe sa vie au fond d'un magasin, à écrire et chiffrer, dans un tout petit cabinet vitré, donnant des ordres, gouvernant vingt garçons? Cette femme, au milieu de tant d'hommes, est seule, non surveillée, maîtresse. Son jeune mari court tout le jour, et fait les affaires du dehors. Le soir, on se retrouve. Madame, ayant fermé ses livres, renvoyé tout son monde, remonte auprès de lui. Nulle union plus forte, nul mariage plus heureux. L'aime-t-il? non, plutôt il l'adore. Cet affreux magasin leur vaut la maison du berger.

Si pourtant vous me permettez de faire un vœu pour vous, c'est que votre jeune femme, cet être poétique, soit moins occupée de factures, de billets à échoir; que vous-même vous ne soyez pas loin d'elle exilé tout le jour. L'union est belle et forte, ici, mais est-elle profonde? N'est-ce pas un peu comme l'intime association de deux hommes d'affaires? Y a-t-il vrai mélange de cœur, entre personnes tellement occupées d'intérêts? Au lit même et sur le chevet, au moment du bonheur, la pure et digne épouse dit entre deux soupirs : « N'oublie pas, mon ami, que c'est demain le 31. »

L'amour est, sans nul doute, une flamme, un désir, un paradis, qu'on peut trouver partout. Mais, c'est aussi une culture. Il veut un peu de temps, quelque recueillement, pour qu'on puisse se connaître, se comprendre, et doucement, jour par jour, entrer d'un degré de plus dans la pénétration de l'âme.

Quand je rêve, quand je fais des vœux (j'en fais souvent pour tous), je souhaite à ceux qui aiment, et aimeraient dans la foule même, la solitude, qui seule initie aux arts de l'amour, quelques années paisibles du moins, qui leur permettent le mélange des cœurs, affermis l'un par l'autre, avant de retourner au monde, au combat de la vie.

Je la vois en esprit, la petite maison solitaire, — non pas précisément la maison du berger, — mais pas beaucoup plus grande : deux étages, trois pièces à chacun. Nulle domestique, ou tout au plus une bonne fille de campagne, dont Madame fera son enfant, et qui lui épargnera les gros ouvrages. Je la voudrais, cette maison, à distance de la ville, où chaque jour tu fais tes affaires. Bien située, bien soleillée, avec un grand verger et un petit jardin, où elle puisse un peu cultiver. Surtout d'abondantes eaux, et, s'il se pouvait, jaillissantes.

A toi d'arranger, de prévoir, d'ordonner tout cela dans le moindre détail. Ne te repose pas sur les femmes de la famille qui prétendront s'entendre mieux à ces arrangements.

Toi qui y as tant d'intérêt, tu prépareras seul la douce et charmante cage pour tenter ton petit oiseau, pour lui faire désirer être prise, vivre ta captive, afin de devenir ta reine.

Demande conseil à l'abeille. Elle te dit : « Je mets le même œuf en deux cellules différentes, la cellule royale, la cellule ouvrière. Deux abeilles tout autres viennent de ces différents berceaux. »

Tel le nid, tel l'oiseau. Les milieux et les circonstances, les habitudes nous font.

Oh! le nid! un vrai nid!... le beau, le doux sujet! Mais je ne veux pas le gâter, en l'abrégeant ici. Je ne veux pas montrer la maison encore vide. Combien autre elle sera tout à l'heure, du jour, de l'heureux jour, où quelqu'un (je ne dis pas qui), va venir l'enchanter de sa douce présence, l'illuminer de ses beaux yeux.

Petite, bien petite maison. Mais si c'est la passion qui l'ait construite, elle sera si bien combinée, si ingénieusement, artificieusement disposée, que le jeune cœur y soit pris de partout, que la distribution et l'aménagement ajoutent à sa tendresse les fatalités d'habitude, si puissantes et si douces, et la livrent toute à l'amour.

II

LE MARIAGE

« Tu es mon frère, mon père et ma mère révérée,
« Tu es mon cher amant, tu es mon jeune époux. »
(Iliade).

Ce n'est pas le mot d'Andromaque, c'est le mot éternel de la femme à ce grand passage.

Elle le dit de cœur d'abord, d'un élan de nature.

Elle le dit aussi par un sentiment juste, vrai, de sa situation. Elle sent bien qu'il est son tout maintenant, son protecteur unique. Et quant aux cérémonies par lesquelles l'Église et la loi semblent la protéger, elle n'y fait pas attention.

En réalité, c'est la force de cet acte si grave qu'elle est donnée sans réserve, sans garantie et sans retour. Si l'amour n'est pas là, si elle ne tombe pas dans les mains les plus tendres, toutes les précautions légales aggraveront sa situation. Toutes ces barrières de papier seront vaines. Mais, bien plus, glaçant, irritant celui à qui la personne est livrée, elles la mettront en péril. Idée sotte de constituer une guerre préalable dans le mariage, et de croire que la loi puisse intervenir à toute heure de nuit, de jour, et veiller au lit même entre eux. Contre celui qui possède la femme par la fatalité de cohabitation, et qui peut lui imposer le travail, le péril de la maternité, rien, rien n'est réservé. Nulle autre garantie que l'amour.

La cérémonie, la solennité, la publicité, sans nul doute, sont excellentes. Mais le fond de la chose, c'est l'âme. Comme le disent les jurisconsultes romains, « Mariage, c'est *consentement*, » l'acte de la volonté, de la liberté qui se donne. Donation mutuelle des cœurs, mais sacrifice surtout de la plus faible, qui, se remettant au plus fort, âme et corps, ne réservant rien, livre tout, risque tout aux chances de l'avenir.

―――

Contrat bien inégal !... Ni la loi de l'Église, ni la loi de l'État, n'ont essayé sérieusement d'y modifier la nature. L'une et l'autre en réalité y sont très-contraires à la femme.

L'Église est nettement contre elle, et lui garde rancune du péché d'Ève. Elle la tient pour la tentation incarnée et l'intime amie du démon. Elle souffre le mariage, en préférant le célibat, comme vie de pureté, car impure est la femme. Cette doctrine est si profondément celle du moyen âge, que ceux qui veulent en renouveler l'esprit soutiennent (contre la chimie, *V. la note*) que justement, dans sa crise sacrée, le sang de femme est immonde. Telle physique, telle législation. La femme, à ce point ravalée, que sera-t-elle, sinon serve et servante de l'être plus pur qui est l'homme? Elle est le corps, il est l'esprit.

La loi civile n'est guère moins rude. Elle déclare la femme mineure pour toujours, et prononce sur elle une éternelle interdiction. L'homme est constitué son tuteur, mais, s'il s'agit des fautes qu'elle peut commettre, des peines qu'elle peut subir, elle est traitée comme majeure, tout à fait responsable, et très-sévèrement.

C'est du reste la contradiction de toutes les anciennes lois barbares. Elle est livrée comme une chose, punie comme une personne.

« Mais la famille, du moins, est pour elle et vou-
« drait la protéger sérieusement? »

Je ne vois pas cela. J'ai connu bien des amis théoriques de la liberté qui, venus là, ne s'en souvenaient guère, et unissaient leurs filles, bon gré, mal gré, à tel homme vieux, riche, dont elles ne voulaient pas du tout.

Il est bien entendu que la faible créature ne va pas toute seule soutenir un siége contre son père, sa mère, toute sa famille. Elle se laissera faire, pousser jusqu'au jour fatal. Et elle y arrive bien mal préparée.

Toutes les mères se font illusion; toutes disent avec une sorte d'emphase : « Oh! j'aime tant ma fille! » Que font-elles pour elle? Rien. Elles ne la préparent pas au mariage, ni de cœur, ni de corps.

Un seul point est louable, c'est que généralement elles la gardent assez bien (et mieux que les hommes ne croient). Elles veulent qu'elle arrive au mariage vierge et neuve, ignorante même, s'il est possible, et que le mari soit charmé de la trouver à ce point petite fille. Et, en effet, cela l'étonne (lui qui n'a vu que des femmes perdues), au point qu'il la croit hypocrite.

Cette ignorance est cependant très-naturelle et concevable sous une mère inquiète et jalouse, surtout si l'enfant n'a pas eu de jeunes amies qui l'aient instruite. Mais il y a danger à ignorer tout; l'innocente est exposée par cela même à plus d'un hasard. La mère devrait l'éclairer, l'avertir, du moment qu'elle devient femme. C'est du moins son plus sacré devoir de l'initier parfaitement avant le mariage, de sorte qu'elle sache bien d'avance ce qu'elle va consentir et subir.

Nul consentement n'est libre ni valable qu'en chose connue d'avance.

Sait-elle bien le matin ce qu'elle promet pour le soir? Est-elle là une personne consultée, ou une chose livrée? Sait-elle, surtout, le droit exorbitant que va prendre l'époux de se constituer (sur un signe douteux) le juge de son passé moral, de sa bonne conduite, de sa pureté, de sa vertu?

Elle n'est pas mieux préparée physiquement que moralement. On s'occupe trop de la robe, pas assez de la fille. Père, mère, amies, et le fiancé même, tous dans l'agitation de vains préparatifs et de mille riens, négligent précisément celle qui semble le but de tout.

Comment se porte-t-elle à ce moment de trouble, à la veille d'une telle épreuve?

D'abord, elle ne dort guère. On croira, par fatuité, que c'est d'impatience. Généralement, c'est le contraire. La chose la plus désirée, quand elle approche, remplit souvent de crainte et de tristesse, surtout quand il s'agit de se déraciner en une fois et de quitter toutes ses habitudes, quand on se voit au seuil d'un si vaste inconnu.

Il est tout naturel qu'elle soit inquiète et agitée, qu'elle ait parfois un peu de fièvre, que la circulation sanguine soit irrégulière ou très-rapide, la nutritive lente, difficile à achever. Il faudrait de longue main aviser à tout cela. On pense à autre chose. Souvent, elle arrive au moment très-souffrante, craintive, dans un état de pléthore douloureuse qui demanderait de doux, de tendres ménagements.

Jeune homme, lis bien ceci tout seul, et non avec cet étourdi de camarade que je vois derrière toi, qui lit par-dessus ton épaule. Si tu lis seul, tu liras bien, tu sentiras ton cœur. Et la sainteté de la nature te touchera.

Ceci, c'est de la religion, de la pure, de la vraie. Si tu trouvais ceci un amusement, un sujet de plaisanterie... j'aime autant que tu ries à la mort de ta mère.

Au mariage, ton bonheur est immense, mais

combien sérieux ! Respecte-le. Ouvre ton cœur à la gravité sainte de l'adoption que tu vas faire, à l'infinie tendresse que réclame de toi celle qui vient à toi, toute seule et dans une confiance infinie.

Seule, mon ami. Car, tu l'as vu, l'église ne la protége guère. La loi, pas davantage. Et la famille, hélas ! n'a pas pris grand soin pour l'affermir en ce pénible jour. Elle ne la soutient pas, mais te l'amène, te la donne... au hasard de ton jugement.

Mais, moi, je me fie à toi pour elle. Et je suis sûr que, tout manquant, tu seras tout, la patrie, le prêtre et la mère, qu'elle trouvera en toi la garantie de ce triple pontificat.

———

C'est toute sa pensée, sa foi et son espoir, pendant qu'elle avance chancelante et si belle de sa pâleur dans sa fraîche toilette. Elle sait bien qu'elle n'est plus chez elle, et pas encore chez toi. Elle flotte entre deux mondes.

Où va-t-elle et que veut-on d'elle ? Elle ne le sait pas trop bien. Elle ne sait pas grand' chose, sinon qu'elle se donne, d'une grande dévotion de cœur.

Elle a ce bonheur de penser qu'elle est désormais

dans ta main. Y sera-t-elle bien ou mal? et comment la traiteras-tu? cela te regarde, non elle.

Pour arme et sûreté, elle a de ne réserver rien, d'arriver seule à toi sans protection, de t'aimer, de s'abandonner...

« Que la terre et le ciel prient et pleurent pour moi. »

Mot de Christophe Colomb à l'entrée du monde inconnu.

III

LA NOCE

C'est l'heure. Sa mère la quitte, en versant quelques larmes. Moi, je ne la quitte pas encore. J'ai un mot à te dire, que ne sait pas sa mère.

Ne t'impatiente pas, et ne me maudis pas. Ce n'est pas moi qui te retarde. Elle est entrée sans crainte, elle t'aime tant ! Elle a l'assurance modeste que donne la pureté. Mais enfin elle est bien troublée, pardonne à la nature... Son pauvre petit cœur bat si fort, qu'on en voit le battement... Un moment, je te prie, laissons-la se remettre un peu, et respirer...

Ce mot est celui-ci :

Je te fais et te constitue son protecteur contre toi-même...

Oui, contre toi. Ne te récrie pas tant... Contre toi, car, à cette heure, tu es l'ennemi.

Un ennemi doux, respectueux et tendre. Abrégeons les choses fades que dirait un homme du monde sur les bonnes manières qu'ont alors et toujours les gens bien élevés. Je sais que la plupart arrivent refroidis par la vie, par la grande, trop grande expérience du plaisir. Mais, pour les plus usés, c'est chose d'amour-propre, de vaniteuse impatience. Cela peut mener loin. Donc, j'en crois ici le mot dur, mais net, de l'Histoire naturelle : « Le mâle est très-sauvage. » Mot confirmé malheureusement par la médecine et la chirurgie que l'on consulte trop souvent pour les suites, et qui, dans leur froideur, sont indignées pourtant de la fureur impie qui peut souiller une heure si sainte.

———

Autre chose, et très-grave, d'importance infinie.

Sais-tu bien, dans ce moment de trouble, que tu es partagé entre deux idées très-contraires? Tu ne comprends ni toi, ni elle. Cette blanche statue, que tu couves des yeux, si touchante, si attendrissante, qui a peur de paraître avoir peur, et garde aux lèvres un sourire pâlissant... tu t'imagines la connaître? Et elle te reste une énigme.

Celle-ci, c'est la femme moderne, une âme et un esprit. La femme antique était un corps. Le mariage n'étant, dans ces temps-là, qu'un moyen de génération, on choisissait, on prenait pour l'épouse, une fille forte, une fille rouge (rouge et belle sont synonymes dans les langues barbares). On lui voulait beaucoup de sang, et qu'elle fût prête à en verser. On faisait grand bruit de cela. Le sacrement de mariage était un baptême de sang.

Au mariage moderne, qui est surtout le mélange des âmes, l'âme est l'essentiel. La femme que rêve le moderne, délicate, éthérée, n'est plus cette fille rouge. La vie des nerfs est tout en elle. Son sang n'est que mouvement et action. Il est dans sa vive imagination, sa mobilité cérébrale; il est dans cette grâce nerveuse, d'une morbidesse maladive; il est dans sa parole émue, et parfois scintillante; il est surtout dans ce profond regard d'amour qui tantôt enlève et enchante, tantôt trouble, et plus souvent touche, va au cœur et ferait pleurer.

Voilà ce que nous aimons, rêvons, poursuivons, désirons. Et maintenant, au mariage, par une bizarre inconséquence, nous oublions tout cela et nous cherchons la fille des fortes races, la vierge des campagnes, qui, surtout dans nos villes, oisive et surnourrie, aurait en abondance la rouge fontaine de vie.

L'avénement de la force nerveuse, la déchéance de la force sanguine, préparée de longue date, est du reste un fait de ce temps. Si l'illustre Broussais revenait, où trouverait-il chez notre génération (j'entends des classes cultivées) les torrents de sang qu'il tira, non sans succès, des veines des hommes d'alors? Changement fondamental, en mal? en bien? on peut en discuter. Mais, ce qui est sûr, c'est que l'homme s'est affiné et fait esprit. Une éruption non interrompue de grandes œuvres et de découvertes a signalé ces trente années.

Tout a changé. La femme aussi. Elle a lu, et s'est cultivée, mal, si l'on veut, mais cultivée pourtant. Elle a vécu de nos pensées. La demoiselle en fait mystère, mais qui ne le lit dans ses yeux, dans sa physionomie souvent trop expressive, dans sa délicatesse souffrante? Ta fiancée n'a craint rien plus que d'avoir les charmes vulgaires auxquels tu tiens tant aujourd'hui. Tu parlais si bien d'amour pur! Elle aurait voulu être diaphane. Elle a cru que tu désirais ici-bas un être aérien et ne lui voulais que des ailes.

Du reste, celles qui ont le moins à redouter l'épreuve, qui y arrivent plus que pures, mais innocentes, ignorantes de toutes choses, sont souvent celles qui inquiètent, alarment davantage. Tant l'homme perd l'esprit ce jour-là, souvent moins par amour que par orgueil et défiance! Une honte touchante, un trouble nerveux, les petites peurs de femme, si naturelles en ces moments, sont sur-le-champ interprétés de la manière la plus sinistre. On se jette dans telle et telle conjecture mortifiante.

« Sans doute, elle craint cette épreuve... Elle retarde le plus qu'elle peut un aveu qu'elle n'ose faire ? »

Elle ne comprend pas d'abord : mais, si enfin elle entrevoit ce qu'il pense, on peut juger de son indignation, de sa douleur... Elle suffoque, ne peut plus pleurer... Elle qui aimait tant, et qui lui aurait tout dit, s'il y avait eu quelque chose ! lui faire une si mortelle injure de défiance... Il y a de quoi haïr pour toujours !

Que l'homme songe bien que, s'il juge la femme, elle le juge aussi, à ces moments. Elle est prodigieusement sensible alors, tendre, mais d'autant plus vulnérable. Elle reçoit au plus profond du cœur un trait définitif, qui fait vivre ou tue son amour.

Oh! quel changement étrange, étonnant et barbare! il disait aimer tant, et il n'a pas même de pitié! Il ne voit pas sur son visage (ce qui arrive souvent), c'est qu'à force d'émotions, elle est réellement très-malade. Dès l'arrivée, elle avait tant de difficulté à respirer. Puis, a monté de proche en proche le flux nerveux, et quelquefois jusqu'à un état de tempête qui épouvante. Quelquefois encore, c'est bien pis, les nausées viennent; la plus sobre est bouleversée de fond en comble. Sa situation est horrible, son anxiété excessive.

Pitié, pitié pour elle! soyez bon, soyez tendre... Comprenez donc un peu, soignez-la, et rassurez-la. Qu'elle sache bien que vous n'êtes pas un ennemi, au contraire un ami et le plus dévoué, qui lui appartient tout entier. Soyez discret, habile, respectueux, intelligent de sa situation. Et rassurez-la tout à fait.

Il faut lui dire ceci :

« Je suis à toi, je suis toi-même. Je souffre en toi... Prends-moi, comme ta mère et ta nourrice. Remets-toi bien à moi... Tu es ma femme et tu es mon enfant. »

Moment bien précieux, où celui qui se fait mère et garde-malade réparera les torts de l'amant. L'esprit calmé calme le corps, et, la tempête nerveuse s'apaisant peu à peu, la bonne nature, la docilité féminine, parlent pour vous; elle souffre et craint de vous voir rester triste. Que si elle ne peut se remettre, si elle est encore trop peureuse, elle vous favorisera, par tendresse ou faiblesse, de privautés charmantes que, sans cela, vous n'auriez eues que tard. Elle s'endormira près de vous, veillée par vous, en confiance. Vous n'y perdrez rien au réveil.

IV

LE RÉVEIL — LA JEUNE MAITRESSE DE MAISON

« Le réveil sur l'oreiller, » l'extase du jeune homme, hier seul, et qui aujourd'hui se voit deux, qui contemple (sans en bien croire ses yeux) cette tête charmante, cette douce personne sans défense qui repose là sous sa garde... c'est trop pour la nature humaine, et les plus fiers y sont brisés... Nul langage, pas même les larmes, ne peut répondre à cela... Parfois le cœur s'épanche par la reconnaissance, remercie la Nature et Dieu. Parfois un mouvement sauvage vient aussi d'orgueil dans l'amour, et il est contenu à peine : « Je la tiens ! j'en suis maître !... Il est donc vrai ? elle est à moi ! »

Mais à cet élan aveugle de triomphe, succède un mouvement plus noble, l'ardent besoin de rendre quelque chose à celle qui vous a apporté l'infini du bonheur... « Oh! le monde, la terre et le ciel. C'est peu!... Tout mon sang, ce n'est pas assez!... » Le cœur lui sort de la poitrine, s'élance, s'offre et se donne à elle : « Prends-moi donc, accepte-moi donc!... Prends mon âme, pour tout l'avenir, la totalité de mon être, ma pensée et ma volonté... »

Les lois antiques ont saisi ce moment, adjuré l'homme de consacrer cette heure, de la perpétuer, de soulager son cœur en assurant la destinée de la femme. C'est ce qu'on appelait le *Don du matin*.

« L'homme donnera sa vie pour l'amour, et il croira n'avoir rien donné. »

Et moi aussi, jeune homme, je t'arrête ici, moi, ton maître, je vais te demander un don...

Es-tu riche? as-tu des terres, des forêts, des palais? Eh bien, garde-les... Celle-ci est au-dessus de tout cela. Ce que je demande pour elle, c'est ta parole seulement, ta promesse d'honorer, de respecter ta femme, de ne jamais être pour elle ce que tu fus un moment hier soir. Sa jeunesse, sa faiblesse, sa douce obéissance, que tout cela te soit aussi sacré que la vieillesse de ton père et son sévère commandement... Rougis d'avoir été, contre ta propre nature, dur, violent, et pour qui? pour elle! D'avoir eu la pensée indigne que tu étais fort, elle faible... Fort contre celle qui se donne et se fie, fort contre l'amour, contre Dieu !

Le jour vient, et si fatiguée, elle est retombée dans le sommeil.... Comme elle est pâle, affaissée sur elle-même... On le voit, elle a bien souffert. Ce dur combat moral fut trop pour elle! Et quelle cruelle blessure d'avoir trouvé dans l'amant adoré un maître dur, impérieux !... Il se dit : « Je m'en veux! J'ai été insensé. J'ai agi contre moi... Avant cette violence, j'avais si bien son cœur et j'étais si sûr de sa volonté !... L'oubliera-t-elle? le pardonnera-t-elle ?... Et si elle allait cesser de m'aimer ? »

Il la connaît bien peu, s'il doute d'elle. Elle s'éveille, ouvre les yeux dans un demi-sourire, triste et doux, regarde où elle est, et puis, comme un enfant timide, cache un moment sa tête... Est-elle vraiment bien fâchée ?... Non, un peu honteuse plutôt... de quoi? d'avoir souffert, et il semble qu'elle ait envie de demander pardon du mal qu'on lui a fait. Elle a besoin de paix, elle a besoin d'amour, et elle fait la paix elle-même, lui mettant dans la main sa petite main, avec un soupir et ce mot : « Mon ami !... »

Qui résisterait à cela ?... Il n'y tient pas ; une larme lui vient... Elle le voit, l'embrasse et languissante lui fait ce doux reproche, qui est une caresse d'amour : « Que tu es donc impétueux ! on ne peut pas te résister... Oh ! tu es mon maître, et je t'aime... Mais je suis bien souffrante. Est-ce que je pourrai me lever ? »

Elle est lente, elle est paresseuse, un peu pesante ce matin, elle si svelte et si légère. Elle se lève pourtant, la jeune dame, mais en toute décence et ne donnant rien au regard. Elle a hâte de se mettre dans une bonne chaise longue où elle s'étend, faible et courbaturée. Au premier coup d'œil au miroir : « Mon Dieu ! que je suis laide. » Vive dénégation, mais elle le répète encore.

La faire paraître à table devant un public léger d'amis rieurs, d'amies jalouses, de sœurs et de frères curieux, ce serait une barbarie. Sauvez-lui cette exhibition.

Combien elle vous saura gré d'y avoir pourvu, de lui ménager le repos et la solitude ! Une mère même embarrasse alors. Quelque heureuse qu'on soit de la voir, on n'aime pas trop à lui répondre sur ceci et cela ; car le secret est désormais à deux.

Elle ne peut être bonne fille et confiante sans parler trop de son mari.

« Non, calme-toi, repose, ne crains rien. Personne ne viendra... Remets-toi, refais-toi, par ce déjeuner chaud et léger qui te raffermira le cœur... Puis, j'aurai le bonheur de te montrer ta maison, ton jardin. »

Je vous plaindrais à ce moment, si vous aviez épousé une demoiselle riche. Elles sont si difficiles à contenter ! Les plus jolies choses ont peine à obtenir un sourire, et ce sourire dit bien souvent : « Pas mal, mais j'ai vu beaucoup mieux. »

Celle au contraire qui n'est riche que de beauté, d'esprit et de vertu, qui avec cette grande dot croit modestement ne rien apporter, qui, d'une vie pauvre, passe à un état plus aisé, à la vie libre et douce, elle est heureuse, elle est charmante de joie, de surprise naïve, du plaisir qu'elle a à voir et toucher, à s'approprier toute chose, à dire : « Nous voici donc chez nous. »

Et encore : « Jolie maison... On a pensé à tout. On dirait véritablement que tout ceci ait été arrangé, prévu pour une femme. »

Croyez-vous que ce qui la charme, ce qui va au

cœur féminin, soit cher et de grand luxe ? Point du tout. Ce qui leur plaît le plus, c'est ce qui met vraiment les choses dans la main de la maîtresse de maison, ce qui permet de ranger, de garder, de serrer, de bien distribuer les objets, dans l'ordre et la propreté qu'aime une femme. C'est alors qu'elle sent qu'elle les possède et se les approprie. Grands placards et profonds tiroirs, bonnes armoires de chêne à mettre le linge. Des resserres, des cachettes, car elles aiment tout cela, celles surtout qui n'ont rien à cacher.

Les meubles variés, les siéges de toute hauteur, et jusqu'aux chaises basses d'enfants, tout cela leur plaît, et avec raison. La femme sédentaire a besoin de varier au moins les attitudes du travail; ce sont les libertés de la captive volontaire.

De bons tapis (communs, si vous voulez du reste), mais épais, doublés, triplés de moelleuses doublures, continués partout, sur les escaliers même, c'est le bonheur d'un petit pied de femme, qui si délicatement en apprécie la douce résistance, le velouté ami et la molle élasticité. Grand avantage. Elle a bien moins besoin d'approcher du foyer.

Pas de poêle, mais des cheminées. Poêle et migraine sont synonymes. Le feu de bois; il est plus gai, plus sain. La poussière du charbon de terre, infinie, invisible, fait peu de mal à l'homme qui va et vient, mais beaucoup à la femme qui sort bien moins, et en infiltre ses poumons à la longue.

Heureux moment, celui où on lui met les clefs en main ! Un moyen sûr de la rendre économe (si elle est seule, laissée à sa sagesse naturelle), c'est qu'elle ait tout et puisse dépenser. Dès lors, moins d'envies enfantines. A tout ce qui la tente, elle dit : « Je pourrais l'acheter, ce sera pour demain. » Et demain, elle n'y pense plus.

N'oublions pas toutefois que la demoiselle la mieux née quitte souvent une mère prodigue qui l'a gâtée, ou une mère despotique qui, lui interdisant de se mêler de la maison, l'a laissé ignorer la vraie valeur des choses et le prix de l'argent. Il faut bien la former, lui apprendre à se défendre contre les ruses mercantiles, les vols de domestiques, etc.

Elle trouvera très-bon d'ailleurs qu'en lui livrant peu à peu le détail, son mari garde la haute direction des intérêts de la maison, le budget général. Elles n'aiment pas beaucoup les hommes qui s'abdiquent trop. Par une contradiction charmante, elles veulent être maîtresses, mais que l'homme soit maître, c'est-à-dire fort et digne. Elles ont bien souvent du plaisir, même en choses de femmes, à le consulter, à vouloir qu'il commande et décide. C'est une sensualité d'amour que d'obéir, de sentir qu'on est possédée par quelqu'un qui vous enveloppe de sa force bienveillante et qui, quelquefois, doucement fait sentir un peu l'aiguillon.

Nous reviendrons sur la maison. Descendons au jardin.

Et d'abord, ne pourriez-vous pas, sans frais, avec quelques piliers, un léger toit de zinc, lui créer entre la maison et le jardin, une petite galerie ouverte, un petit portique d'hiver, où, par un temps doux, elle travaille ou marche au soleil; un autre d'été, où à l'ombre elle couse, brode ou lise, devant un bassin, au gazouillement de la fontaine? Petit abri si peu coûteux, si nécessaire dans nos climats changeants!

Que ces lieux sont transfigurés! Quel charme ce jardin solitaire a pris par elle! De quelle douce lumière il est éclairé, enchanté!... Ah! les choses ne sont plus des choses; tout est âme pour la recevoir, la bénir. Pas un mur, une pierre qui ne s'attendrisse à la regarder. Les fleurs l'admirent et la contemplent, de toutes leurs corolles ouvertes. Et la petite herbe, là-bas, fleurit d'avoir touché son pied.

Elle aussi, elle est fascinée, ensorcelée du lieu. Elle y est et veut y rester. Elle ne demandera jamais la fin d'un si doux enchantement. Perdue dans sa pensée d'amour, elle le laisse parler sans répondre, s'imbibant de cette rosée comme le gazon muet de la fontaine. Sa bouche émue, qui ne dit rien, est pleine d'éloquence; bien plus encore, son sein gonflé, qui si doucement monte, descend, remonte. Elle va, appuyée sur ton bras, et peu à peu se donnant toute et rejoignant ses mains, se suspendant à toi, elle se fait presque pesante... C'est tendresse, sans doute, c'est la fatigue aussi, c'est la chaleur du jour... La chère enfant se laisse aller, se fait un peu porter, en disant, avec un soupir : « Ah ! que je suis bien, près de toi ! »

V

RESSERRER LE FOYER

L'amour crée l'amour et l'augmente. Le secret pour s'aimer beaucoup, c'est de s'occuper beaucoup l'un de l'autre, de vivre beaucoup ensemble, au plus près et le plus qu'on peut.

« Eh quoi ! si l'on s'ennuie, ce sera le contraire ; on se prendra en haine. » Oui, si l'alternation de la solitude et du monde, si la vie trouble, oisive, et coupée de contrastes, empêche l'âme de prendre son assiette. Mais non, si l'existence, une, simple, entre l'amour et le travail, exclut les vaines distractions, et de plus en plus se resserre dans cette communion constante : penser, vivre, jouir, l'un par l'autre.

Dans la vieille Zurich, quand des époux brouillés

venaient demander le divorce, le magistrat ne les écoutait pas. Avant de décider, il les enfermait pour trois jours dans une chambre unique à un lit, avec une table, une assiette et un verre. On leur passait la nourriture sans les voir et sans leur parler. En sortant, au bout des trois jours, pas un ne voulait le divorce.

La seule distribution de nos appartements modernes suffit pour empêcher l'union. Cette multitude de petites pièces divise le ménage, rompt la famille, isole les époux. En revanche, la superposition des étages dans ces grandes casernes malsaines où nous nous entassons, nous met à chaque instant dans le contact des étrangers.

Monsieur travaillera à part, madame s'ennuiera à part, ou causera de futilité, avec des femmes peu sûres. Il faut pour l'un cabinet de travail ; boudoir pour l'autre, mot significatif ; deux chambres à coucher, de sorte qu'on puisse à toute heure s'ignorer et s'éviter, se défendre au besoin. A peine la salle à manger, à peine le salon réunit un moment ; mais les visiteurs, les convives, occupent et font diversion ; on est dispensé de se parler, et presque de se voir. Je conseille aux époux de mettre prudemment des verrous à leurs chambres respectives, pour s'assurer l'un contre l'autre.

Pourquoi rétablir le divorce? un tel mariage vaut autant. Cet appartement-là suffit.

Eh! quand on aime, comment ne pas envier le logis du menuisier mon voisin qui n'a en tout qu'une chambre! Aussi pendant qu'il rabote, sa femme qui est blanchisseuse, chante en repassant tout le jour. Parfois je me suis oublié à écouter sa jolie voix, forte et vibrante, fraîche et pure. Elle chantait parfois trop fort, et me dérangeait un peu, mais je n'en disais pas moins : « Chante, chante, pauvre petit pinson! »

« A la bonne heure un menuisier. Mais mes travaux sont d'un ordre si élevé et d'objet si grave... Moi, je suis un penseur. Toute distraction me tire de mes méditations profondes. » — Trop profondes, monsieur, souvent creuses. Vos œuvres, celles de ce temps, sont la plupart stériles, spirituelles, je l'accorde, mais de si peu de vie, si sèches, si rarement *humaines*. L'auteur, à chaque instant, y perd de vue le monde du cœur et du bon sens.

Une œuvre vraiment humaine, une pensée forte et vivante et qui a corps, ne se trouble pas aisément. Son puissant tourbillon emporte, et s'assimile, s'approprie tout ce qui eût pu la distraire. Combien plus aisément si ce qu'on appelle distraction est justement le fond du cœur, votre amour et la femme aimée ! Tout cela n'est qu'un, ne fait qu'un. Est-ce elle qui peut distraire de l'œuvre? ou l'œuvre d'elle? ni l'un ni l'autre. Au sujet même qui semble le plus éloigné, elle se mêle encore par la chaleur d'amour qui par elle va y circuler.

Les tableaux hollandais me plaisent, j'y trouve à chaque instant ce charmant pêle-mêle d'étude et de ménage, où celui-ci est ennobli, celle-là réchauffée, fécondée. Tout le monde a vu au Louvre (et aussi dans l'exquise description de la *Foi nouvelle*) le saint Joseph de Rembrandt. Mais je ne suis pas moins frappé de son tout petit philosophe, microscopique image de l'étude harmonisée par la famille. Dans un pâle coucher de soleil, un vieillard près d'une fenêtre où s'étale un grand livre, ne lit plus, mais médite, et couve sa pensée. Il a les yeux fermés, ce semble, et il voit tout. Il voit la bonne servante qui attise le feu. Il voit sa dame (qu'on distingue non sans quelque peine) descendant l'escalier tournant. Ces images si douces se mêlent, on le devine, à la douceur de ses pensées. Derrière lui, un cellier fermé contient apparemment quelque peu d'un vin généreux qui le réchauffe parfois. Voilà l'homme au complet qui a fait et qui cuve la vendange de la vie.

Si ce livre est la Bible, je suis certain que le bonhomme en prendra le meilleur. Il est fait pour entendre Tobie, Ruth et les patriarches. Il ne se perdra pas dans les choses vaines et stériles, et ne s'informera pas, comme tel autre, du sexe des anges. Le même homme, au couvent et dans une cellule, aurait fait sur la Bible des commentaires de Scot, de saint Thomas, raffinant et subtilisant, bref, stérilisant tout. Ici, c'est le contraire. Et pourquoi? le ménage, la famille, l'affection, le ramènent sans cesse à la réalité. Tout ce qui va au cœur, dans cette histoire des anciens jours, se refait en lui et se renouvelle ; il la revit par le cœur.

Une chose charmante à observer, et que j'ai vue souvent avec bonheur chez mes plus studieux amis, c'est la délicatesse infinie de la jeune femme, qui, dans un local resserré, va, vient, tourne autour du travailleur sans le déranger jamais. Tout autre l'eût troublé ; mais « *Elle*, dit-il, ce n'est personne... » En effet, c'est lui-même encore, sa seconde et sa meilleure âme.

Elle retient son souffle, et va sur la pointe du pied. Légère, elle effleure le parquet. Elle respecte tant le travail !... Là, on peut admirer quel être doux et fin c'est que la femme, tendre surtout, ayant besoin à toute heure de l'objet aimé. S'il la souffre, elle restera dans un coin à coudre ou broder. Sinon mille occasions, mille nécessités lui viendront d'entrer dans cette chambre : « Que fait-il ? et où en est-il ?... Il en fait trop peut-être ? il se rendra malade ! » Tout cela roule en son esprit.

Il est bien des études où, sans le savoir, elle apporte bien plus qu'elle ne peut ôter. Sa charmante électricité, quand elle passe et que sa robe vous a frôlé légèrement, croyez-vous qu'elle soit vaine pour l'artiste ou l'écrivain ? Au travail ingrat et aride qui languissait, se mêle par bonheur ce parfum de la fleur d'amour qui ravive tout. Ainsi, de vieux tableaux italiens logent dans un crâne la rose à cent-feuilles. La mort même en est réjouie.

Qu'il est heureux de sentir qu'elle est là !... Il fait semblant de ne pas la voir. Il reste courbé, comme absorbé... Mais son cœur lui échappe, et il s'écrie : « O chère, ô charmante, ô ma rose, ne te contrains donc pas…Tes mouvements qui sont une harmonie, ta voix, cette mélodie qui fait l'enchantement de mon oreille, tout cela ravit aussi mon œuvre, et elle aura ta grâce, la flamme de mon cœur palpitant…

« Je ne t'avais pas vue encore dans cette chambre que j'ai deviné ta présence à la chaleur de mon travail, à la vive et jeune lumière qui se faisait dans mon esprit. »

« On dira dans mille ans : « Oh ! l'œuvre vive et tendre, brûlante encore !… Mais c'est qu'elle était là ! »

VI

LA TABLE

Il faut que tout soit arrangé et prévu pour qu'un si grand changement de vie soit doux à la jeune femme, que son régime de demoiselle soit peu modifié et lentement. Il faut bien prendre garde de la faire passer tout à coup de la vie frugivore que préfèrent la plupart des filles à une forte nourriture d'homme. Elle en serait malade. Rien de plus insensé que ce que nous voyons faire par l'imitation des Anglais : une femme oisive et sédentaire nourrie de grosses viandes, à peine nécessaires au rude travailleur, à l'homme actif, toujours en mouvement. Régime irritant que la femme ne soutient qu'en y ajoutant l'irritation plus grande des alcools. Dès lors, fanée, flétrie, rougie, de très-bonne heure, c'est l'extermination de la beauté, et à la longue, la profonde décadence de la race même.

Il faut garder à ta jeune Française ses habitudes d'enfance, et ne les améliorer que peu à peu, avoir soin que, du premier jour, elle trouve dans sa maison nouvelle tout ce qu'elle avait chez sa mère. Tu y as pensé, j'en suis sûr, je connais bien ton cœur. De longue date, par sa mère, sa nourrice, par le médecin de la maison peut-être, tu as su tout ce qu'elle était physiquement et ce qu'il fallait faire. Pour lui bien préparer son nid, il fallait savoir tout, ses habitudes, l'état de sa santé ordinaire, ses petites indispositions, toutes ses circonstances de femmes. Ceci n'est pas de curiosité vaine, mais d'absolue nécessité. Il faut même, sans affecter une inquisition indiscrète, remonter quelque peu l'histoire de sa famille, ses précédents de race, connaître les maladies qui s'y seraient produites et pourraient s'y représenter encore. De cette connaissance dépendra son hygiène, et, autant qu'il se peut, votre alimentation, tes préférences pour les mets qui lui vont, qui peuvent conserver sa santé.

Beaucoup et les plus distinguées arrivent très-faibles au mariage, trop affinées de race, maladives de naissance ou par suite de mauvais régime. Celui qui reçoit dans sa maison une si frêle fleur voit trop souvent qu'elle n'est pas capable des fatigues d'amour. Avant d'en avoir un enfant, il faut l'affermir elle-même, la pauvre enfant, l'amener à être tout à fait une femme. Il faut être mère, afin de pouvoir être époux.

———

Un tort des mères et des nourrices, c'est de vouloir que l'enfant mange trop, au risque de se faire du mal. S'il va jusqu'à l'indigestion, elles en sont ravies : « Il profite, » disent-elles. J'ai vu ce spectacle bizarre, des mères passionnées prier, forcer leur fils, de manger, boire avec excès, témoigner à chaque bouchée le bien et le plaisir qu'elles y sentaient elles-mêmes. Elles étaient gourmandes pour lui et sensuelles pour lui. L'amour a des effets semblables. Dînant un jour chez un ami très-sobre, au dessert, je le vois ému : on aurait dit le gastronome à qui l'on sert le morceau de son choix. Ici nulle cause, ni prétexte à cela. Je regardai en face, et je vis sa jeune femme manger un fruit qu'elle aimait fort. Il regardait ce fruit, rougissait, se troublait. Je compris tout. Lui-même, il n'en fit pas mystère. « Son plaisir m'a été si sensible, dit-il, que je n'ai pu me contenir... Je vis en elle, et tout ce qu'elle sent, je le sens beaucoup plus moi-même. »

Mouvements trop forts de nature, et qu'il ne faut pas qu'elle voie. Elle en serait troublée. Une telle identité physique d'appétits, de fonctions, serait nuisible au plus faible des deux. Elle fondrait à ta flamme. Sois calme, je te prie, sois modéré, sois sage, ménage-la, ne précipite rien.

Profonde, profonde communion que celle de la table, surtout dans le petit ménage où l'on est deux, où la domesticité n'intervient pas, ou intervient à peine.

L'homme nourrit la femme, apporte chaque jour, comme l'oiseau des légendes, le pain de Dieu à sa bien-aimée solitaire. Et la femme nourrit l'homme. A son besoin, à sa fatigue, à son tempérament connu, elle approprie la nourriture, l'humanise par le feu, par le sel et par l'âme. Elle s'y mêle, y met le parfum de la main aimée.

Donc, ils sont nourris l'un de l'autre. Chacun d'eux sent avec bonheur que pas un atome en lui n'est à lui, que jour par jour tout est renouvelé, ravivé, par l'objet aimé. De la loi que nous trouvions dure et basse, de la fatalité du ventre, la nature sait nous faire le plus doux des liens, haute poésie du cœur, où l'union devient unité. Qui dira s'ils sont plus mêlés par cette communion calme et douce, ou par la crise même et le transport du plaisir? Dans l'alimentation mutuelle, tout comme dans la génération, c'est l'échange également, la transmutation de substance.

Les voilà donc à table, assis, en face l'un de l'autre et mangeant ensemble pour la première fois. Te voilà devant elle, ravi et la couvant des yeux. Elle, pendant ta courte absence, elle a pensé à toi, et elle a voulu être belle ; elle est un peu parée. Et de quoi? de bien peu de chose, d'une fleur du jardin, qu'elle a mise dans ses cheveux...

Ce seul jour lui a profité, c'est une autre personne; son teint est un peu reposé. La jolie fille maladive est une femme touchante; elle sourit modestement grave, et c'est *Madame* déjà.

Elle n'a pas grand appétit. Un peu de légumes, de fruits, de laitage, c'est ce qui lui plaît. Ton régime carnivore est loin de l'attirer. Elle a horreur de la mort, horreur du sang; chose bien naturelle, elle-même est la fleur de la vie. C'est pour cela surtout qu'il lui faut cette fille de campagne dont j'ai parlé. Elle ferait bien volontiers tes aliments, mais quoi! une cuisine sanglante lui répuguerait trop. Elle est bien délicate aussi pour les gros ouvrages, qui ne sont rien pour la jeune paysanne robuste, qui de plus travaille au jardin.

Cuisine, c'est médecine ; c'est la médecine préventive, la meilleure. Donc c'est œuvre d'épouse, qui seule sait bien ce qu'il faut au mari, qui connaît son travail, ses dépenses de force vitale. Seule elle sait et mesure la réparation nécessaire. En tout ce qui est propre, non répugnant pour elle, en tout ce qui ne grossit pas sa jolie main, en ce qui doit être *touché* de la main même (et disons-le, nécessairement mêlé des émanations de la personne), il est désirable et charmant que ce soit elle qui agisse. Telles pâtes, et tels gâteaux, telles crèmes, ne peuvent être faits que par celle qu'on aime et dont on est avide

Si pure, elle n'en a pas moins le sentiment et la divination de tout ce qui te fait plaisir. Elle sait très-bien tes gourmandises et combien tu as faim de ce qu'elle a touché. Elle a prévenu ta pensée. Ce que tu trouves de meilleur, c'est elle qui l'avait fait pour toi. Ce mets si doux, préparé de sa main, elle l'a effleuré de sa bouche, consacré de ses lèvres. Elle l'apporte avec un sourire :

« Mange, ami, car j'y ai goûté. »

VII

ILS SE SERVIRONT EUX-MÊMES

Je n'écris pas pour les riches, qui compliquent à plaisir leur vie de mille inutilités ennuyeuses et dangereuses, qui vivent devant leurs domestiques (lisez devant leurs ennemis), qui mangent, dorment, aiment sous des yeux haineux et moqueurs. Ils n'ont pas d'intimité, rien de secret, point de foyer.

Et malheureusement je ne puis écrire non plus pour ceux qui n'ont point de temps, point de liberté, qui sont dominés, écrasés par la fatalité des circonstances, ceux dont le travail incessant règle et précipite les heures. Que peut-on conseiller à qui n'est pas libre?

J'écris pour ceux qui sont libres d'arranger leur

vie, pour le pauvre non indigent qui travaille chez lui, et pour les pauvres volontaires, c'est-à-dire pour les gens aisés qui auront l'esprit de vivre simplement sans domestiques et d'être vraiment chez eux.

« Vivre à deux et non à trois, » c'est l'axiome essentiel pour garder la paix du ménage.

Une fille de campagne qui aide ne rompt pas le tête-à-tête.

Si vous avez le bonheur d'avoir une petite maison, elle aura, au rez-de-chaussée, sa cuisine et son lavoir près de la salle à manger, et montera peu au premier.

Cette fille n'est pas tout à fait seule ; sa maîtresse descend, surtout dans vos absences, et lui dit de bonnes paroles tout à fait à sa portée. Elle lui apprend à lire et la forme un peu.

Elle a le jardin aussi, le chat, le chien et des poules, avec qui elle s'amuse, et dialogue toute seule, comme elle faisait aux champs.

La bonne fille, toute bonne qu'elle est, n'en est pas moins une fille, une curieuse. Donc, en montant à sa chambre qui est en haut, elle ne manquera pas de mettre l'œil au trou de la serrure et d'écouter ce qu'on dit. Une double porte et une petite antichambre doivent isoler l'appartement de l'escalier où elle passe, va, vient, écoute et observe.

« Mais comment, nous dit la dame, cette fille rustique me dispensera-t-elle d'avoir ma Julie, ma femme de chambre, si adroite, et qui sait tout faire ? »

Adroite ? Mais vous l'êtes autant qu'elle. Allons, belle paresseuse, rendez-vous plus de justice. Pour les objets de toilette, je me fie à vos fines mains. La femme, en ce genre, a un trésor inépuisable d'esprit et d'invention.

Et s'il faut absolument une femme de chambre pour d'autres soins délicats, je vais vous en présenter une qui brûle de l'être, qui a cent fois plus de zèle que mademoiselle Julie, que mademoiselle Lisette et toutes les illustres en ce genre, qui de plus n'est pas maligne, ne dira rien aux voisines à votre désavantage, qui ne rira pas de vous avec un amant, qui ne tirera pas la langue par derrière quand vous parlerez, etc. — « Mais cette perle, où est-elle donc ? Je la prends, c'est mon affaire... » — « Où elle est ? à côté de vous. »

Voici votre sujet, ô reine ! qui pétitionne pour entrer dans ce service ; il croira monter en grade si vous l'élevez à la dignité de Valet de chambre titré, à la position féodale de Chambellan, Grand domestique, Grand maître de votre maison, que dis-je ?

Médecin ordinaire (tout au moins pour l'hygiène) ; car son zèle n'a pas de bornes. Toutes ces charges de cour, il veut les cumuler gratis, et, par-dessus le marché, avec les fonctions des hommes, il fera celles des femmes, fier et honoré, Madame, si votre Majesté accepte ses très-humbles services.

« Mais il a trop d'occupations, il n'a pas le temps. J'aurais honte de l'employer près de moi d'une manière si futile... Je dois l'avouer aussi, toutes ces petites choses de femme veulent être faites *oisivement*, à la longue, pas en abrégé. Tout cela doit traîner un peu, mêlé de petits bavardages. L'homme vraiment homme est une flamme, il veut tout précipiter et aller au but. Nous ne ferons rien qui vaille. Tous ses soins seraient des caresses. Ma toilette en serait moins avancée que dérangée. »

Secret pour secret, madame, aveu pour aveu. Sachez bien que l'homme le plus occupé a beaucoup de temps, du temps de trop, dès qu'il s'agit d'un véritable plaisir. Je ne sais quel Romain, général, magistrat, homme politique, roi du monde enfin, comme l'étaient ces gens-là, trouvait bien le temps d'assister chaque matin aux soins qu'on donnait à son jeune enfant, observait comme on s'y prenait pour son éducation physique, le regardait laver, vêtir, etc., etc. Henri IV, parmi tant d'affaires, ne manquait pas un seul jour de se faire rendre compte minutieusement et par écrit de tout ce qu'avait fait le Dauphin qui venait de naître, faisant constater heure par heure, par un habile médecin, comment l'enfant mangeait, dormait, digérait, etc. Nos grands hommes d'aujourd'hui, bien plus occupés que les empereurs et consuls de Rome, plus occupés qu'Henri IV, trouvent du temps pour bavarder quatre heures par jour à la Bourse, au Palais, au café, que sais-je? puis pour bavarder six heures (sans écouter) au spectacle. Non, le temps ne manque pas.

Il ne manque pas pour les vaines et sottes agitations dont on revient en bâillant et toujours plus vide. Il ne manque que pour être heureux.

Or voici un homme qui dit qu'il serait heureux si vous lui donniez une heure dont vous ne savez que faire. Vous êtes son enfant, son Dauphin, son spectacle encore, son opéra, sa charmante et *divine comédie*.

Divine. Je ne m'en dédis pas. J'en juge par la dévotion avec laquelle il assiste à ces choses que vous croyez basses ou futiles. Vous riez; il ne rit pas. Le jour que vous l'admettez au cabinet de toilette, vous le voyez troublé, ému d'une vraie religion. Jamais le pieux Indien, au bout d'un long pèlerinage, n'entra à la pagode sainte en dispositions meilleures. Curieux, mais tendre surtout, plein d'un respectueux désir, admirant d'avance, adorant... Oh! n'ayez donc pas peur de lui! Quelle femme, tant dévouée fût-elle, vous regarda jamais d'un œil aussi prévenu?... Cette Julie, si regrettée, si caressante et si flatteuse, croyez-vous (je le dis bien bas) qu'elle n'ait pas remarqué tel petit défaut sur la plus belle personne, qu'elle n'en ait pas souri?

Celui-ci, tout au contraire, a l'œil fait de telle sorte, qu'il ne voit rien que de parfait, de souverainement beau. Quel regard il pose sur vous! et comme vous en êtes couvée, caressée! Et tout cela purement. Rien de pur comme l'amour vrai.

Montaigne dit quelque part que la vue des gens bien portants communique la santé et fait qu'on se porte bien. Et moi je n'y change qu'un mot; je dis que c'est le regard d'amour qui porte bonheur et qui fait fleurir la beauté. De là cet éclat charmant que prend vite la jeune femme. C'est qu'elle a reçu ce regard.

Objet sacré, ne craignez rien. Vous êtes une religion, et, si vous gardez vous-même le cœur digne et pur, vous le serez toujours. Oui, sous cet œil plein de flamme, de respect pourtant, vous ne pouvez jamais descendre de votre divinité. Vous ne perdrez point votre autel. Vous resterez Dieu.

« Hélas! (dit-elle en elle-même, car elle n'oserait le dire à aucune oreille), hélas! comment rester Dieu?... Et n'est-ce pas l'effet naturel d'une si intime intimité que, ne pouvant à nul moment échapper à celui qui aime, à ses tendres inquiétudes, on livre les côtés vulgaires et inférieurs de la vie?... Qui est sûre d'être poétique vingt-quatre heures par jour? de ne pas être ramenée par l'inflexible nature du haut idéal à la prose?... Et la prose est trop haute encore. Dans un tête-à-tête éternel, la plus fière a beau éluder : à tel moment imprévu, l'humanité apparaît, et elle est humiliée. »

Vraie pensée de jeune fille! Parfaite et complète ignorance de la réalité des choses! Ceux qui connaissent l'amour savent bien que ce n'est pas par là que s'effeuille le bouquet de noce. Nulle de ces choses naturelles, innocentes, ne fait tort à celle qu'on aime.

Si vous voulez savoir vraiment comment la femme descend de l'idéal à la prose, je vais vous le dire.

Ce n'est pas en se montrant femme, en s'avouant naïvement ce qu'elle est, ce que nous sommes, humanité, c'est en se montrant froide et vaine, en laissant surprendre à cet œil, si aveugle pour certaines choses et si clairvoyant pour d'autres, son infirmité morale.

On croit que la satiété a bientôt tué l'amour; on ne dit pas qu'elle vient, le plus souvent, non pas de posséder trop, mais de posséder trop peu ; de sentir qu'on n'ira pas jusqu'au fond de la personne, qu'on n'atteindra pas à l'âme, qu'elle est vide, vaine, légère, qu'on creusera sans trouver de fond.

Cette fille, hier si parée, laborieusement coquette jusqu'au jour du mariage, aujourd'hui femme à sa toilette, est comme paralysée. A peine prend-elle soin d'elle-même. Mais on invite les mariés : grand bal ce soir. A l'instant, comme pour un second mariage, la voilà vive, alerte, ardente et jamais assez parée.

L'amour, si fasciné, si aveugle tout à l'heure, prend ici une seconde vue; il traduit ainsi cette négligence des jours sédentaires : « Assez et trop pour mon mari. » — Et cette parure pour le bal : « Je veux plaire, mais surtout aux autres. »

Eh bien, cela lui fait froid, et la satiété commence.

Femme vulgaire, femme légère. L'idéal ici a baissé et ne remontera pas.

L'impression est toute contraire si l'observateur ému remarque tel soin délicat de toilette pour le tête-à-tête, telle coquetterie de tendresse pour les heures de solitude. « Rien pour les autres et tout pour lui. » Voici le sens de ces choses. Nulle parole; mais elles ne sont que plus profondément senties. L'amour se sent ici sur un terrain solide ; il y poussera de fortes et profondes racines. Ne craignez rien pour l'idéal : il ira se fortifiant et par le poétique et par le réel.

Mais pourquoi les distinguer? Quand on aime, c'est la même chose. O génération refroidie! femmes peureuses, faibles, ignorantes de vos véritables puissances, que vous savez peu combien l'amour est robuste et rit de ces choses! combien peu pèse pour lui tout ce qui vous alarme tant!

Tout est poésie en ménage et toute chose de nature est noble en la personne aimée.

Le plus fier a bonne grâce à tout faire pour celle qu'il aime. Et elle, reine de la maison, quoi qu'elle fasse, fait œuvre royale.

Ils sont serviteurs l'un de l'autre, mais avec cette nuance : elle sert en toutes choses d'utilité et d'amour pour le ménage et la maison; lui, il la sert elle même et en tous soins personnels.

Humbles fonctions! Dites très-hautes, de grâce et de grande faveur. Rappelez-vous là-dessus la bonne théorie féodale : les dignités sont en raison des occasions qu'elles donnent d'approcher la royale personne et de la servir, non aux choses de l'État, mais bien à celles du corps.

VIII

HYGIÈNE

Jeune homme au cœur tendre et fidèle, sache bien dès le commencement que ton plus sacré devoir est de profiter tout d'abord de la foi naïve de ta jeune épouse, de ses dix-huit ans, du luxe admirable de bonne volonté qu'elle apporte, pour t'emparer d'elle entièrement au moral et au physique, prenant son corps, prenant son âme, — son âme pour la féconder, l'éclairer, la grandir, — son corps pour le fortifier, le préparer à la grande bataille qu'il lui faudra bientôt soutenir, je veux dire au dur travail de la maternité.

Votre solidarité est bien au-delà de tout ce que tu as pu rêver, imaginer toi-même. La vie du cœur, la vie du corps, va tellement se mêler en vous, que les choses les plus légères, d'elle à toi, te deviendront prodigieusement sensibles, ou délicieuses, ou douloureuses. Nul détail n'est à dédaigner, nulle minutie à mépriser. Tout est de grande conséquence pour votre avenir.

. . .

Dépêche-toi d'être son maître. Car, dans peu, je le prédis, elle sera ta maîtresse, au moins par les habitudes, et elle te tiendra de partout. Oui, la femme, plus elle est douce, docile, humble même, plus elle enlace, plus elle lie, plus elle tient. Tout cela par des nœuds légers, invisibles, faibles, ce semble, mais d'une force inouïe. Au premier degré, c'est un fil léger, gracieux, comme sont les fils de la Vierge qui volent au vent, et cependant posés, ont tant d'adhérence. Au second degré, c'est comme les vrilles de la vigne, ses petites mains allongées, infiniment délicates, qui pourtant serrent déjà bien. Au troisième degré, mon ami, ce sera la force du lierre qui serre et pince de si près le chêne une fois saisi, qu'il s'y incorpore, y entre; le fer n'y ferait plus rien; nul moyen de détacher l'un, si l'on ne tranche au cœur de l'autre.

Eh bien, tout cela n'est rien au prix d'une femme qui, dans la solitude, pénétrée de vous, vous pénétre, qui, nourrie de vous, vous nourrit, qui vous tient par la maison, par le foyer, par le lit, par les enfants, à la longue par toutes les idées communes, qui vous prend par sa complaisance et sa docilité sans bornes, soumise à votre fantaisie, et qui, pour l'accès d'un moment, rend l'infini de l'amour pur.

« Tant mieux, dis-tu, qu'elle me prenne ! Je ne suis pas effrayé de tout cela, je le désire... »

Bien; mais, ainsi averti, tu dois de bonne heure faire tienne cette jeune et grande puissance, qui, en peu d'années, sans art, sans manége, à force d'amour, va te conquérir, t'absorber.

Cette absorption serait le dernier malheur pour tous deux si tu n'avais mis en elle ton âme, je veux dire, l'âme moderne. Car, tel que tu es, jeune homme, et quoique entamé par la vie, tu as encore bien plus qu'elle le dépôt de la vérité. La pauvre, hélas! n'est que ténèbres! Elle n'a strictement appris que ce qu'il faut oublier. Son bon cœur, sa nature vierge, son charme, ne serviraient à rien qu'à vous perdre tous les deux, et votre enfant, et l'avenir, si dès ce jour tu ne prenais l'autorité de la science et de la lumière. Ce n'est pas en vain que depuis trois siècles le génie humain accumule dans ta main (ta forte main d'homme) le trésor de la certitude. Sers-t'en aujourd'hui ou jamais, mon ami, car c'est ton salut.

Que deviendrais-tu, grand Dieu! si dans peu tu la voyais retombée dans le passé, devenue ton innocent adversaire, te faire une guerre, non de paroles, mais de larmes et de soupirs?... Je t'en prie, ne la lâche pas, tiens ferme. Pour ta vie, et pour sa vie, morale et physique, reste maître (elle le désire, elle le veut), subjugue-la. Enveloppe-la de toi-même, de ta constante, immuable et clairvoyante pensée.

———

Tu ne dois pas perdre de vue que vous aurez prochainement (qui sait? dans neuf mois peut-être?) à subir la plus rude épreuve à laquelle soit soumise la nature. Je dis *vous*, car, à ce moment, tu souffriras autant qu'elle ; la torture de l'inaction et de l'impuissance, en de tels moments, fait sentir à l'homme bien plus que les angoisses de la mort. Alors tu pleureras du sang, mais tu ne pourras rien faire. Ta force, l'élan de ton cœur, tes vœux, tes anxiétés, tes terreurs éperdues, ne lui serviront de rien. Il faut prévoir, il faut pourvoir, dès ce moment, et dans ces jours calmes encore, avoir d'avance présents la chance et le péril de ce terrible jour.

Cela doit te rendre attentif, et soigneux de tout. L'attention fort distraite d'un médecin qui vient quelquefois et souvent pense à autre chose, ce n'est pas pour te rassurer. Oh! que je me fie bien plus à ta clairvoyance, à la seconde vue de l'amour, à son fixe et puissant regard, arrêté sur l'objet aimé sans que rien puisse l'en distraire et qui le voit de part en part.

Mais la femme physiquement est un être tout fluide, d'une étrange mobilité. On s'éblouit presque à la regarder; des symptômes si variés se confondent et troublent. Défie-toi de ta mémoire. Rien ne te soutiendrait plus que de tenir un petit journal de sa vie physique. Si, par l'ordre d'Henri IV, on l'a fait pour Louis XIII, si la vie de ce roi maussade, dans ses accidents les plus prosaïques, a été notée jour par jour, pourquoi ne le ferais-tu pas pour ta charmante femme, toute poésie, toute pureté, et qui tient ta vie suspendue à sa jeune vie fragile?

Il ne faut pas l'occuper, l'obséder de ces détails. Il n'est pas bien nécessaire qu'elle voie trop la brûlante anxiété de l'amour toujours inquiet, et le plus souvent sans cause. Cela pourrait lui ôter beaucoup de sa sérénité. Fais cela pour toi, pour te souvenir, te guider ; cette base fixe d'expérience et d'observation te mettra bientôt en état de prévoir, presque toujours bien, ce qu'elle sera le lendemain ou quelquefois les jours suivants, pour la santé, la bonne humeur. Grand et très-grand avantage. Tu prendras bien mieux ses caprices (qui ne sont guère que des souffrances). Tu ne demanderas rien qu'à temps, à propos, à l'heure tendre, où peut-être on y pensait.

Intéressé à ce point au détail de sa vie physique, tu dois, par un progrès doux, incessant et patient, l'envelopper entièrement, peu à peu t'emparer de tout. Mais nulle précipitation. Rien ne doit être plus sacré, plus habilement ménagé que la pudeur d'une jeune femme. On les accuse trop vite, et, le plus souvent, à tort. Il n'y a ni froideur, ni grimace, mais la plus aimante, la plus dévouée, est parfois nerveuse au point de souffrir très-réellement. Elles sont comme les oiseaux d'organisation élevée, délicate. Un rossignol que j'ai perdu m'aimait fort, mais il ne pouvait supporter que j'approchasse; il frémissait d'être touché.

Cependant la vie intime crée des embarras presque inévitables. La familiarité refusée à l'amant, à l'ami tendre, au témoin le plus bienveillant, elle se trouvera accordée à des personnes moins dignes, moins sûres. Quand madame de Gasparin conseille à la dame de ne pas se laisser voir dans ce qu'elle appelle « la triste vérité de la nature déchue, » elle ne sent pas assez que la faveur qu'on ôte au mari sera pour la femme de chambre. « Chose indifférente ? » Nullement : c'est l'entrée, l'occasion d'une certaine intimité relative, plus dangereuse qu'on ne croit et funeste à votre union.

Tout est pur pour les cœurs purs. Pour traiter franchement ce point délicat, nous dirons qu'il vaudrait mieux que telle familiarité qui viendra tôt ou tard, ne vînt pas par négligence et laisser-aller entre vieux époux, mais peu après le mariage entre amants. Et cela tout simplement, bonnement. On n'y risque guère. L'amour, alors exalté, accepte tout, adore tout, de l'objet aimé, reconnaissant de l'effort qu'il fait pour se confier. Ce serait le vrai moment de franchir ces petites barrières qu'il faudra bien franchir à la longue en des temps moins favorables.

Un mois ne se passe pas que l'occasion ne vienne. Si elle souffre, chassera-t-on le mari pour appeler la mère ? Faudra-t-il, en chose si simple et qui est de pure hygiène, que celle-ci amène un médecin, un étranger, à qui la jeune dame doit dire péniblement ces petits mystères qu'elle ne dit pas même au mari ? Souvent, en cas de retard, elle se confiera à sa vieille nourrice imbécile, à quelque sotte *bonne femme* qui, pour aider, conseillera des stimulants dangereux.

Et qui donc doit s'en mêler, sinon celui qui y a tant d'intérêt? Cette crise, qui n'est (chose aujourd'hui démontrée) que la crise de l'amour qui permet la fécondation, c'est pour l'amour même qu'elle vient. Aussi, contrairement au préjugé grossier et barbare qui séquestrait alors la femme, jamais celui qui aimait n'a pu concevoir qu'elle fût alors un objet d'éloignement. Il l'a toujours crue très-pure. Si touchante en ces moments, si tendre et si confiante, sa langueur significative dit : « Je souffre, et c'est pour toi. »

Il lui faut un tendre gardien, très-confident, qui sache tout, qui puisse l'aider en tout. Car elle est si exposée! Si elle a froid, tout s'arrête. Si elle a peur, si on lui fait du chagrin, si elle pleure, tout peut s'arrêter encore. Si elle digérait mal, tout serait encore en péril. Ce qu'elle n'ose dire, il faut le pressentir, le deviner. Elles craignent tant de déplaire! Elles sont si malheureusement imbues de cette vieille idée d'une prétendue impureté, démentie par la science. C'est le premier devoir d'amour de les éclairer là-dessus.

Pauvres martyres de la pudeur ! Les moindres choses souvent leur semblent graves et les effrayent. Peu après le mariage, voilà la jeune femme très-rouge, la tête lourde, les yeux injectés. « Qu'as-tu ? — Rien. » Elle ne l'ose dire. Cela dure une semaine. Puis la voilà faible et pâle. Autre semaine. Mais elle se tait toujours. On sait qu'elle n'est pas enceinte. « Appelons le médecin, » dit la mère. Il est bien facile, sans médecin, de deviner qu'une alimentation nouvelle, un peu plus forte peut-être, l'a troublée, produisant d'abord de la plénitude, puis l'effet contraire, détente et faiblesse. Quelque rafraîchissement suffira pour calmer tout. Que le médecin l'ordonne, on baisse modestement la tête, et on se résigne. Si c'est le mari qui prie et supplie, on rougit, on s'indigne. « Dieu merci, on n'a fait aucun excès, on n'a pas été gourmande. » Il faut être doux, patient, discret, ne pas insister. Que tout soit à sa portée ; elle fera timidement, en cachette, ce que vous voulez. Heureuse en réalité de n'avoir pas à subir l'interrogatoire du docteur, son enquête solennelle.

« Voilà de grandes pauvretés et d'étranges minuties (dit la dame qui lira ce livre, elle pourra bien le fermer un moment et bouder un peu). Mais vraiment l'amour, le mariage, est-ce que c'est donc un enveloppement si complet de la personne? On ne s'appartient donc plus? Et ne peut-il pas se faire qu'en voulant trop entourer celle qu'on aime, on l'ennuie, on l'excède, on devienne insupportable? »

Sans doute, il y faut de l'adresse, du tact, de l'esprit, cet esprit que donne le cœur. Celui qui est vraiment tendre, qui aime pour *elle*, et non pour lui, l'enveloppe, mais sans appuyer. Elle ne sent pas peser l'air qu'elle respire, et pourquoi? parce qu'il est dedans et dehors. L'amour est la même chose. Celle qui l'a dans son cœur ne trouve rien que de très-doux à le sentir autour d'elle, à le trouver en tout comme son air inévitable et l'élément de sa respiration. Cela lui devient nécessaire, et si cet enveloppement, que vous nommez persécution, lui manquait un seul moment, elle en serait très-malheureuse.

Au reste, dans ces premiers mois, les soins ne sont pas difficiles. Presque toujours la vie physique, heureusement influencée par l'espoir et le bonheur, prend le plus charmant essor. La fleur penchée se relève avec un éclat, une grâce inattendue. Qu'elle soit un peu plus forte, c'est tout ce qu'il faut désirer, et encore il ne faut pas le vouloir impatiemment.

Qu'elle vive d'une vie de campagne, travaille un

peu, sue un peu (très-peu dans le commencement). Qu'elle aille, vienne, dans un grand jardin, ne soit pas trop longtemps assise. Qu'elle se baigne dans l'eau soleillée, presque froide. Que souvent aussi, bien seule, à son aise, en sécurité, elle se baigne dans la lumière. Tout serait gagné si sa blanche peau passait aux tons vivants et bruns. Les plantes tenues à l'ombre sont étiolées et pâles. Nos vêtements malheureusement nous tiennent tels, en nous séparant du père de la vie, le Soleil.

IX

DE LA FÉCONDATION INTELLECTUELLE

« Il ne faut pas que l'enfant vienne avant que son berceau ne soit convenablement préparé. »

Cela veut dire qu'il n'est pas à désirer que l'union soit trop tôt féconde, mais que préalablement la jeune femme, qui doit être elle-même le premier berceau de l'enfant, se raffermisse des émotions de sa situation nouvelle.

Il faut qu'elle ait un répit entre ce drame et ce drame. Le mariage, qui vous a paru un accident si agréable, a été pour elle une épreuve, et trop souvent l'épreuve dure encore après. Laissez-la, qu'elle respire. Qu'elle ait un intervalle de calme où, n'ayant plus les épines du commencement, et pas encore les troubles de la grossesse, ce doux être de souffrance jouisse, lui aussi, et goûte un moment de bonheur.

Moment d'ailleurs bien nécessaire, infiniment précieux, où votre union morale, commencée à peine, va se former réellement; où ta femme, associée intimement à ta pensée, et la couvant de son rêve, va préparer, sans le savoir, l'être nouveau qui doit venir, et qui n'est que cette pensée au sein de la chère rêveuse où va s'incarner votre amour.

Cette union, tu crois déjà l'avoir. Tu crois posséder ta femme et te l'être assimilée. Que tu en es loin!

Posséder? Ce n'est pas pour une nuit (ou pour plusieurs, souvent fort pénibles encore) que l'on peut avoir l'orgueil d'employer ce mot.

Posséder? Ce n'est pas même pour cet éblouissement où l'amour la jette, lui faisant tout d'abord admettre les idées de son amant, quelque nouvelles qu'elles lui soient, et croire légèrement tout ce qu'il lui dit.

En réalité, les choses ne vont pas si vite. Partis de deux mondes opposés (presque toujours elle est élevée par sa mère dans les pensées rétrogrades), vous ne pouvez en un moment arriver à la fusion. Les vieilles choses dont on l'a nourrie, dont elle paraît émancipée, peuvent reparaître un matin pour vous diviser. Ton orgueil dit Non. Elle, au fond plus tendre, et qui aime tant son amour, et qui veut tant le garder, elle insiste par un heureux instinct pour y entrer davantage, sans réserve et sans retour.

« Je travaille à côté de toi, et je te vois travailler. Mais ce n'est pas assez pour moi. Ce que tu fais m'est une énigme, et je voudrais te comprendre. Je sens que, pendant ces heures, présente il faut que tu m'oublies, et que je sois presque toujours exilée de ta pensée... Cela m'est dur. Et que ne puis-je me mêler à ton travail, t'aider! Je serais si heureuse!

« Mais que j'en suis incapable! Loin de pénétrer tes idées, j'ai peine à démêler les miennes. Quand tu me presses de t'ouvrir mon cœur, je ne peux pas m'exprimer... Tu te plains alors, et tu me crois froide... Ah! bien à tort!... Je ne sais quelle entrave, quelle constriction, me reste de mon passé. Est-ce l'esprit qui me manque, ou bien mes dents qui se serrent? Mais je ne puis pas parler... Parle-moi, toi qui le peux; affranchis-moi de moi-même, instruis-moi, mets en moi une âme. »

C'est à peu près ce que dit la jeune épouse intelligente. Elle veut très-sérieusement s'associer à lui, et cela de deux manières, si elle pouvait :

Sa vie technique, spéciale, d'art, science ou métier, ne la rebuterait pas. (Une s'est mise à disséquer! une autre à copier, chiffrer des tables astronomiques!)

Mais c'est surtout la haute vie de son mari, ses idées les plus générales qu'elle désire comprendre et s'approprier. Elle veut sa croyance et sa foi.

Donc, la voilà ton élève docile. Heureuse situation! charmante bonté de la nature! Cette jeune âme ne se plaint que de n'être pas assez conquise, de n'être pas assez tienne. Elle se prête d'esprit, de cœur, à toute chose que tu veux. Elle n'aspire qu'à se donner, à t'appartenir davantage.

Rien de plus doux que d'enseigner une femme. Elle fait un parfait contraste avec l'indocilité, la demi-rébellion qu'offre presque toujours l'enfant. Appelez-le à la leçon, il s'enfuit à toutes jambes ; elle, elle devance plutôt l'heure, elle est empressée, heureuse, insatiable de vos paroles, croyante, pleine de déférence, de respect pour la science de celui qu'elle aime. Enfin, quand elle ne serait pas l'être gracieux, l'être aimé, le bonheur du cœur et des yeux, par sa docilité seule elle serait le plus charmant écolier.

Notez qu'elle se plaît à la chose, à ce rôle qui la fait si jeune. Elle est ravie de recevoir cela encore de vous, aussi bien que les caresses, aussi bien que toute chose, puisque tout lui vient de vous. Elle est sensible à la douceur de l'encouragement, de l'éloge, par lesquels vous la soutenez, sensible à la réprimande. Elle ne hait pas d'être grondée. Si vous êtes bien sévère, si vous l'appelez : Madame, elle se trouble, est près de pleurer. Elle se jette au cou du maître. Cela finit la leçon.

« Pour ce jour, c'en était assez. Et nous n'en fîmes pas davantage. »

Il n'y a dans cet enseignement délicieux qu'une chose à regretter. Voulez-vous que je vous la dise ?

C'est que souvent elle n'a pas fait attention, elle n'a pas compris du tout, ou compris toute autre chose.

Non qu'elle ne soit très-intelligente, souvent très-spirituelle. Mais elle l'est infiniment plus pour ce qui lui vient d'elle-même, moins pour ce qu'elle reçoit.

Chose bizarre, qu'une personne si réceptive de nature et faite pour la fécondation, reçoive difficilement, même en s'y prêtant le plus, la fécondation de l'esprit !

Le titre baroque d'un livre espagnol du seizième siècle m'a souvent fait bien rêver : « Les sept enceintes du château de l'âme. »

Sept? ce n'est pas dire assez. Elles sont en nombre infini, ces enceintes. Vous en forcez une ou deux, vous croyez que tout est fait, et que la place est emportée... Point du tout, d'autres remparts sont derrière, qu'il faut percer. Mais la singularité, c'est que c'est ici une place qui ne demande qu'à se rendre, à ouvrir ses portes. L'esprit de la femme qui aime fortement et se sent aimée, brûle de se donner sans réserve et de se subordonner. Il fait bon marché de lui-même. Il veut se livrer, et ne peut.

L'obstacle n'est point du tout dans la volonté.
Il est dans son éducation;
Il est dans sa nature de femme,
Et surtout dans ta maladresse.

Si l'éducation du garçon est dure, celle de la fille a été presque toujours négative et stérilisante. Je ne parle pas des mondaines, gâtées et dames à quinze ans. Mais celles qu'on élève mieux et modestement, par un inconvénient contraire, le sont à peu près comme une plante qu'on cultiverait dans une cave. Elles en restent souvent tristes et gauches, ayant peu de facilité. Il faut du temps pour qu'elles reprennent du courage, un peu d'élan, de confiance en elles-mêmes. La grâce leur revient par l'amour et à force d'être aimées. Avec la grâce aussi revient la vive conception de l'esprit. Elles redeviennent capables de saisir un germe moral, d'être moralement fécondes.

Mais ces germes, comment les donner ?

Il est très-rare que l'homme sente ce qui convient précisément à un être si délicat et si différent de lui.

Ou il prêche, fait de longs discours, fatigue et ne voit pas que ses procédés déductifs ne sont nullement suivis, qu'elle tâche en vain d'écouter,

Ou bien, plus modeste, il s'abstrait, et il croit agir sur elle par des lectures, par des livres, —

ne sachant pas que le premier livre vraiment fait pour une femme n'a pas été écrit encore.

———

Il n'y en a pas un qui convienne en entier à une jeune femme. Il faut choisir dans les meilleurs ce qui lui irait le mieux. Cela varie à l'infini, selon les esprits et les circonstances.

La lecture, trop variée et non discrètement ménagée, a sur elles des effets déplorables.

Elles ne sont nullement préparées, ni par leur constitution, ni par leur éducation, à recevoir toute sorte de nourritures indigestes. La nature, qui les réserve à une chose bien plus haute et plus délicate, ne leur a pas donné cette force brutale d'estomac qui broie, subjugue le fer, la pierre, les poisons, qui tire le bon de ceux-ci, et vivrait, comme Mithridate, d'empoisonnements continuels.

Et quand je parle de poisons, je ne pense même pas aux choses immorales. Sa pureté les rejetterait. Je parle surtout d'un monde de choses malsaines par leur nullité même, choses vulgaires, choses inutiles, qui prosaïsent l'esprit.

L'homme est condamné à la fatigue quotidienne d'une information prodigieuse, à épuiser le monde des détails, à savoir tout, à tout sonder, jusqu'aux plus bourbeux ruisseaux de l'expérience; mais il ne suit pas de là qu'il doive y traîner l'être sacré qui lui garde le ciel même.

Oh! un livre digne de la femme!... où le trouverai-je? Un livre saint, un livre tendre, mais qui ne soit pas énervant! un livre qui la fortifie sans l'endurcir, ni la blaser, ne la trouble pas de vains rêves! un livre qui ne la mette pas dans l'ennui et la tristesse du réel, dans les épines de la contradiction et de la désharmonie, un livre plein de la paix de Dieu!

Faites-moi grâce ici de votre grande discussion sur l'égalité des sexes. La femme n'est pas seulement notre égale, mais en bien des points supérieure. Tôt ou tard, elle saura tout. Ici la question est de décider si elle doit tout savoir à son premier âge d'amour?... Oh! qu'elle y perdrait!... Jeunesse, fraîcheur et poésie, veut-elle, du premier coup, laisser tout cela? Est-elle si pressée d'être vieille?

Il y a savoir et savoir. Même à tout âge, la femme doit savoir autrement que l'homme. C'est moins la science qu'il lui faut, que la suprême fleur de science et son élixir vivant.

Nous ne nions point du tout qu'une jeune femme, à la rigueur, ne puisse lire et connaître tout, traverser toutes les épreuves où passe l'esprit des hommes, et rester pourtant vertueuse. Nous soutenons seulement que cette âme fanée de lecture, tannée de romans, qui vit habituellement de l'alcool des spectacles, de l'eau-forte des cours d'assises, sera, non pas corrompue peut-être, mais vulgarisée, commune, triviale, comme la borne publique. Cette borne est une bonne pierre. Il suffirait de la casser pour voir qu'elle est blanche au dedans. Cela n'empêche pas qu'au dehors elle ne soit fort tristement sale, en tout point de même aspect que le ruisseau de la rue dont elle a les éclaboussures.

Est-ce là, madame, l'idéal que vous réclamez pour celle qui doit rester le temple de l'homme, l'autel de son cœur, où chaque jour il reprendra la flamme de l'amour pur?

———

Oh! donnons tout à la femme.... Je n'y contredirai pas, sauf un point, une seule réserve :

Lui donner tout ce qui lui laisse sa fraîcheur et

sa pureté, son charme de jeune épouse, cette prime fleur de jeunesse et de virginité morale. Laissons-lui cela, je vous prie, et le plus longtemps possible. Que lui donnerait-on en échange? Quel trésor de sagesse humaine la consolerait de ne plus être un rêve du paradis?

Cela s'en va bien assez vite, et demain ce sera fini. Elle sera toujours bonne et belle, vertueuse et accomplie, je le veux bien. Il n'y manquera qu'une certaine chose, un souffle, qu'un souffle enlève... Eh! quoi? le *velouté* de l'âme.

Vous avez cent fois regardé, admiré sur la pêche odorante qui fait la jalousie des roses, ce duvet fin, délicat... Eh bien, ce n'est pas cela. Ceci est trop matière encore, ce duvet soyeux se palpe et se prend.

Je parle d'une autre chose qui ne se prend pas, d'un certain glacé (léger givre, blanche lueur de frimas?) dont se trouve enveloppée la pourpre violette et sombre d'un fruit savoureux. N'y touchez pas, tenons-nous à distance; car l'haleine la plus douce en altère déjà la fraîcheur.

C'est le seul objet auquel je comparerais la virginité intérieure que garde la jeune épouse au sanctuaire de son cœur, le velouté qui l'entoure, ce cœur, si pur, si bon, si tendre!

Ce velouté, est-ce une fleur, une grâce, un charme de beauté, d'imagination, qui enivre la pensée? C'est bien plus. Il garde et couvre ce qui sera le plus fort soutien de la vie de l'homme, un fruit de tendresse, d'infinie bonté, un fruit de jeunesse et d'inépuisable ravivement.

L'homme passera par les malheurs, les traverses de l'existence, il franchira les déserts, l'aridité de ce monde, les pierres, les cailloux, les rocs, où souvent saigneront ses pieds. Mais chaque soir il boira la vie dans ce fruit délicieux, tout plein de la rosée du ciel. Chaque matin, à l'aurore, il va s'éveiller rajeuni.

Voilà ce qu'il faut garder.

X

DE L'INCUBATION MORALE.

J'entendais cette conversation entre deux jeunes mariés. Ils vivaient à la campagne. Lui, il revenait de la ville où l'avait conduit une affaire : « Oh! que tu as été longtemps! j'ai tant attendu! — Je t'ai rapporté ceci. — Merci, parle-moi de toi... — Nos affaires sont à tel point. — C'est bien, parle-moi de toi. — On m'a dit ceci et cela, j'ai rencontré telle personne. — Oui, mais parle-moi de toi... »

Voilà tout naïvement le cœur de la jeune femme, au moins dans les commencements. Les nouvelles ne l'occupent guère. Le train du monde, l'infini des petits événements qui nous paraissent énormes et seront dans l'oubli demain, lui restent indifférents. Et, si vous lui en parlez, elle ne peut pas même écouter. Elle fait semblant un moment de le faire, par déférence. Mais elle n'y tient pas longtemps. L'esprit est ailleurs et l'œil rêve. Elle vit comme hors du temps, dans l'éternité de son amour.

Elle veut une science sans doute, une seule, savoir une chose, quelle? le cœur de son mari.

Mais cela peut être immense. Un cœur d'homme, à la rigueur, pourrait contenir un monde. Puisqu'elle ne veut d'autre aliment, à toi de le dilater, ce cœur, pour que toute chose grande et bonne y soit. Elle acceptera tout dès lors très-avidement.

« ... La dame du Fayel en mangea, et dit : Je l'ai trouvé si bon que je ne mangerai d'autre chose. »

La responsabilité complète du développement de la femme repose aujourd'hui sur celui qui l'aime. Elle n'a plus de culture publique. Plus de grandes fêtes nationales, comme celles de l'antiquité, qui faisaient, toute l'année, la pensée de la famille et l'entretien du foyer. Pour les fêtes religieuses continuées du moyen âge, les croyants eux-mêmes déplorent la tiédeur que l'on y porte; ils en avouent l'impuissance. Est-ce la culture des livres qui supplée? Aucunement. L'abondance et le morcellement des publications scindées qui éparpillent l'esprit, tout cela a dégoûté les femmes, et beaucoup ne veulent plus lire.

Reste donc le livre vivant, la personnalité de l'homme, la parole aimée. L'amour est plus que jamais appelé à mériter son grand titre de médiateur du monde.

Toute la question est d'évoquer par l'amour tout ce qu'il y a en ce jeune être d'amour, de grâce et de pensée. En elle, un océan dort qu'il faut mettre en mouvement. La plus simple, à cet appel, répondra par une richesse inattendue de nature. Celui qui, sans égoïsme, n'aura songé qu'à mettre en elle tout ce qu'il croit beau et grand, trouvera, avec bonheur, qu'elle rapporte tout à lui seul et l'aime des forces croissantes de son amour agrandi.

Il faut la prendre où elle est, sur sa pente véritable, qui est d'aimer de plus en plus.

Il faut magnanimement, dans l'amour faible,

passif, si concentré, qu'elle a pour toi, lui faire prendre l'élan sympathique du grand amour universel de la vie et de la nature, et peu à peu, à la longue, la force de l'amour actif, de charité religieuse, de fraternité sociale.

Elle est jeune, mais dès ce jour, il faut la faire et la créer pour les bonnes choses de Dieu, la préparer à devenir ce qui est vraiment la femme, une puissance d'harmonie, de soulagement, de médication et de salut. Elle ne peut, à dix-huit ans, en faire encore toutes les œuvres, mais elle peut en acquérir les sentiments, les idées. Beaucoup de choses positives lui seront plus tard utiles, qu'elle peut apprendre aujourd'hui.

Il faut préparer tout cela doucement, sans précipitation. Il s'agit bien moins de science, d'études suivies, que de donner par moments, à propos, des germes vivants, qui, de ton cœur à son cœur, transmis, déposés, germeront, s'identifieront avec elle, et deviendront elle-même.

—

Il est sans doute difficile d'observer cette douce puissance de germination, d'incubation, qui est dans la femme.

La force de l'homme est d'abstraire, de diviser;

mais la force de la femme est de ne pas savoir abstraire, de conserver toute chose, toute idée entière et vivante, et par là de pouvoir la faire plus vivante et la féconder.

La nature lui interdit de diviser, de séparer. La femme est l'union elle-même. Elle doit faire un être vivant, c'est-à-dire un et entier. Elle ne peut pas dire : *deux.* « Moi et mon amant, même chose, » dit-elle. — Et s'il la féconde, cela ne fera pas trois. Nulle division en elle, nulle pluralité. Les trois ne font qu'un.

Votre cerveau, arsenal des plus fines lames d'acier, a des scalpels à trancher tout. Anatomie, guerre, critique, voilà la tête de l'homme. Mais l'organe de la femme est autre. Ce doux organe qui pour elle est un second cerveau, ne rêve que des rêves d'amour. La paix du ciel, la paix de Dieu, l'union, l'unité elle-même, voilà le trésor de son sein.

Par où voulez-vous qu'elle prenne vos divisions, qu'elle saisisse cet âpre instrument d'analyse? Si quelqu'une de vos pensées subtiles lui arrive, c'est que, par son procédé maternel, l'incubation, elle la couve à cause de vous, la met en elle, la *conçoit,* et de l'idée fait son enfant.

Ce qui donne un caractère tout particulier de fécondité à la rêverie de la femme, c'est la manière dont le temps se divise pour elle, non par la division artificielle du calendrier, mais par périodes naturelles. Son mois, d'environ vingt-huit jours, se reproduit identique avec les mêmes accidents, les mêmes phases d'ascension, de crise et d'entr'acte. Ces phases, peu variées, ramènent au mois suivant un état moral analogue à celui des phases correspondantes et souvent les mêmes pensées. Ces pensées, reproduites plus d'une fois, fortifiées de mois en mois, arrivent alors à prendre corps, à dominer la personne entière, à remplir toute sa capacité d'amour et de passion.

Voilà ce qui peut s'observer sur la femme solitaire, sur celle que la société n'attire pas incessamment hors d'elle-même. Ces retours d'une même pensée en font l'être fidèle, en qui la culture du cœur est aidée par la nature ; — et même, pour peu qu'on y aide, l'être progressif, qui, le germe une fois reçu, lui donne, à chaque époque nouvelle, un degré nouveau de vie, de chaleur.

Tout est poésie dans la femme, mais surtout cette vie rhythmique, harmonisée en périodes régulières, et comme scandée par la nature.

Au contraire, le temps pour l'homme est sans

division réelle; il ne lui revient pas identique. Ses mois ne sont pas des mois. Point de rhythme dans sa vie. Elle va, toujours devant elle, détendue, comme la prose libre, mais infiniment mobile, créant sans cesse des germes, mais le plus souvent pour les perdre.

Peu d'hommes (qui ont les deux sexes, et pourtant sont les plus puissants mâles) ont le don d'incubation.

Ce que nous venons de dire sur la vie rhythmique de la femme domine toute son éducation et la rend essentiellement différente de celle de l'homme.

Il faut prendre garde avec elle de ne rien faire à contre-temps, mais suivre docilement la nature. Bien suivie, elle vous aide. Quel avantage, par exemple, de commencer avec elle tout essai d'initiation morale dans la phase ascendante de sa vie sanguine et quand le flot monte, quand la sensibilité s'avive d'une sève plus abondante et d'un plus généreux esprit! Au contraire, dans la crise même, dans la langueur qu'elle laisse, il ne faut pas fatiguer la femme de choses nouvelles, mais la laisser doucement repasser, rêver, couver celles qu'elle a déjà reçues.

Telle devrait être l'attention de la mère prudente, de la sage institutrice qui commence la demoiselle; telle aussi celle de l'amant, de l'époux, qui continue la jeune femme. La fécondation de l'âme, autant que celle du corps, demande qu'on ne fasse rien qu'à propos, aux moments les plus favorables. Il y faut une observation très-constante et très-soutenue, un tendre respect de l'objet aimé. Nulle violence, nulle impatience, prendre son temps, son jour, son heure.

Elle y correspond admirablement. La jeune femme que le monde n'enlève pas dès le premier jour, mais à qui la solitude laisse tout le recueillement de cette époque sérieuse, ne demande qu'à croire et vouloir tout ce que veut son mari. Elle est infiniment touchante. L'état nouveau qui tout d'abord fait les délices de l'homme, presque toujours garde encore pour elle des côtés pénibles. Il est heureux, elle le sera. Mais elle n'en est pas moins fort tendre, de tendresse désintéressée. On peut, dès ces premiers temps, s'ouvrir, s'épancher avec elle sur les grands objets de la vie, commencer sérieusement sa conquête morale.

Vous trouverez minutieux ce que je vais dire. Mais rien ne peut l'être ici.

Non-seulement l'époque du mois doit être observée et la phase ascendante préférée à toutes, mais l'état de l'atmosphère est aussi chose importante. Je ne voudrais pas que, pour telle ouverture de cœur, telle communication de sentiment, d'idée nouvelle, tu prisses maladroitement le moment où elle souffre d'un orage imminent. L'électricité du flot de vie qui monte en elle, compliquée de celle de l'air, des souffles de la tempête, c'est bien assez, et c'est trop pour l'occuper d'autre chose.

L'approche (pas trop prochaine) de la crise sanguine, avec un état du reste un peu détendu, c'est l'heure sacrée que je voudrais pour que tu t'ouvrisses à elle sur les grandes choses décisives, où la première impression est de conséquence extrême. Peu d'abord, un mot, un germe, une première lueur d'idée, dans la familiarité la moins solennelle, ou dans une caresse d'amour.

Si ton cœur a touché son cœur, si ta pensée est vraiment descendue en elle, la crise prochaine du mois, quand même elle serait pénible, n'effacera rien. Au contraire, l'idée chez la femme s'enfonce par la souffrance. Souffrances de nature ou d'amour, toute épine la fait pénétrer. Les oisivetés forcées qu'impose parfois la douleur lui nourrissent singulièrement les germes qu'a reçus son esprit.

Même souffrante encore, dans la semaine émue qui suit la crise, et dans la semaine d'entr'acte où elle est tout à fait calme, elle s'occupe et ses mains travaillent volontiers. Sa pensée aussi. Les deux choses vont en même temps chez les femmes. Filer, tricoter, broder, faire de la tapisserie, ce sont des travaux excellents qui augmentent l'activité de leur esprit... Oh ! aimables petits métiers, doux travaux, vous continuerez, malgré tout l'effort des machines ! Nul bon marché, nulle beauté de travail ne prévaudra sur ce qui remplit les longues heures d'une femme chaste et laborieuse. Elle y a mis sa douceur, tissu ses amours, ses rêves, et j'y sens toujours la tiédeur du cœur charmant qui s'y mêla.

La Française, qu'on dit si mobile, autant et plus qu'aucune femme, mène de front ce double travail. Son rêve n'est pas rêverie languissante, flottante et vague. Il est plus près de la pensée. Parfois, pour donner le change, elle couvre l'idée favorite qui se continue en elle de petits chants à demi-voix qui n'y ont aucun rapport. Mais, par moments, un accent plus vif qui survient, avertit assez que, sous la chanson légère ou le refrain monotone, il y a tout autre chose de sérieux, de passionné.

Celle-ci n'a pas en amour la dépendance servile que montrent si volontiers tant de femmes des autres pays. Si elle est captive de cœur, obéissante, toute livrée à la pensée de son amant, elle garde une indépendance d'allure et de forme. Parfois on y serait trompé. Tel mot, vraiment sorti du cœur, que vous lui avez dit hier, elle ne l'a pas relevé, et vous l'avez cru perdu. Détrompez-vous, elle le garde. Il l'a occupée tout le jour. Et, le soir, après le souper, à la chaleur du foyer, rapprochant son siége du vôtre, elle le redit à sa manière, dans sa langue féminine, tout autre et pourtant le même. Qui sait? ce mot prendra racine, et dans la période prochaine, favorisé du flux vital, s'enrichira, fleurira de sentiments, d'idées nouvelles, plus chaud, plus vif, disons le mot, plus amoureux qu'à l'autre mois.

Pour céder ainsi sans céder, pour avouer sans embarras l'ascendant profond de l'amour et sa conquête morale, il faut que sa douce fierté rencontre des temps favorables, de bonnes heures où la nature cède et désarme d'elle-même. La nuit y vaut mieux que le jour, parfois aussi le crépuscule. Il est telle chose qu'on n'eût pas dite à midi, mais qu'on dit le soir, à un moindre degré de lumière. Telle parole ne saurait se dire à distance, et on souffre moins à la dire de près, à l'oreille.

M. de Sénancour, qui conseille de ne pas faire lit commun, oublie (chose surprenante dans un esprit si sérieux) que le lit est justement le conciliateur des âmes en toute communication grave et importante. Il n'est pas pour le repos seul, il n'est pas pour le plaisir seul; il est le confident discret, le favorable intermédiaire des pensées et des paroles qui ne pourraient se dire ailleurs. C'est le grand *communicateur*, disons mieux : une communion.

Les sujets religieux, par exemple, les plus délicats de tous, agités en pleine lumière, à table ou ailleurs, élèvent souvent entre les époux des nuages, parfois des dissentiments. Bien moins la nuit, bien moins au lit. Tout s'adoucit et se fond. Le jour, on était frappé des oppositions apparentes, la nuit les angles disparaissent, les pointes sont moins saillantes. Malgré ces choses de forme, on se trouve unis pour le fond dans l'amour et l'amour de Dieu.

Le très-grand lit d'autrefois, occupant moitié de la chambre, fort bas, presque au niveau du sol, et se continuant partout par de très-épais tapis, est infiniment commode. Il n'impose nulle servitude. Il donne toute facilité de communiquer ou de s'éloigner. Les conversations du soir, du matin, deviennent aisées, les rapports de douce amitié, autant que d'amour, les paroles les plus intimes, souvent les moins préméditées, qui échappent, et que peut-être on ne fût jamais parvenu à arracher de son cœur, s'il eût fallu les jeter d'un bout de la chambre à l'autre.

Ces libertés nuancées du repos et des réveils, la facilité des paroles et des langages muets, sont une tentation naturelle pour l'attendrissement timide d'une jeune âme délicate, qui, longtemps encore après que vous croyez la posséder, garde, contre son amour même, je ne sais quoi d'hésitant, de fermé, de contracté. Est-ce pudeur? est-ce fierté? Comment saurait-elle le dire? Quoi qu'il en soit, l'homme est rarement assez fin pour le bien sentir. Et pourtant la glace encore n'est pas tout à fait rompue. Telle, mariée depuis plusieurs mois, est de cœur une demoiselle. C'est leur noblesse naturelle, pour qu'elles se donnent tout à fait, il faut quelque cause morale. Cela presque toujours arrive quand elles ont aimé, adopté un bon sentiment de l'homme, quelque chose de sincère, de chaleureux, de fort, de grand, qui s'est fait entrevoir en lui. Et qui n'a pas de tels moments? Les pires même ont de ces lueurs.

Dès lors elle lui est gagnée. La douce chaleur d'amour qui lui est montée au cœur lui donne un peu plus de courage, et le soir, lorsque lui-même était déjà au repos, il a la charmante surprise de la trouver très-éveillée. Vive et tendre, cette muette parle tout à coup. Il fait nuit. Elle n'eût osé parler le jour. Mais alors, il n'est pas rare qu'elle devienne éloquente. Elle est heureuse, elle le croit vraiment bon, digne, et selon Dieu, et c'est en Dieu qu'elle l'aime. Son cœur fond, et elle est sa femme. Car de cette heure a, pour elle, commencé le mariage. Elle peut dès lors porter son nom. De la jeune demoiselle qu'hier elle était encore, nous n'avons plus de nouvelles, et l'épouse est née d'aujourd'hui.

LIVRE TROISIÈME

—

DE L'INCARNATION DE L'AMOUR

I

CONCEPTION

L'amour est chose très-haute et très-noble dans la femme. Elle y met sa vie pour enjeu.

Chaque fois qu'elle consent à l'union, et cède au désir de l'homme, elle accepte de mourir pour lui.

Que risque-t-il? rien, sinon de travailler un peu plus et de nourrir un enfant. Que risque-t-elle? tout. Non-seulement elle subira la crise d'une effroyable douleur, où sa vie tient à un fil, mais les chances d'une longue mort et de mille infirmités, si cruelles, que l'auteur même de ces maux peut en être rebuté!

Jeune homme qui trouvez l'amour chose si plaisante et si légère, prenez, je vous prie, lisez un seul des livres que vous offre la nombreuse, la terrible littérature de l'art de l'accouchement et des maladies qui suivent. A la seule émumération, vos bras vont tomber; à la description, la sueur vous viendra au front, et, si vous persévérez jusqu'au détail chirurgical, horriblement ingénieux, des opérations (qui torturent, ne guérissent pas), le livre vous échappera... Ce qu'elles supportent, hélas! ces pauvres créatures si faibles, de leur corps et de leur chair, vous, homme, vous ne pourrez seulement le supporter de la pensée.

L'amour est le *frère de la mort*. On l'a dit et répété. Mais qui a sondé encore à quelle profondeur il est le *frère de la douleur?*

———

Que ce mot sévère soit inscrit au seuil du monde charmant de la fécondité où tu te figures entrer comme par un arc de triomphe fait de guirlandes de fleurs... Lis ce mot, non pour reculer (c'est la loi de la nature), mais pour comprendre une fois la suprême beauté de la femme. Elle accepte tous les périls, la mort, l'infini de la souffrance, pour donner à celui qu'elle aime l'infini de la jouissance, la vie des siècles en un instant, l'abrégé de l'éternité.

« Sois heureux, et que je meure! sois **heureux**

une seconde, et que j'en souffre à jamais! » C'est le mot qu'elle a dans le cœur. Et elle a la magnanimité de ne pas le dire; elle te contristerait trop, elle glacerait tes transports, si ce nom cruel de la mort, qui est au fond de sa pensée, venait, parmi tes baisers, errer sur ses lèvres... Non, elle gardera tout pour elle... A toi le ciel, à toi la joie! A elle la sombre lueur et l'effroi de l'avenir.

———

Dévouement désintéressé! c'est une sottise vaniteuse, assez ordinaire dans l'homme, de croire que la femme lui cède, vaincue par l'amour physique. Cette erreur peut s'excuser chez les enfants, chez les novices, mais elle est bien ridicule en tous ceux qui ont un peu d'expérience. Quiconque connaît les femmes, sait très-bien que presque toutes n'y mettent que de la complaisance et de la bonté. Dans notre état civilisé, la séve génératrice les tourmente infiniment peu. Cette froideur leur vient de deux choses, de la dépense infinie de force nerveuse qu'elles font en grâce, en parole; et d'autre part, trop souvent, de la déperdition maladive de vie qui se fait en elles, même dans l'intervalle des crises régulières de la nature.

Pour dire nettement la chose, dût l'orgueil de l'homme en souffrir, elles cèdent presque toujours sans aveuglement, pour remplir leur destinée de femme, pour assurer l'amour de l'homme et se créer une famille, elles cèdent par tendresse pour lui, par le très-noble besoin qu'elles ont de se dévouer.

———

Le grand physiologiste Burdach, notre illustre maître, fait cette remarque fort belle, bien fondée en vérité : « Dans les espèces animales, la noblesse de la femelle paraît à ceci, qu'elle ne cherche l'accouplement que pour la génération. » Et encore cet autre trait : « Le mâle est féroce avant le plaisir, dans l'aveuglement de son désir sauvage ; et quand la femelle est féroce, ce n'est qu'après le plaisir, et dans la maternité, pour défendre ses petits. »

L'enfant, voilà la récompense, le précieux équivalent des souffrances et des périls que l'amour fait affronter à la femme. C'est pour elle « le prix du plaisir, » a dit si dignement Virgile. Mais, même sans cet espoir, l'épouse sait se dévouer. Féconde ou non, elle accepte son souverain devoir de femme, celui de renouveler, de ranimer le cœur de l'homme. Elle est la *fontaine de vie* (Genèse), mais elle l'est dans les deux sens. Si elle ne la donne à l'enfant, elle la donne à l'époux

Ah! combien la science honteuse et subtile des scolastiques qui ont si étourdiment parlé de ces choses, en a peu soupçonné la gravité sainte, n'y cherchant que libertinage, et ne voyant point du tout le sérieux, le danger, le dévouement, qui en est le fond, l'échange profond de la vie qui en est le vrai mystère!

Notre âge, l'âge du travail, sait très-bien que le travailleur, le producteur en toutes choses, qui donne de sa vie, de son âme, a besoin de la reprendre incessamment dans la nature. L'épouse n'ignore nullement qu'elle est la nature elle-même, c'est-à-dire la réparation, la consolation, le bonheur et la joie. Elle est le prix de la journée, la douceur du soir, le repos. En elle seule, il trouve l'oubli, l'oubli profond comme la mort, qui chaque jour fait sa renaissance. Il revit, de qui? sinon d'elle. Mais comment lui refait-elle la vie? En hasardant la sienne. Elle le voit (dans ce transport) aveugle, et ne l'en fait pas moins arbitre de sa destinée, lui donne sur elle toute puissance. La sécurité magnanime d'un cœur pur qui fait son devoir, met tout le souci de l'autre côté. Pour elle, elle sourit en paix, ne risquant rien que de mourir. Et elle ne l'en aime pas moins... ah! que dis-je? encore davantage pour son sacrifice et pour son danger. Tout ce qu'il prend en volupté, elle le rend au double en amour.

Les doctes et les sots vous diront que tout cela est instinctif, que la femme en son dévouement suit l'ivresse de la nature, etc. En général, c'est précisément le contraire. Elle a très-peu d'entraînement, beaucoup de calme et de tendresse. C'est l'homme qui aime dans le trouble, elle en lucidité complète.

Je rougis d'écrire ceci, mais enfin la chose est trop vraie, il faut l'avouer. L'amour de l'homme se produit beaucoup trop le soir, dans l'excitation très-basse que laisse un copieux banquet, spécialement à la suite des fêtes d'automne et d'hiver, quand les récoltes sont rentrées, greniers pleins et vendanges faites. De là, ces conceptions si nombreuses des mois d'hiver infligées indignement, sans amour, à la femme soumise et non consultée.

Elle, au contraire, si parfois elle ressent la douce étincelle, c'est aux heures sobres et poétiques, aux tendres réveils, au matin, au printemps surtout, quand Dieu veut qu'on aime, et qu'un souffle légitime de cette fécondité qui est le devoir de la nature, ranime la femme et la fleur.

Malheur aux enfants des ténèbres, aux fils de l'ivresse, qui, neuf mois avant de naître, ont été un outrage à la mère !

Celui qui naît de l'orgie nocturne, de l'oubli même de l'amour, d'une profanation de l'objet aimé, traînera la vie lourde et trouble.

Au contraire, c'est une grande, une puissante bénédiction, d'être conçu dans la lumière, quand l'amour s'adresse, non confusément au sexe, non à la femme quelconque, mais à cette femme unique, à ce cœur qui est à lui, disant : « *Elle*, et non une autre, » se mirant dans son sourire, dans ses beaux yeux reposés, qui lui reflètent l'aurore, dans sa surprise charmante, et son naïf élan qui dit : « Justement, je rêvais à toi. »

L'accord profond, parfait, du cœur, le sens exquis que l'amour, à son moment le plus obscur et dans son ténébreux éclair, garde de la personne aimée, c'est ce qui fait un fruit divin, fils de liberté, de lumière. Tous deux voulurent. C'est, sans nul doute, du plus haut amour volontaire qu'ont été conçus les héros.

. . . .

Voici cependant que le jour se fait grand; il est parti; le travail l'a rappelé. La jeune épouse se lève, modeste, non sans dignité, mais un peu neuve à elle-même... « Suis-je bien moi ?... Mais oui, se dit-elle... Grand mystère ! j'ai fait mon devoir, et pourtant je suis troublée ! »

« Eh ! que tu as tort de l'être, pur diamant ! Et qui de nous peut se vanter d'être aussi pur ? » C'est ce que disent les dernières étoiles, qui disparaissent à cette heure. Elles la regardent en souriant, l'innocente, qui se promène, émue, dans son petit jardin.

Les belles eaux transparentes et limpides de la fontaine à qui elle demande un peu de fraîcheur, ces eaux où se mire le ciel, lui disent : « O vierge sage, plût au ciel que notre flot où tu crois te purifier, fût aussi pur que ton sein ! »

« Mais enfin, dit-elle bien bas, à elle-même, et si bas qu'elle a peur presque de s'entendre, n'ai-je pas été trop heureuse ?... Et dans ce moment solennel, d'avenir infini peut-être, ai-je tenu mon âme en haut? Dieu l'a voulu, Dieu a agi. Ai-je gardé la pensée de Dieu? »

« Ah! chère sœur, lui disent les fleurs, en se penchant vers la terre afin de baiser ses pas, qui ne serait attendri de ton âme charmante?... Oh! que nous puissions aspirer le doux parfum qui vient de toi!... Fais comme nous, ô jeune fleur! ouvre en paix ton sein innocent; n'envie pas aux rosées du ciel de gonfler ton chaste calice. Après, comme avant l'amour, nous sommes et nous restons pures. »

II

LA GROSSESSE ET L'ÉTAT DE GRACE

Nous l'avons dit, la femme, c'est vraiment la vie féconde. Ce qu'elle pense, c'est chose vivante, et son idée, c'est un enfant.

Nous savons maintenant pourquoi telles paroles la trouvaient si froide, telles autres si vive. Elle n'est ouverte et sensible qu'à l'idée qui peut s'incarner. Celle-ci, elle la prend, la fait sienne, l'ébauche comme rêve vivant, la doue de son désir. Que le souffle d'amour y passe, le rêve a corps, devient un être.

Ce que vous lui donnez d'abstrait, de général, de collectif, elle en fait un individu. Vous lui parliez de la Patrie, de la cité libre, héroïque. Et elle a rêvé le Héros.

Le Héros dans l'action, dans l'art ou dans la science, le rénovateur, créateur, de bras puissant, de main féconde, qui versera des bienfaits inouïs au genre humain. Tout cela obscur et confus. Elle ne sait pas bien elle-même ce qu'elle veut, s'en remet à la Providence. Dieu saura ce qu'il faut faire. Ce qui suffit à la mère, ce dont elle est presque sûre, c'est que l'enfant est un miracle, un sauveur sans doute, un messie.

———

Elle n'osa jamais en parler, pas même sur le chevet, pas même à l'heure encourageante où la bonne nuit couvre tout et permet de dire tant de choses. Elle n'osa. Car, s'il avait ri ! quelle cruelle blessure à son rêve !... Non, cette sublime espérance est la seule chose que la femme ne dit pas à celui qu'elle aime. Elle a de son divin roman un peu de honte et une secrète pudeur.

Je vous le dis en confidence, c'est là ce qui l'agitait l'autre jour quand son mari, rentrant avant l'heure, la voyait sérieuse, émue, comme si elle était surprise en chose qu'elle voulût cacher. Il cherchait, il voulait savoir, mais elle l'embrassait en silence.

Si sage et si raisonnable, elle est étonnée elle-même de l'essor involontaire qu'a pris son imagination. Elle ne sait pas que sa folie est la plus grande sagesse. C'est ce délire de notre mère, son effort pour faire l'enfant Dieu, qui nous fait le peu que nous sommes, c'est le meilleur de nous-mêmes qu'elle a mis en nous par ce songe. Et quiconque est fort sur la terre, c'est qu'elle l'a conçu dans le ciel.

Ceci, si j'osais le dire, fut la conception solitaire de la femme, entre elle et elle, pendant qu'elle était maîtresse encore de sa pensée, libre, légère, avant la nuit où le Dieu fort, le tout-puissant réalisateur, la prit dans ce rêve éthéré, la comprima de son orage. Et la voilà toute changée. Elle sent une pesante chaleur et des froids subits ; un frisson lui court. Son beau cou se gonfle ; son sein est ému, il ondule, mais cette fois l'onde ne redescend pas ; le flot reste suspendu, la mamelle s'arrondit, et plus bas va se dessiner une ombre ? une courbe douteuse et comme un hémisphère nouveau.

Une turgescence douloureuse l'alourdit. Le cerveau même faiblit un peu ; cette âme ailée est un moment alanguie et opprimée de la chair. Elle n'a plus la direction libre et sûre de ses mouvements.

Elle vacille, elle flotte, elle nage... Quoi de surprenant?.. Lui-même, l'auteur aveugle du miracle, est presque aussi troublé qu'elle. Il est ému, il est ravi, inquiet aussi, la voyant lancée sur cette grande mer où il ne peut plus la suivre. Elle est hors de son action, hors de sa protection... Quelle terreur pour celui qui aime!... Il la voit qui, jour par jour, avancera fatalement vers l'accomplissement de ce mystère. Il n'y peut rien que faire des vœux, prier et joindre les mains, comme le croyant à l'autel. Une dévotion sans bornes l'a pris pour le temple vivant. Devant ce globe divin qui contient le monde inconnu, il rêve, il se tait; s'il sourit, le sourire est tout près des larmes...

Nul n'accusera sa faiblesse. Si jamais on dut respecter un accès de religion, à coup sûr, c'est celui-ci. Nous sommes vraiment en présence du plus grand miracle, d'un miracle incontestable, d'un miracle non absurde, mais qui n'en est pas moins obscur. Chaque être est un, fermé d'une infranchissable barrière. Elle a été franchie pourtant. Double prodige, la naissance de l'enfant, la transformation de la mère. L'épouse imprégnée se fait homme. Envahie de la force mâle qui une fois a mordu en elle, elle y cédera de proche en proche. L'homme gagnera, la pénétrera. Elle sera *lui* de plus en plus.

Un an, deux ans suffiront pour qu'une soie charmante et légère, comme la fleur de l'épi de blé, fleurisse à sa lèvre. Sa voix aussi sera changée. Souvent elle perd de hautes notes, souvent elle en gagne de graves (mais dans une si grande douceur)! Et combien d'autres changements! L'imitation involontaire de celui qu'elle a au fond de son être, se manifeste à son insu, dans l'allure et les mouvements. Vous ne la connaîtriez pas, qu'à la regarder seulement marcher, parler ou sourire (malgré tel adoucissement et telle timidité de forme), vous diriez : « Je le reconnais dans sa femme, et elle c'est lui. »

———

Profonde, merveilleuse union! Dans ces premiers mois surtout de grossesse où la vie nouvelle qui prend au dedans ne se révèle à elle encore que par le trouble confus d'une grande fluctuation, elle rapporte tout à celui qui l'a blessée, dont elle souffre, et qu'elle aime d'autant plus. Au dedans, elle le sent qui brûle ou circule en elle. Au dehors, elle le prend comme son unique soutien, s'appuie à lui, se plaint à lui, lui est comme suspendue. Elle veut (ce qu'il veut plus qu'elle) qu'il la plaigne, qu'il la gâte, l'enveloppe des plus tendres soins. En retour, elle s'abandonne, elle est tout à fait bonne fille. Elle devient sa petite fille, se laisse soigner comme un enfant. Si elle s'en défend d'abord, si c'est un peu malgré elle, que faire ? Elle n'a ni la force, ni la volonté du refus ; elle se soumet, puisque enfin il l'exige, et sans grande peine ; car elle trouve cela très-doux.

En attendant que l'enfant vienne, elle peut bien l'être, à sa place. Et, chose un peu surprenante, elle, tout à l'heure si sérieuse, elle ne se sent pas trop mal de ce nouveau rôle. Les libertés que la femme trouvera charmantes dans son petit innocent, elle sait bien que celui qui l'aime, les trouve en elle délicieuses. Elle sait que d'elle tout le ravit, qu'il est si heureux du libre bonheur où elle détend sa vie, que, pour le lui laisser entier, il ferme les yeux. Entre autres singularités de nature qu'elles ont alors, elles aiment par moments à cacher, à s'isoler, à se prouver qu'elles sont bien indépendantes, et que le cher tyran qui les suit tellement du cœur, ne les enveloppe pas trop. Il obéit à cela, il s'éloigne, tout au plus sourit. Elle, de son côté, n'ignore pas qu'en ne voyant rien, il voit tout. N'importe, elle lui sait gré d'être si discret et si bon. Jeu charmant, tout innocent, où personne ne trompe personne ; ridicule ? oh ! non, laissez-leur ces enfances de l'état de grâce.

Pour vous dire le vrai, madame, si cet homme-ci vous gâte, il n'y a pas grand mérite, car nous sommes tous comme lui. Pour vous, nous tous (je ne dis pas les amis, mais les passants, les hommes, toutes créatures, la nature entière), nous sommes d'accord pour vous favoriser d'amour, vous combler de vœux, vous bénir. Quelque part que vous alliez, chez nous, vous êtes chez vous. Prenez des fleurs, des fruits, et tout ce que votre envie vous dira... Cela nous portera bonheur, et nous en serons si ravis !

Mais vous n'irez pas plus loin, entrez chez moi, je vous prie. Daignez me voler, madame, volez-moi de préférence... Je ne sais quelle vieille Coutume permettait à la femme grosse de prendre trois pommes ou trois poires. C'est trop peu, favorisez-moi et prenez tout le jardin... Aussi bien, vous avez le cœur...

Mais, maladroit, qu'ai-je dit ?... J'ai tout gâté. Elle entrait, et voilà qu'elle est honteuse, ne veut plus rien, se détourne... Sa charmante petite moue veut dire : « Il fallait ne rien voir. »

Je m'en veux, je suis désolé... car elle ne m'écoute plus, elle passe, s'en va, rougissant et baissant les yeux.

C'est le furtif de la chose qui la tentait. Car, du reste, elle sait bien que tout est à elle; qu'elle peut faire tout ce qu'elle veut, et que ce sera toujours bien. Elle apporte infiniment plus qu'elle ne pourrait emporter, elle apporte la paix, l'amour, un parfum de félicité. On ne peut la voir sans sourire, mais c'est le sourire de béatitude; c'est qu'on a vu le bonheur même, et on en reste heureux tout le jour.

Où elle daigne mettre le pied, la loi cesse. Et la loi prie qu'elle veuille bien commander. Son caprice, c'est la loi; sa fantaisie, la sagesse, et sa folie, la raison.

Si elle péchait (chose impossible!), cette fille innocente de Dieu, sa faute serait pour nos cœurs, si faibles et si attendris, un charme de plus. Son unique petit péché qu'il faut peut-être qu'on avoue, c'est qu'au dedans, travaillée d'un atome, mais si avide, elle est avide elle-même, et, si elle se croyait, si elle osait, elle suivrait cette aveugle impulsion. On est heureux de la voir manger beaucoup, manger toujours, souvent en cachette, en dessous. A tort, cela pourrait lui nuire. Son mari devrait la prier de se priver quelque peu. Il cède trop à la jouissance de voir sa vie amplifiée, sa beauté éblouissante et dans une splendeur solennelle. Voyez, ce n'est pas sa ceinture qui s'arrondit seulement. Ses beaux bras, ses blanches épaules, son sein, tout s'épanouit en courbes voluptueuses, et toute sa personne est en fleur.

« C'était le jour de la Saint-Jean, je crois, en 1825, à Saint-Cloud, chez ma vieille amie, que j'étais venu visiter. La femme du charmant peintre, madame B., qui était voisine et comme l'enfant de la maison, entra, sans se faire annoncer. La porte s'ouvrant rapidement, la chambre me parut tout à coup remplie de lumière et de fleurs. Je fus ébloui. Elle jeta son chapeau de paille, jeta un énorme bouquet qu'elle venait de faire aux champs. Quoique très-visiblement mère, elle avait fait tout cela en un moment, avec la vivacité de la jeune fille et de l'enfant gâtée, sûre d'être approuvée de tous.

« C'était une personne très-grande, forte, dans la plénitude absolue de vie. Sa puissante électricité, qui inonda tout, m'empêcha d'entendre ce qu'elle disait. Ce que j'entendis le mieux, ce fut un éclair de vie, de bonheur et de bonté, qui lui jaillissait des yeux.

« Je baissai les miens, et me sentis triste. Cependant, je les relevai, et la regardai encore. Puis, m'affermissant le cœur, je pris congé, et, à pied, je m'acheminai vers Paris...

« Cet hymne de l'Orient, le vrai chant de l'infini, me flottait sur mon orage. J'avais vu un songe de Dieu...

« O soleil ! ô mer ! ô rose !...

« Le cercle de l'existence s'accomplit et se ferme en toi. »

III

SUITE DE LA GROSSESSE — LE RIVAL

Entre amis, il faut être vrai. Je dois te le dire franchement, sans détour... Tu as un rival. — « Grand Dieu ! » — Un rival préféré. Elle t'aime et t'aimera toujours. Mais enfin, prends-en ton parti, tu n'es plus sa première pensée.

Parmi les singularités que nous remarquions en elle, la plus forte (qui ne se voit pas également chez toutes les femmes), c'est que, dans les premiers temps où elle se sentit tellement envahie de toi, conquise, elle eut de petites velléités de contradiction, des mutineries enfantines, des caprices de résistance. La liberté instinctive réclamait, timidement, contre l'engloutissement de l'amour.

L'amour en riait, pensant absorber cela avec tout le reste. Il le croyait, il se trompait. Comme en elle, tout est vivant ; cette résistance timide n'était que la vie nouvelle qui fermentait dans son sein. La gracieuse petite révolte n'était autre que ton enfant.

Il y a un homme de plus, une âme, une volonté de plus, qui double et qui trouble aussi par moments cette chère âme, qui croyait ne pouvoir jamais vouloir autrement que toi. Il est là, et il réclame. Du fond de la mer de lait, des ténèbres où il dort, il influe déjà, il agit. Son monde, ce pauvre monde souffrant, ému, qui le contient, il le gouvernera bientôt, et déjà, au cinquième mois, il a frappé à la porte, et dit fortement : « Me voici ! »

« Je l'ai senti ! » s'écrie-t-elle, en appliquant sa main tremblante au point qui a retenti. « Il remue, il est bien vivant... Le voici encore, il s'agite... Ah ! mon enfant, tu m'as fait mal... Mais, grand Dieu ! quel bien aussi ! »

Dès cette heure, voilà sa pensée. Elle n'en sortira guère. Y rêver, suivre, guetter, épier ses mouvements, l'attendre, c'est toute sa vie. Il ne manque pas au rendez-vous. C'est son inséparable amant. Du moins si elle est infidèle, elle ne cache pas son jeu, elle parle incessamment de lui. Comment en serait-il autrement? Cette création progressive d'une personne dans une personne est si absorbante, que celle-ci n'a rien en soi où elle puisse se retirer, se défendre contre lui. Et elle n'a garde d'y songer. Car, si ses brusques mouvements la font à chaque instant souffrir, elle jouit pourtant de l'accord d'un si profond mariage. Les tressaillements de ce doux fruit ne sont pas toujours douloureux. Elle se figure aisément qu'il aime déjà sa mère. Son visage parfois s'illumine, elle rougit... C'est qu'il a passé.

Elle te dit tout, ou presque tout. Tu es l'heureux confident de leurs innocentes amours. Tu y prends part et te mets en tiers. Mais dans sa vie, désormais remplie à ce point d'un autre être, combien tu tiens peu de place! C'est maintenant l'intérêt dominant, exclusif, unique. Et ce qu'il veut, on le veut. Et ce qu'il craint, on le craint. Quatre mois avant de naître, il est maître de la maison.

———

L'époux toujours cède au père, doit céder. Toute habitude, tout plaisir, est immolé dans cette crise. Eh! qui voudrait la contrister, la gêner, lui faire de la peine?... Que ne peut-on plutôt l'entourer de sujets de joie, l'égayer, la tenir heureuse, souriante? Gagnons cela à tout prix.

L'homme est pourtant toujours l'homme. On ne change pas aisément toute sa vie de fond en comble. De là, de petits mouvements, je ne dis pas de jalousie dans un cœur comme le tien, mais peut-être un peu de tristesse, quelques plaintes. Elle voudrait ne pas les entendre. Pour la première fois, elle élude, elle aime mieux ne pas écouter, s'en va. Elle ne va pas loin, elle ne fuit pas bien vite, n'a pas bien peur d'être rejointe. Et, se retournant à demi, avec le sourire le plus tendre, quoiqu'un peu malicieux : « Mais, mon ami, si pourtant il ne veut pas que je t'aime? que faire? » — Elle voulait t'éprouver. — L'épreuve est peut-être forte. Elle te voit contristé, elle a hâte de te consoler. Partagée entre deux devoirs, elle subit l'un sans blesser l'autre. Pourvu qu'il ne souffre pas, ne réclame pas, le petit tyran, elle obéira en tout, et encore bien loin de se plaindre, dira : « Ah! que je suis heureuse! En lui, c'est toi seul que j'aimais. Et par lui, j'ai ce bonheur de t'appartenir davantage. »

Tout est digne, dans l'amour, tout royal. Rien ne l'élève plus que ses libres servitudes, ses humiliations volontaires. Celle-ci ne fut jamais plus reine que dans cette abnégation, qui subit les exigences d'une inexorable tendresse. Inquiète et troublée, mais pure, elle se remet de tout à Dieu. Ses souffrances, l'imminence du péril qui se rapproche, lui donnent les pensées les plus graves. Dans les moments de bonheur, un peu égoïste, où tu la tiens (la chère esclave du dévouement, du sacrifice), si tu pouvais voir son regard, tu aurais peut-être un regret, le trouvant si calme et si haut, si plein de la lumière du ciel.

Elle est craintive, elle a peur, certainement, dans ces derniers jours, mais la peur surtout de faire mal. Elle sent bien confusément qu'elle est l'instrument sacré d'une création incessante, et qu'en transmettant à l'enfant son sang, sa vie, en même temps, elle lui transmet son âme. De là un constant scrupule, une touchante attention pour garder cette âme pure et dans une grande sainteté.

Plût au ciel qu'on pût lui donner un livre qui la soutînt, ou quelque bonne prière, non pas pour demander à Dieu qu'il change rien aux lois du monde; au contraire, elle ne veut que s'harmoniser à ces lois, à l'ordre infini, faire ce que Dieu veut.

Sa vraie force, dans cette voie, où elle marche seule et tremblante, ce serait toi, si tu pouvais dominer l'amour par l'amour, ne pas l'abaisser sans cesse à la terre. Le moment est sérieux. Son jour est proche. Il faut bien y songer, la ménager, l'épargner... Ah! la mort l'épargnera-t-elle?

Aie pitié de nous, ô mort!

IV

ACCOUCHEMENT

Si vous voulez voir sur la terre une image de la peur, regardez cet homme-ci à ce grand moment. Peur naïve, non dissimulée, trop forte pour être contenue, qui s'exprime par les signes qu'on trouverait les plus ridicules, s'ils n'étaient les plus touchants. J'en ai vu, et des plus fiers, arrachant leurs moustaches noires. Défaits, pâles, anéantis, ils faisaient pitié. Il fallait que l'accouchée, du milieu de ses douleurs, criât : « Courage donc! mon ami, n'es-tu qu'une poule mouillée? »

La femme vit dans l'enfant, mais l'homme vit dans la femme. A cette heure vraiment redoutable, il la serre, la tient des deux mains, comme une chose prête a échapper. Mais ses mains ne tiennent rien... Elle est sous une autre puissance qui la tire bien autrement, l'entraine de son côté. Elle regarde par moments le monde où elle est encore, l'inquiétude de l'assistance, cet homme éperdu... mais il lui semble déjà qu'elle regarde de l'autre rivage.

La crise dure. Le médecin secoue la tête, va et vient, n'est pas rassuré. L'autre le suit comme son chien. La peur l'a humanisé. Sa lâcheté, ses flatteries, sa vive et subite amitié pour celui que souvent il connaît à peine, mais qui tient sa vie dans les mains, sont les choses les plus curieuses. Lui, si jaloux, il ne l'est plus. Il dévoile sans hésitation à un étranger la chère et respectée personne. Il ne s'informe pas même si elle pâtit de cette profanation. Il prend un air sévère, la gronde de son hésitation pudique. Au total, il est absurde, imbécile et comme idiot.

———

Elle lui a dit, sur ce point, les choses les plus raisonnables. Mais la peur n'écoute rien. Elle a dit que dans le grand œuvre de la femme, une femme seule est l'utile auxiliaire. Qu'au contraire la vue d'un homme peut être le plus grand obstacle. Obstacle pour quelques-unes absolument insurmontable, jusqu'à en mourir.

Notez que le plus souvent tout le secours consiste à regarder les bras croisés. Si l'enfant se présente mal, s'il faut de la dextérité, la petite main d'une femme, son adresse, son habitude de toucher des objets minimes, tout cela vaut mieux à coup sûr que les grosses pattes de l'homme. Quelle main sera assez douce, assez fine de tact et de peau, pour toucher, grand Dieu! la chose la plus délicate, horriblement endolorie par cet excès de tension, les éraillures et déchirures de ce pauvre corps sanglant!

La femme soigne bien mieux la femme. Pourquoi? Parce qu'elle est à la fois la malade et le médecin, parce qu'elle comprend aisément dans une autre les maux qu'elle a elle-même, les épreuves où elle a passé. Les médecins sont savants de la science, mais fort peu de la malade. Il n'en est guère qui aient le sens d'un être si fin, si plein de mystère, où la vie nerveuse est tout.

Nos médecins sont une classe d'hommes extrêmement éclairée, et, selon moi, la première de la France sans comparaison. Aucune autre ne sait autant, ni autant de choses certaines. Aucune n'est si bien trempée d'esprit et de caractère. Mais enfin leur rude éducation masculine d'écoles et d'hôpitaux, leur dure initiation chirurgicale, une des gloires de ce pays, toutes ces qualités ici entraînent un grave défaut. Elles aboutissent en eux à l'extinction de la fine sensibilité qui seule pourrait percevoir, qui prévoit, devine les choses du féminin mystère. Le sein de la femme, ce doux miracle où la Nature a épuisé sa tendresse, qui donc pourra, sinon la femme elle-même, y toucher sans impiété ?

La faute n'est pas aux médecins, qui, je crois, sentiraient cela. Elle a été de plus en plus à la faiblesse de l'homme (plus que femme en ces moments); elle a été au mari que rien n'a pu rassurer que la présence du docteur. A cela, je ne contredis pas. Quoique tant d'illustres sages-femmes, les Boivin, les Lachapelle, etc., etc., suffisent bien pour rassurer, quoique l'exemple de l'Europe, où elles sont préférées partout, puisse aussi calmer nos craintes, rien n'empêche que le médecin ne soit consulté, n'assiste de ses avis, pourvu qu'il n'agisse pas et même ne soit pas trop près. Son intervention directe est beaucoup moins propre à aider qu'à paralyser la nature.

Les femmes doivent être écoutées. Eh ! bien, elles disent franchement (quand on ose les presser sur un sujet si délicat) que toute leur force en cet acte d'un extrême effort, c'est la liberté de l'effort, et que cette liberté est nulle si un homme est dans la chambre. Il en résulte à chaque instant des hésitations, des mouvements contradictoires. On veut et on ne veut pas. On agit et on retient. Vous direz qu'elles ont tort, qu'elles devraient se mettre à l'aise, oublier, en une telle crise, leurs superstitions de pudeur, la peur des petites misères dont elles sont si humiliées. Mais enfin, elles sont telles; telles il faut les prendre. Et celui qui, pour leur salut, les met en péril, est certainement un sot.

Je disserte trop longuement... C'est fait... Un cri inouï, qui n'est pas de ce monde-ci, qui n'est pas de notre espèce (ce semble), cri aigre et aigu, sauvage, nous perce l'oreille. Une petite masse sanglante est tombée...

Et voilà donc l'homme!... Salut, pauvre naufragé!

Elle était anéantie, mais elle rouvre vivement les yeux : « O mon enfant, te voilà donc ! »

Et tendant la main au mari demi-mort : « J'étais résignée... J'acceptais de mourir de toi. »

Voilà un pacte bien fort entre eux, qui s'est fait dans ce jour, un bien sérieux mariage, le contrat de la douleur!

Elle l'aime et lui tient maintenant par un lien que le plaisir n'eût formé jamais, elle l'aime, marquée par lui d'une ineffaçable marque, elle l'aime pour le sang qu'elle verse, et, pour sa chair déchirée, pour l'horrible écartement où la charpente même de l'être a cru se dissoudre.

Lui, il l'aime pour l'angoisse et l'agonie de frayeur où il s'est trouvé, sans force, plus frappé qu'elle, et plus défait qu'au tombeau. Il a été dompté, ce jour, par la terreur et la pitié. Le faible a vaincu le fort. Elle l'a marqué, à sa manière, d'une ineffaçable empreinte de crainte et de douleur.

Quel lien, d'être morts ensemble, je veux dire d'avoir ensemble vu, senti de si près la mort!

Et ce n'est pas encore fini. La crainte doit rester tout entière. La voilà dans ses dentelles, pâle, et belle d'un charme touchant. Ah! si vous connaissiez, au vrai, la réalité terrible que couvre cette beauté!

Il faut affronter tout, ô homme! Ces impressions sont salutaires. Il faut que tu connaisses bien le grand maître en douleur, l'Amour...

« Non, de grâce, diras-tu, laissez-nous notre

poésie, l'horrible n'est pas poétique. Que deviendrait-elle elle-même si on lui représentait la choquante image de ses viscères déchirés ? »

Épargnons-lui cette vue, mais toi, tu dois l'endurer, et cela te sera bon.

Rien n'amortit plus les sens. Quiconque n'a pas été endurci, blasé sur ces tristes spectacles, est à peine maître de lui, en voyant la peinture exacte de la matrice, après l'accouchement. Une douleur frémissante saisit et fait froid à l'épine... L'irritation prodigieuse de l'organe, le torrent trouble qui exsude si cruellement de la ravine dévastée, oh ! quelle épouvante !... on recule...

Ce fut mon impression quand cet objet vraiment terrible m'apparut la première fois dans les planches excellentes du livre de Bourgery. Une incomparable figure de l'atlas de Coste et de Gerbes montre aussi le même organe sous un aspect moins effrayant, mais qui émeut jusqu'aux larmes. On le voit quand, par son réseau infini de fibres rouges, qui semblent des soies, des cheveux pourpres, la matrice pleure le sang.

Ces quelques planches de Gerbes (et la plupart non signées), cet atlas étonnant, unique, est un temple de l'avenir, qui, plus tard, dans un temps meilleur, remplira tous les cœurs de religion. Il faut se mettre à genoux, avant d'oser y regarder.

Le grand mystère de la génération n'avait jamais apparu dans l'art avec tout son charme, avec sa vraie sainteté. Je ne connais pas l'étonnant artiste. N'importe, je le remercie. Tout homme qui eut une mère le remerciera.

Il nous a donné la forme, la couleur, mais bien plus, la morbidesse, la grâce tragique de ces choses, la profonde émotion. Est-ce à force d'exactitude, ou a-t-il senti cela? je l'ignore, mais l'effet est tel.

O sanctuaire de la grâce, fait pour épurer tous les cœurs, que de choses vous nous révélez !

Nous y apprenons d'abord que la Nature, en prodiguant tant de beautés au dehors, a mis les plus grandes au dedans. Les plus saisissantes sont cachées, comme englouties, aux profondeurs de la vie même.

Et l'on y apprend encore que l'amour est chose visible. La tendresse que nos mères nous prodiguent, leurs chères caresses et la douceur de leur lait, tout cela se reconnaît, se sent, se devine (et s'adore !) à ce sanctuaire ineffable de l'amour et de la douleur.

V

COUCHES ET RELEVAILLES

Avant et pendant les couches, la société habituelle, la conversation des gardes-malades, nourrices, voisines, etc., est généralement nuisible, dangereuse, à la malade. Elles sont bavardes et maladroites, travaillent de la langue au hasard et troublent souvent de propos fâcheux un esprit si ébranlé. Parfois ce sont des commérages, des médisances et cent petites sottises qui donnent une agitation vaine. Parfois ce sont de mauvais contes d'accidents tragiques, de prédictions sinistres, de miracles, d'absurdes recettes, etc., etc. Dans tout autre temps elle n'aurait pas voulu entendre, elle les aurait fait taire. Mais alors, affaiblie, passive, elle n'en reçoit que trop la funeste impression. Elle la garde pour elle seule.

Tout cela, bien entendu, dans l'absence du mari, entre femmes; il rentre, on se tait.

La première condition cependant pour la remettre, serait de lui assurer le plus grand calme d'esprit. L'invasion d'une étrangère en ce moment-là ne vaut rien, combien plus d'une parleuse indiscrète et d'une sotte qui, de son autorité de garde-malade, change l'ordre de la maison, se fait servir et embarrasse plus que la malade elle-même. La domestique ordinaire, la bonne fille de campagne, simple, douce, obéissante, accomplissant à la lettre et sans raisonner les prescriptions du médecin, eût mieux valu, à coup sûr. On y eût gagné le silence et rien n'eût été changé. Mais la garde essentielle, celle qui me rassure le plus, c'est sans contredit le mari; avec l'aide de cette fille, il peut aisément faire tout.

Je sais bien qu'il est occupé, qu'il a peu de temps. Il faut, il faut faire du temps. C'est bien le cas, ou jamais.

Il faudrait prendre un congé, surseoir, ajourner ce qu'on peut. Le péril n'est pas passé, et il est plus grand peut-être. Vous la voyez belle et parée dans son lit, souriante. Elle n'en reste pas moins tout près de la mort. Une porte, une croisée ouverte à contre-temps, un aliment donné au moment critique de la fièvre de suppuration, une mauvaise impression morale peut la bouleverser, la frapper. En peu d'heures, tout serait fini.

Même cette domestique dévouée pourrait, dans son ignorance, ou pour obéir peut-être à un caprice de malade, faire en ton absence quelque coup fatal. Vraiment, je ne me fie qu'à toi.

Sache d'abord que ta présence seule est le souverain remède. Toi présent, la voilà tranquille, toute calmée; elle s'endort. Toi absent, elle n'est pas bien; si elle dort, ce n'est que d'un œil; la garde, cette étrangère qui est pour la veiller, la malade sent de son côté le besoin de la surveiller. Même, la bonne domestique, un peu gauche, l'impatiente. Enfin, quand celle-ci serait adroite et tout ce qu'on voudra, elle ne te remplacera pas. C'est la main aimée, non une autre, qu'il lui faut dans vingt petits soins. Il lui faut avoir à portée la chère personne dont elle souffre, et la faire un peu souffrir, se plaindre à toi, et se faire plaindre; enfin, n'ayant besoin de rien, ne parlant pas, et dormant même, il lui faut te savoir là.

―――

« Mais serai-je assez habile?... » — Oui, tu le seras. Tu ne connais pas tes talents encore, ton mérite. Tu ne sais pas tout ce que tu vaux. Si tu n'es pas retenu par un orgueil ridicule de prétendue dignité d'homme (ridicule, coupable même, dans une crise si délicate), je t'assure que tu te trouveras une adresse inattendue, une dextérité non commune, à faire honte, envie, aux gardes les plus expérimentées.

Il y a peu, très-peu à faire (beaucoup plus à ne pas faire et à éviter). Le médecin t'a tracé la voie, et elle, au besoin, ta femme, sans parler beaucoup, suppléera avec quelques mots. Ce sera un bonheur pour elle de te diriger, un bonheur plus grand et un amusement de te voir en action. Les maladresses d'un autre l'irriteraient, mais les tiennes la mettront de bonne humeur; ta patience la charmera, lui donnera un état excellent de sérénité, d'hilarité même... Qu'importe? un homme d'esprit qui aime est trop heureux en pareil cas de lui voir ces impressions si favorables à sa santé.

Si ta vanité en souffre, tant mieux. Tu mérites cela, et bien d'autres choses. Qui a péché, si ce n'est toi? Lorsqu'on a tant souffert pour toi, il est bien juste qu'à ton tour tu pâtisses, que tu fasses aussi une petite pénitence.

Te voilà d'ailleurs bien malade de soigner une femme charmante, qui jamais, sans cette occurrence, n'eût voulu peut-être se remettre si complétement à toi! Bénis ton sort. Combien d'hommes l'envieraient ! Tout, d'elle, est faveur.

Élève-toi, mon ami, à la hauteur de ta situation. Un bon cœur et un grand courage sait se faire honneur de tout. L'homme naturellement distingué, et de vraie noblesse, ennoblit toute fonction, et donne certaine dignité, certaine grâce (amusante), à ce qui, dans les mains d'un autre, en paraîtrait peu susceptible.

Quel bonheur pour elle ! et combien elle sera rassurée, charmée, de t'avoir là si zélé, et de t'employer à tout! A vrai dire, la pauvre chère, si elle rit par moments de toi, est aussi un peu ridicule. Sais-tu quelle était sa peur dans son extrême danger (la peur ordinaire aux femmes, en ceci toutes sont les mêmes)? La mort? Non. La souffrance ? Non. Et lors même que celle-ci était horrible, une autre pensée dominait. Quelle? Il faut le dire, tu ne le devinerais jamais; la peur de déplaire, de rebuter en quelque chose et d'être désagréable.

A qui? à tous, au médecin, à la garde, à sa bonne elle-même, qui est comme son enfant, et pour qui elle a de si grands égards, de bonté.

C'est la première fois que la jeune dame se trouve

tout à fait liée à un lit, incapable de s'aider elle-même. Elle n'est libre avec personne. Elle est embarrassée de tout. Que deviendrait-elle sans toi ?

Il est trop vrai que la maîtresse la meilleure, la plus délicate, la plus digne d'être aimée, n'a jamais la certitude que certaines choses soient bien prises de sa domestique. La situation même périlleuse et touchante n'empêche pas que celle-ci ne rechigne en-dessous. La malade sent bien tout cela, et il n'est qu'une seule personne à qui elle soit certaine d'être toujours délicieuse, charmante et désirable en tout.

C'est un des jeux souverains du maître tout-puissant, l'Amour, de transfigurer toutes choses, spécialement de changer, démentir, transposer les sens. Tout ce qui déplairait sans doute à celui qui n'aime pas, est suave à celui qui aime. Lequel a tort ? Je n'en sais rien. Nos sens habituellement froids, plats, tristes, qui déclarent ceci et cela, presque tout, déplaisant, sont-ils sûrs d'avoir raison contre ce sens supérieur pour qui tout est bonheur et charme dans les manifestations de la nature ?

Une gravure originale d'un maître du dix-septième siècle, du facétieux Abraham Boss, dit cela fort naïvement. La jolie femme est dans son lit (récemment accouchée sans doute), malade, mais visiblement gaie. Sa vieille servante grondeuse s'en va, en se lamentant sur les petits désagréments de garde-malade. Mais un autre est là qui succède. C'est le mari, un cavalier jeune, élégant, dans la grande tenue du temps, fraise empesée, chapeau à plumes, l'épée et les éperons, une figure espagnole, brune, déterminée, militaire. Armé, non pas de l'épée, mais de l'insigne salutaire de sa nouvelle profession, il pose triomphalement et prépare ses facultés. Du reste, plein de souffle et d'audace, les cheveux au vent, beau comme l'homme qui marche à l'assaut. On voit bien que celui-ci ne doute de rien, qu'il mènera tout à bien, qu'il a le génie de la chose, l'amour et la dextérité.

Ne pouvoir rien, attendre tout, vivre entièrement, uniquement dans la main aimée, en recevoir les aliments et toute chose de nature, c'est une identification plus absolue des deux êtres que n'a été celle même de l'enfant au sein de sa mère. Car, l'enfant ne faisait rien et recevait sans vouloir. Mais celle-ci ne voudrait même rien faire, elle veut recevoir et reçoit, et de toute sa pensée, de toute sa volonté, jouit de cet état d'enfance.

Il est son monde complet; elle ne vit, ne se meut

qu'en lui. Ses beaux yeux aimants, languissants, le suivent par toute la chambre, qui va, vient, marche léger et sur la pointe du pied. Elle ne boit que de sa main. Bientôt de sa main elle mange. Même les organes de la vie animale, involontaire, comme l'estomac, par exemple, ont pris si fort habitude, que sans lui, ils refuseraient. Lui absent, nul besoin de rien. « Il n'est pas là... J'attendrai. »

Un résultat admirable de cette vie en deux personnes, c'est que la moitié bien portante influe physiquement beaucoup au profit de la moitié malade. Elle l'aime de sa faiblesse et de sa maladie; lui, il l'aime de sa santé, de sa gaieté, de son espérance. C'est le bien portant, le gai, le confiant, qui domine l'autre; il l'entraîne, comme par l'influence d'un magnétisme supérieur, et la ranime à la vie.

Quelle joie, quand elle peut se lever, quand on lui montre son jardin et les changements faits pour elle, quand le soleil lui sourit, que ses animaux tressaillent du bonheur de la revoir, enfin, quand pour la première fois, on approche son grand fauteuil de la table, et que sa place, si tristement vide, sa place, à la jeune maîtresse, est remplie encore!

L'équilibre lui revient, l'harmonie, toujours par

toi. Faible, elle reste longtemps les yeux sur tes yeux, y puisant le bonheur, la santé, la force, cette unité qui fait la vie, et elle dit tendrement : « Je reprends mon assiette en toi. »

Qu'est-ce donc qu'on pourrait faire pour elle, qui a tant souffert ? Une chose, une seule la récompenserait. Nous sommes trop barbares encore. Mais ce sera certainement un sacrement de l'avenir.

Une dame m'a ouvert cette idée. « Le plus haut bonheur pour la mère, disait-elle, c'est que, relevée au bout de quarante jours, ou plus tard, prenant le bras de son mari, avec toute la famille, tous les parents pour cortége, tous les amis, elle portât elle-même son enfant à l'autel (qu'une loi de 91 veut qu'on place à la commune), qu'elle le nommât au magistrat, et par là le plaçât dans la cité et l'introduisît dans la vie.

« Je suis sûre qu'à ce cortége d'amis, tout suivrait comme ami. Il n'y aurait pas un passant qui ne se mît à la suite, ne voulût en être, pour faire honneur à la mère, la remercier d'être mère, la féliciter, la bénir. »

Ils reviennent, et sa tendresse, reportée vers son mari, s'exprime par un mouvement d'amour et de reconnaissance. « Me voici donc encore chez nous. Je vis, c'est toi qui m'as fait vivre, et tu m'as donné mon enfant! »

Assise au soleil et lui à ses pieds, elle s'incline, la blanche rose, et dit : « Moi, que te donnerai-je? Mais tu m'as, je n'ai rien gardé... N'importe! si je puis quelque chose, me voici... Demande-moi même l'impossible, et je le ferai. »

« Tu le veux?... Eh bien! je demande... — Oh! tout ce que tu voudras. — Mets-moi, d'un degré de plus, au fond de ton âme. — Et comment? tu es moi-même; nous avons cessé d'être deux. »

Mais il insiste : « Tu m'as dit ton passé, ce que tu fis, souffris, voulus... Que je t'en aimai davantage! Aujourd'hui, ce que je demande, ce sont tes pensées d'avenir... Promets-moi de me dire tes rêves, tes ennuis, s'il t'en venait, tes caprices (eh! qui n'en a?), tes tristesses, les sujets de plaintes qui pourraient te venir de moi... Enfin, si le sort voulait qu'une lueur d'amour te passât, que tu fusses un moment troublée, malade, prends-moi pour médecin. Tu trouverais en moi l'infini de la compassion et de l'indulgence. Nous mettrions en commun ce que nous avons de force. Unis, là encore, nous trouverions dans cette épreuve le secours de Dieu et de la raison. »

Mais elle rit. « C'est cela? ami. Ah! que la chose est facile pour celle qui ne pense qu'à toi ! »

Alors, se posant sur lui, dans un profond embrassement, une avec lui, elle lui dit : « Tu as été mon amant, mon mari, et je t'ai donné mon corps et ma vie, plus même, ma vie d'auparavant; je t'ai dit mes petits secrets. Tu as été mon médecin, ma très-tendre garde-malade, et mon indulgente nourrice. Donc, tu me vois de part en part, comme si un rayon du soleil me traversait corps et âme. Et qu'y peux-tu voir? toi-même. Je me sens transformée en toi. Ce qui viendra en ce cœur, en cette personne, qui est tienne, comment ne le verrais-tu pas? Les germes les plus lointains, l'aube première d'un sentiment, s'il naissait, tu les saisiras avec moi, plus tôt encore. » Et, joignant les mains : « Ma chère âme, sois-en sûre, tu sauras mon âme, même avant qu'elle ait pensé. »

# LIVRE QUATRIÈME

DE L'ALANGUISSEMENT DE L'AMOUR

I

ALLAITEMENT ET SÉPARATION

La maison est changée, plus animée, vivante. Un nouveau centre existe, le berceau, et tout gravite autour. L'âge lacté, la suprême innocence du petit être étend à tout son charme. La pitié, la tendresse, lui asservissent la famille. Le père y sert la mère, et celle-ci l'enfant. C'est un monde, ce semble, ordonné au rebours du monde, mais selon l'amour, selon Dieu : le fort y fait tout pour le faible, et l'empire est au plus petit.

Cette maison aussi, plus ouverte, est moins solitaire. L'enfant souffre, crie, et que faire? on appelle de nouveaux secours. La mère allaite; mais nul moyen que, faible et délicate, elle suffise à tous les soins. Il faut une autre domestique qui, tenant l'enfant dans ses bras, reste toujours présente au sein de la famille, voit, entend tout. Plus tard elle placera son mot, et, par l'enfant, deviendra importante.

Adieu la solitude. L'ancienne domestique vivait à part, ne comptait pas. Ils étaient deux; les voilà cinq.

Changement plus profond. La mère est toute en ce berceau; le monde a disparu pour elle. Il en doit être ainsi, et c'est le salut de l'enfant. Si frêle, il périrait sans cette absorption de la mère.

Le père oublié peut souffrir, mais il est forcé d'adorer. Elle est si belle et si touchante dans cet état de douce ivresse, de tendre inquiétude, que lui-même se dit : « A peine elle est la même !... Jusqu'ici je ne l'avais point vue, point devinée ! »

Quand, penchée sur son fils, palpitante, en extase, elle mire un céleste sourire dans ses yeux incertains, la lueur qui va d'elle à lui transfigure toute chose, nul cœur ne se défend, tout cède .. (Corrége, à Dresde, et Solari, au Louvre.)

L'amour a dépassé l'amour. Il a cru s'incarner, se refaire, se doubler. Et il a fait plus fort que lui. Il ne savait pas faire un Dieu. Il ne lui reste qu'à tomber à genoux.

Est-ce à dire cependant que le miracle ait mis dans le néant celui qui, après tout, l'a fait ? Non, la nature compâtissante a pitié du premier amour. Au moment où la femme paraît tellement distraite de celui qui l'aime, elle lui appartient plus encore. L'imprégnation profonde qu'elle a reçue de lui subsiste, gagne et gagnera. L'amour actif dont elle entoure l'enfant ne fait rien à l'amour passif, involontaire, d'autant plus invincible, qui la possède. Elle songe moins à son mari et l'aime moins de la pensée, mais du sang davantage, davantage de sa vie transformée. Pendant cet oubli apparent qui semble les séparer, se confirme la métamorphose qui les confond de plus en plus.

Ce n'est pas tout, le flot de la vie monte. Les émotions de l'allaitement, si diverses, de joie, de douleur, parfois de volupté mystérieuse qui retentit aux dernières profondeurs, lui font confondre (par un sixième sens qu'on ne peut dire) ses deux amours. Elle tressaille troublée de l'enfant et regarde le père. Quand la belle source coule égale et facile, quand l'enfant épargne sa mère et la dégage seulement de l'excès de la plénitude, elle tombe comme dans un narcotisme, un demi-rêve où sa vie et la leur n'ont plus rien de distinct. Sa personnalité fluide lui échappe; elle est tous les trois à la fois, et surtout dans les deux qu'elle aime.

Si elle pense, dans la béatitude de cette contemplation, c'est pour te comparer toi à toi, — toi qu'elle a aux entrailles, et toi qu'elle a dans le berceau. « Oh! comme il te ressemble! » C'est son mot invariable. Et elle le croit de bonne foi. C'est pour elle une tendre sensualité d'abnégation de dire : « Je l'ai reçu, et il est tout de toi. Moi, je n'y suis presque pour rien. Tes traits, ton âme, jusqu'à tes mouvements, tu y mis tout... Toi-même, tu passas dans ce trait de flamme. »

A quoi ne manquent pas d'applaudir amis, voisines et domestiques, chacun à sa manière, remarquant tel trait différent : « Ceci surtout:... Non, c'est cela! »

Dans ce joyeux Noël, la petite créature, par ses traits indécis et mille ombres douteuses, selon le jour, le point de vue, permet toute illusion. Elle rappelle ou reproduit tout ce qu'on veut. Telle pensée de cet heureux jour, tel incident de cette nuit, telle singularité physique, connue d'un seul, elle montre tout naïvement. « Ah! cette marque qu'il a au visage, je la reconnais bien! la fossette charmante qui se creuse à sa joue, je l'avais vue ailleurs... Si son sourcil se fronce, je sais pourquoi, et ce n'est pas sa faute; un nuage léger passa à ce moment... »

Ainsi, l'enfant, histoire vivante, les charme en

leur contant leurs secrets, jusqu'aux choses qu'ils avaient oubliées. Comment ne pas aimer ce confident délicieux qui sait ce qu'on ne dit jamais, qui représente dans une pureté suprême le moment du brûlant transport ! Image immobile et fidèle, il a fixé, conserve cet éclair d'un moment qui créa l'avenir.

Si bien il le conserve, si bien il est lui-même l'éclair de vie, le bonheur incarné, que près de lui l'ivresse en recommence. Ce n'est pas impunément que sa vue attendrit tellement le cœur. S'ils ne s'aimaient, il suffirait de lui pour éveiller leur flamme. Son père brûle, à ce souvenir. Et elle a rougi elle-même. Elle est émue, veut, ne veut pas. Mais enfin elle reprend la première un peu de raison, et (fut-elle jamais plus charmante?), elle prie et demande grâce : « Épargne-nous... Aie pitié de ton fils ! »

Il est touché. Les voilà tous les deux qui enveloppent le berceau, s'y unissent d'âme, y mêlent leurs pensées d'avenir.

Que sera-ce au beau jour où l'œil de l'enfant s'ouvrira, où ses mains s'agiteront, où il tentera son premier pas ? Que de sentiments, de paroles, vont s'échanger entre eux ! Que de choses ils ont à se dire ! et combien il faut qu'ils s'entendent ! L'enfant est entre eux l'occasion, la nécessité, de mille rapports nouveaux. Disons mieux, sous forme vivante, c'est la communion des deux êtres.

Communion douce et sévère, sous laquelle l'allaitement n'en impose pas moins la tristesse d'un demi-divorce.

On n'a que faire de prêcher le mari. Le médecin, la mère, n'ont besoin de le raisonner. Son amour pour la femme, son amour pour l'enfant lui parlent bien assez. Il s'éloigne, mais le moins qu'il peut, et dans la même chambre. Il fera d'abord lit à part.

Ce n'est pas assez. Sa femme même, par tendresse, l'éloigne encore. L'enfant crie, et, si le père veille, comment se lèvera-t-il le matin à l'heure du travail ? Elle le prie, insiste, et il lutte quelque peu. « Mais, mon ami, si tu deviens malade ?... Nous, nous n'avons que toi. » Voilà un argument vainqueur et sans réplique. Le pauvre homme se résigne. Dépossédé de la chère société dont jusque-là il vécut à toute heure, de tout un monde de privautés charmantes qui firent de cette vie un enchantement, Adam s'en va du paradis.

Le soir du moins, au retour du travail, il avait le

bonheur d'entendre un chant de femme, le chant de ce cœur adoré. Là encore, la séparation se fait. Car l'enfant lui suffit à elle; il est son chant, sa mélodie. Concentrée et le jour et la nuit, dans cette pensée, il ne lui faut rien autre chose. « Mon ami, je n'ai plus de voix. Mes couches me l'ont emportée... »

L'instrument restait, un instrument ingrat, mais varié, le piano, sur lequel elle a passé bien des années. Oh! que ses touches sèches lui semblent aujourd'hui répondre peu aux harmonies immenses qu'elle a dans le cœur, comme un orgue de cathédrale, le profond amour maternel!

Si le mari s'en souvenait, s'il la priait d'en retrouver des notes, elle essayerait sans doute; la complaisance ne lui manque jamais... Mais que faire? depuis tant de mois, ce piano a bien souffert, et la meilleure corde a cassé.

II

LA PAPILLONNE

Ce livre de l'amour ne peut, ne doit pas contenir un second livre sur l'amour maternel. Donc, à mon grand regret, il me faut supprimer ici ce qui arrivait sous ma plume, le charmant développement de l'éducation que l'enfant donne à la femme, autant que la femme à l'enfant. Pour qu'elle agisse sur lui, elle retourne à son âge, elle se remet à bégayer, et l'imite afin qu'il imite. Comédie admirable, où elle montre une si extraordinaire patience, et parfois presque du génie. Sans cet effort si grand, il n'y aurait aucun moyen d'initiation de la vie humaine; nous partons tous de là; nous ne devenons hommes que par cette patience de la femme à se faire enfant.

Vous demandez fièrement pourquoi la femme, arrêtée de bonne heure dans son développement, n'a trouvé aucun art. C'est parce qu'elle a dû concentrer tout l'effort de ses meilleures années sur un art supérieur, celui de créer l'homme, de commencer en vous tous ces développements de l'esprit, ces facultés puissantes, qui vous donnent tant d'orgueil, ingrats!

Cette persévérance inouïe pour franchir la barrière entre elle et cette chose dont elle veut faire une personne, pour dialoguer avec un muet, en tirer quelques signes et faire enfin que la parole et l'âme, l'humanité, jaillisse en lui, cela est au-dessus des forces de l'homme. Il soutient bien la comédie et s'y associe même, pour un moment, une heure peut-être, et c'est beaucoup. Qu'elle répète vingt fois de suite ou trente fois la même chose, il se trouve très-bon, agréable, charmant dans sa bouche, et ses petites grâces pour amuser l'enfant et l'éveiller amusent parfois aussi le grand enfant. Cependant, quand la chose revient des mille fois, des millions de fois, et des jours, et des nuits, et toujours, à peu près la même, il fait semblant de l'écouter, d'y prendre part, ne peut, et pense à autre chose.

Ces quatre ans (ces huit ans, s'il survient un second, un troisième enfant, etc.) vont établir une divergence croissante, et de plus en plus forte entre les époux les plus unis. La femme, absorbée par son rôle de nourrice et d'éducatrice, se renouvelle très-peu, se resserre même dans un cercle limité d'idées. L'homme au contraire, par le progrès du temps, celui de ses affaires, par l'effet de la solitude où le laisse sa femme qu'absorbent les enfants, l'homme, dis-je, agrandit le cercle varié de son activité, de ses relations. Il cède de plus en plus au tourbillon immense de la vie de notre âge, à sa mobilité terrible, qui enlève, dissipe l'individu, le met en poudre, s'en joue, le jette au vent.

Voilà l'écart, fixe et normal, que présente le meilleur ménage. La femme (la meilleure) va se serrant dans un tout petit cercle, et l'homme (le meilleur), s'éparpillant dans l'infini.

Il faut dans l'homme une grande, une bien forte et fixe passion, pour qu'un pareil écartement, une si énorme divergence, n'anéantisse pas l'union.

Cette femme accomplie dans sa sphère, cette mère admirable, comment lutterait-elle contre son adversaire, le monde et sa variété ? le monde étourdissant, scintillant, d'aujourd'hui ?

Nulle personnalité ne tient contre un tel adversaire qui lui oppose cent mille forces diverses à la fois.

Elle est belle, attachante, elle donne un attrait au

foyer. Mais la mobilité prodigieuse de la vie moderne, qui nous porte de moment en moment d'un continent à l'autre sur des ailes de feu, donne à l'homme pour maison le globe, et l'éblouit sur le passage de mille beautés humaines et naturelles qui font au moins distraction.

Je veux qu'elle soit même encore spirituelle, cette femme, amusante, habile à se renouveler. Mais, à chaque heure, le géant aux mille bras, la Presse, apporte à l'homme la nouveauté du monde, nouveauté d'événements, d'accidents, de faits, qui rendrait moins piquante la nouveauté d'idées de l'esprit le plus fécond. Ce renouvellement brutal de l'attention par les faits matériels, blase et endurcit le cerveau.

Qu'elle suive encore, si elle peut, cette personne ingénieuse, le kaléidoscope changeant, amusant, de la mode, elle est dans la concurrence la plus incertaine avec le changement même, tous les hasards de l'imprévu.

Et quelle lutte possible de la personnalité délicate avec les excitants violents, les *spiritueux*, cette barbarie de la civilisation, qui ne veut que des coups de force, des accès, des élans factices, ces *esprits* ennemis de l'esprit ?

Nous l'avons dit, deux forces brutales et sauvages qui se disputent le monde, font une guerre atroce à l'amour :

1° Le besoin, la manie de la variété, la *Papillonne* (mot très-bon de Fourier), qui, longtemps retardée par la monotonie du moyen âge, a éclaté depuis, et se venge aujourd'hui, et fait fureur par tous les moyens à la fois, avec la violence d'une réaction ;

2° Nous l'avons désirée, saluée avec enthousiasme, et voilà qu'elle nous écrase. Fatigué déjà, ébloui, blasé et dégoûté de ce tourbillonnement, de ce papillotage qui lui ôte toute force, l'homme se réfugie lâchement dans une énervation contraire et plus funeste, le pesant *Narcotisme*, dans la rêverie vague et stérile, la fumée du tabac, l'hébétement des alcools.

Combien la femme ici aurait droit de réclamer !... L'homme, je ne dis pas aveuglé par la passion, mais au contraire, celui qui se garde lui-même et vit en pleine lumière, comprendra aisément que les deux ivresses alternées, les deux folies qui donnent l'équilibre de la sagesse, sont au sein de la femme bien autrement salubres et vivifiantes que dans toute cette fausse vie. En elle, le meilleur narcotique, et en elle les meilleurs réveils.

La paralysie cérébrale et l'engourdissement qui d'avance vous fanent le lendemain, sont de tristes moyens d'oubli, au prix de ceux qu'elle eût donnée, — le paradis du soir, le doux repos près d'elle, avec ce don de renouvellement qui aurait enchanté l'aurore.

Et, quant à cet éparpillement infini d'objets qui vous tiraillent, tant de livres neufs qui sont vieux, tant de chemins de fer pour n'arriver à rien, tout cela, vous le dirai-je? me fait l'effet d'un grand complot pour assassiner votre esprit, pour l'accabler d'un monde de choses indigestes, sous lequel, enterré, il ne remuera plus. Ainsi Herculanum reçut en un jour cinq cents pieds de cendres. Ainsi une prairie de la Loire, que je connais, à la fameuse inondation, ayant reçu la charge de deux cents charrettes de pierres, est désormais abandonnée, et n'est plus bonne à rien. Sauve ton âme d'un pareil sort, défends-la de cette inondation. Garde-la par l'amour, et garde-la par la sagesse. Réponds au fangeux océan qui vient à toi et t'offre tant de choses, que tout cela n'est rien près du trésor de l'homme et de la femme qu'ils se gardent l'un l'autre :

Celui de l'homme, un rien, un infini, un atome

de feu, qui fait qu'on aime, qu'on agit et qu'on crée. Je le dis d'un mot : l'*étincelle*.

Et celui de la femme, la douceur d'un cœur pur où vous reposez, la mer de lait féconde, le rajeunissement éternel. Tout cela sous un charme modeste et virginal. La simplicité sainte et la divine enfance.

Quand tu rentres le soir au foyer, et qu'elle vient à toi, le petit dans ses bras, écarte, mon ami, écarte le nuage que laisse sur ton cœur et tes yeux l'éblouissement de tant de choses dont tu fus accablé le jour. Reprends le sens de la réalité après cette fantasmagorie, cette mauvaise lanterne magique où t'ont passé tant d'ombres. Que cette femme avec cet enfant, que son charmant sourire, sa joie de te revoir, son baiser tendre et son enlacement muet, te purifient, te rendent la bonne lumière de la nature. Renouez, je vous prie, vos aimables communications, un peu troublées par tes affaires, par la maternité, par l'allaitement qui t'a sevré... Eh! ne leur garde pas rancune. Est-ce sa faute, à elle? Que n'a-t-elle pas souffert, lui donnant le sang et le lait, quand cet enfant avide, inexorable, brisa ses fibres délicates!... Tu l'aimes, je le sais, tu la vois ravissante dans sa beauté épanouie, portant son fruit divin... Oh! l'étincelle a lui. Vous vous êtes retrouvés les mêmes.

Au vrai, est-ce le pauvre petit qui rompt le tête-à-tête? C'est un rival commode. Donc, tolérez-vous tous les deux, ou plutôt aimez-vous à trois. Demain, il grandira, il n'absorbera plus sa mère. Quelques années encore, il va lui échapper, et, délaissée de lui, elle viendra pleurer dans tes bras.

III

LA JEUNE MÈRE SEVRÉE DE SON FILS

J'ai des pleurs dans le cœur, et pour plus d'une chose. Ce n'est pas impunément que tant de fois je passai (dans l'histoire) le Styx, le fleuve des morts.

Je ne suis pas insensible à mon temps, et j'en sens les mortelles blessures...

Eh bien! tout cela ensemble, qui devrait m'endurcir aux affections privées, me laisse un coin du cœur saignant sensiblement pour ce que j'ai vu tant de fois, la mère qu'on sèvre tout à coup, en lui enlevant son enfant, à qui on emporte son fils.

Ah! comment l'homme fait-il cette barbarie? Parce qu'il prévoit, dit-on. Si l'enfant n'est mis aux écoles, comment arrivera-t-il aux épreuves et aux examens qu'exige l'État?

Pourquoi des examens? dit la mère. — Quoi! madame, si intelligente, ne devinez-vous pas que c'est la seule barrière qui reste? Sans examen, tout est faveur, règne absolu du roi des rois, je veux dire du commis.

Huit ans, dix ans se sont passés. On a eu des enfants et on en a perdu. D'autant plus cher celui qui reste. Et cet unique enfant, il faut s'en séparer. On diffère quelque temps, à cause d'elle. Mais enfin l'âge avance. Le père insiste, et l'arrachement s'exécute. Oh! que la chose est différente entre eux, et le sacrifice inégal! Lui, occupé, distrait d'affaires et de travaux, à peine en souffre-t-il. Mais elle, c'est sa vie qu'on lui ôte. L'enfant avait tout supprimé, l'art, la lecture, tout ce qui occupa jadis la demoiselle. Il part. Vide absolu. Elle est seule dans la maison déserte. Quand le père est absent, plus libre elle pleure à chaque chambre. Là il naquit, là il jouait, là il apprit à lire. Au repas, c'est bien pis. Elle veut faire bonne contenance, ne pas affliger son mari, se montrer forte. Elle n'ose regarder cette place vide. Mais je ne sais comment la chose se fait. Ses yeux l'ont rencontrée... Elle échappe en sanglots.

Que lui reste-t-il, toi? Tu l'embrasses, tu la consoles? Mais ce n'est pas assez pour un cœur si malade. Ce cœur, il est là-bas; il est à cette dure école; il partage le brusque, le cruel changement de situation. L'immobilité, pour un être si libre jusque-là, le travail ingrat et abstrait, la répression sèche et violente! A qui revient le contre-coup de tout cela, si ce n'est à la mère, à qui il écrit, conte tout? Je renonce à dire ses douleurs; j'en ai vu tomber dans le désespoir.

Ce n'est pourtant pas tout. Voici le pire. On s'habitue à tout. Au bout d'un an, il est moins malheureux; il a fait des amis; il joue avec fureur aux courts moments de la récréation. Et, quand sa mère, au bout d'une semaine d'attente impatiente, où elle a compté tous les jours, arrive émue pour l'embrasser, elle le trouve froid et distrait, visiblement occupé d'autre chose. Elle a interrompu son jeu, et elle lui fait perdre l'heure; elle parle, et il n'entend que les cris de ses camarades qui s'amusent sans lui... Cruelle, cruelle blessure! Elle sent combien peu elle lui est déjà nécessaire; elle a été de trop pour lui à ce moment, et il l'a vue sortir avec plaisir. Elle part sans pleurer, et se roidissant de douleur. Mais, en arrivant, elle succombe... « Mon Dieu, qu'as-tu? » Elle ne peut parler, ni presque respirer...

Quelle chute! Elle a perdu son fils, son amour de dix ans... et perdu l'amour ici-bas! Rien ne reviendra de pareil.

Elle est pure, elle est bonne, elle se rappuie sur son mari. Il ne lui vient pas dans l'esprit de chercher nul autre secours et nulle consolation. — Heureux moment pour lui, s'il savait le saisir!

Presque jamais cela n'arrive Il y a trop de choses changées.

Changées en lui. L'homme a fait terriblement de chemin dans ces années de demi-divorce, où elle ne pensait qu'aux enfants. Il a passé par mille épreuves. Il touche à l'âge peu poétique, qu'on dit *positif* (quarante ans), pour la plupart, déjà froid et stérile. Est-il resté lui-même, celui-ci? Je veux bien le croire. Mais, fût-il l'homme à part, exceptionnel et singulier, où la vie ne mord pas le fond, tout au moins a-t-elle attaqué la fleur du cœur, le sens exquis et délicat, qui lui ferait sentir le bonheur d'un retour si doux.

Et elle aussi, elle est changée. Combien en mieux! J'en appelle à Van Dyck. Agréable à vingt ans, à vingt-huit, elle est adorable. Chose curieuse, elle a changé de classe, pour ainsi dire. La première beauté de jeunesse n'atteint presque jamais la haute distinction. La rose était un peu bourgeoise, mais ce lis est royal. La finesse, le mat immaculé, l'irréprochable pureté de son teint, annonce assez qu'aucune passion basse n'a touché à ce sanctuaire. Son innocence visible la rend plus attendrissante encore dans sa mélancolie. Elle souffre, et n'a rien fait de mal. « Et qu'a-t-elle ? » dit-on. « Est-ce son mari qui la rend malheureuse ? — Non, mais son fils est au collége. Voilà sa maladie. » On sourit, et cette douleur peu comprise, qu'on trouve enfantine, laisse pourtant un doute. Quelque autre chagrin est là-dessous. Chacun voudrait le croire, et tous brûlent de la consoler.

Cela n'est pas facile. Car elle a la terreur du monde, le dégoût de la foule et des vaines distractions. Quand son mari l'y traîne, elle revient plus triste. « Eh ! mon ami, pourquoi changer nos habitudes ? Triste ou gai, on est mieux chez soi. »

Qu'elle a raison ? qu'elle est sensée ?... Et toi-même, es-tu sage ? De quoi son cœur a-t-il besoin ? d'amour, et de nulle autre chose. L'amour est-il éteint en toi ?... Non, attiédi, distrait. Quand tu parles de la distraire, c'est tout le contraire qu'elle veut. Elle désire la concentration.

Le foyer a été un peu troublé, les cendres, brûlantes toujours, semblent éparpillées. Eh bien, il faut les rapprocher, les réunir. Il suffit de les concentrer pour ressusciter l'étincelle.

Veux-tu aimer, aimer beaucoup encore, c'est-à-dire être heureux? ressaisis-la, à ce moment, cette femme charmante qui te revient, se remet dans ta main. Prends-la, serre-toi à elle, vis beaucoup avec elle et ne la quitte pas. Tant de fibres vivantes, jadis mêlées de l'un à l'autre, vont se reprendre ensemble, recomposer votre unité.

Je dois t'en avertir. Elle est en ce moment plus riche de grâce et d'amour que jamais. La passion et la douleur ont fait une femme nouvelle, y créant des sources exquises de sensibilité, jouissances pour toi inouïes et profondes, voluptés encore inconnues.

Divin trésor! Bien fou à ce moment celui qui conviera le monde à entrer en partage, quand lui-même ne cherche qu'un seul cœur à qui se donner.

Le monde! le vaste monde!... En prononçant ce mot, elle s'est attristée, la jeune femme, et moi, je m'assombris comme elle. L'infini, l'inconnu, est devant nous. Qu'allons-nous y trouver ? Mille pressentiments nous assiégent.

Ce livre coulait à pleins bords, et je ne pouvais l'arrêter. Il usait trop commodément de la bienheureuse hypothèse d'une vie solitaire, d'un petit monde d'harmonie. Mais comment s'isoler du grand ?

Il ne le permet pas. Si l'on ne va à lui, il vient à vous, il gronde aux portes, comme la vague d'un océan sinistre. Et nulles portes ne l'arrêteront.

Qui es-tu, toi qui frappes si fort ? Es-tu la Patrie ? la Cité ? Es-tu le grand Amour à qui tout doit céder, pour qui les héros immolèrent (plus que la vie) leur propre cœur ?... Ah ! si tu es cela, que la porte s'ouvre toute grande ! non, qu'elle tombe, et que tombent les murs... Car, nous sommes à toi, et nous t'appartenons, corps et biens, âme et vie. Et celle-ci, toute femme qu'elle est (ou disons mieux, parce qu'elle est femme), ne nous démentira pas. Au contraire. Si bonne pour les individus, elle a autant que nous de tendresse pour les nations.

Mais, monde ! tu n'es point du tout ce monde de grandeur, de lumière. Tu es le trouble et le chaos

« N'importe ! j'entrerai, et vous n'y ferez rien. Je suis votre fatalité. Vous me fermez la porte.

Mais vous me respirez, je suis dans l'air. On ne peut m'éviter. Dehors, dedans, vous me trouvez partout.

« Je suis le trouble et le péril sans doute. Et par cela, je suis l'épreuve utile, et il y a en moi un devoir à subir et à affronter. Mon vrai nom est : *Le combat de la vie.* »

IV

DU MONDE — LE MARI A-T-IL BAISSÉ ?

Cette maison n'est plus la petite maison que nous eûmes le bonheur de décrire. Elle s'est agrandie par la force des choses. Les enfants, les relations, les affaires et les intérêts ont amplifié l'existence en tous sens. Nos époux, très-unis et solitaires de cœur, n'en sont pas moins tenus d'admettre ce tiers dangereux, qu'ils espéraient exclure, l'étranger, l'inconnu, le monde. Sans doute aussi, il a fallu habiter un grand centre, où l'activité du mari pût se développer. Enfin, peut-être, et c'est le pis, par cette activité ou par le seul progrès du temps, les bénéfices de la mort, les héritages, etc., nos époux sont devenus riches.

Notez qu'en France une chose manque, qui fait

le vrai fond de la vie anglaise, qui matériellement tient la famille unie. Quelle chose? la porte et le verrou. Ni l'un ni l'autre n'existe en ce pays. Là, la règle est la solitude (solitude aimée, volontaire). Ici, c'est l'exception, une singularité, et rare. Non présenté, et non recommandé, tout homme entre au seul titre d'homme.

L'inscription qu'on lit sur toute porte anglaise, sans qu'il soit besoin qu'elle soit écrite, est : « Je ne vous connais pas. » Sur la française, on lit : « Donnez-vous la peine d'entrer. »

De cette belle confiance qui fait honneur à la nation, il résulte une chose, c'est que ceux que l'on n'admet pas, se figurant qu'on les excepte seuls, deviennent des ennemis. Ceux qu'on admet avec réserve, avec une prudence naturelle, légitime, sont des ennemis plus dangereux encore, étant plus en état de nuire, étant introduits dans la place. Ils y mettent le cheval de Troie.

Les plus blessés, les plus hostiles, sont ordinairement les parents, qui souvent, sans aucun rapport d'idées, de sentiments, n'en prétendent pas moins à la confiance. La femme, très-unie au mari, et qui garde pour lui sa pensée, est sûre d'avoir contre elle toutes les femmes de la famille. Mère, sœurs, cousines, tout lui devient hostile et lui fait la petite guerre. Les amies d'enfance, qui ont gardé un pied chez elle, lui sont très-malveillantes, elles ne lui pardonnent pas sa fixité dans la voie droite. Si elles ne rompent pas, c'est afin d'observer cette maison singulière, cette personne exceptionnelle; elles espèrent toujours qu'un peu plus tôt, un peu plus tard, elle aussi, elle faiblira, et deviendra dès lors d'autant plus dépendante qu'elle a été plus sage, craignant extrêmement le bruit et le scandale, asservie aux amies qui auront surpris son secret.

En la voyant naïve encore, jeune de cœur (l'enfant l'a absorbée); très-neuve, malgré ses vingt-huit ans, on ne désespère pas de la voir à ce moment de faiblesse. Il y faut quelque adresse, mais surtout de la patience, comme à la chasse, la patience rusée du sauvage. Cela ne manque guère aux envieuses. Les années ne leur coûtent point, pourvu qu'elles gagnent un peu à la longue.

Et d'abord en chose innocente. Celle qu'elle croira et consultera sur la mode, touchera aussi, par instants, à bien d'autres sujets. Elle pourra, par badinage et comme étourdiment, lancer dans telle occasion un petit mot sur le mari, le plaisanter de tel léger défaut, ébranler la foi de la femme, qui jusque-là, aveugle tout au moins d'habitudes, le croyait à peu près parfait.

Il y prête. On ne peut nier qu'au milieu de la vie (trente-huit ans, je suppose), l'homme, engagé dans les affaires, acharné au métier, spécialisé fortement dans sa carrière ne puisse avoir notablement baissé.

Il a limité son effort, concentré son esprit, il est plus fort, mais n'est plus harmonique. La beauté qu'il eut à vingt ans, à vingt-cinq ans, où son esprit, son cœur, s'intéressaient à tout encore, et s'animaient de tout, cette jeune grandeur, qui fut près de sa femme sa haute séduction, l'a-t-il gardée? j'en doute. Pourquoi fut-il aimé? Parce qu'en lui on vit l'infini. Mais justement, la force de spécialité qui seule lui a fait son succès dans son métier, son art ou sa science, c'est ce qui l'a limité et lui a ôté l'infini, cette grande illusion de l'amour.

Voici l'aveu que nous devions aux femmes. Il est trop vrai, le mari a baissé.

Il est trop vrai. Il était homme, quand on l'aima; dix ans, douze ans plus tard, il est avocat éminent, excellent médecin, grand architecte, etc. Cela est beau. Mais pour la femme, il était bien plus beau d'être homme, c'est-à-dire d'être tout, d'avoir la haute pensée du tout, l'espoir illimité, et de planer sur toute chose.

Maintenant, que la femme (qui donne le bonheur ici-bas), qu'elle nous juge avec équité. Que serait devenu cet homme, s'il eût plané toujours, s'il n'eût descendu pour saisir la réalité ?

Qu'elle juge. Mais un grand esprit la récuse : « La femme, dit-il, c'est la désolation du juste. » Elle est tout amour, il est vrai; l'amour, c'est la faveur et la grâce gratuite, ce semble. Cependant, qui contesterait qu'il n'y ait aussi dans l'amour une générosité reconnaissante, une tendresse, une haute pitié, pour l'effort de la volonté, la grandeur du travail, qui fait le succès mérité?... Et quelle femme ne sent pas la gloire ?

La gloire même relative. Elle est dans le métier, comme dans l'art. Elle est dans le plus petit cercle, aussi sensible, que dans la vaste sphère de nation ou d'humanité. La femme l'y sent très-vivement. Elle s'y intéresse très-fort. Elle en est très-touchée. Elle ne souffre pas qu'on doute de la gloire de son mari. Et, s'il est forgeron, ne hasardez pas devant elle de dire que celui-ci n'est pas le meilleur forgeron.

Donc, madame, vous voulez la gloire, la réussite, vous voulez que cet homme marque par les œuvres, qui seules constatent la force. Seulement, vous ne vous rendez pas toujours compte des conditions très-difficiles, des efforts obstinés, parfois violents, extrêmes, et je dirai, désespérés, par lesquels on achète le succès.

De ces conditions, la plus dure pour cet homme, c'est d'être marqué par l'effort au membre dont il se sert le plus, donc, de ne plus être harmonique. Celui qui bat le fer, fût-il le génie de son art, fût-il un Dieu, deviendra infailliblement trop haut de l'épaule droite. Que voulez-vous faire à cela ? Supprimez-lui son art, à la bonne heure.

Et qui forge en tout autre genre, aura aussi la marque de son métier, quelque difformité morale, physique. La plus grave, c'est que les facultés non employées s'atrophieront. Si l'artiste n'y prenait garde, fortifiant toujours une partie qui devient colossale, laissant les autres embryonnaires, il pourrait arriver à être un monstre, — il est vrai, un monstre sublime.

———

L'homme antique restait beau et fort, et le progrès de l'âge, pour lui, c'était le progrès dans la beauté. Ulysse, à cinquante ans, revient de Troie, revient d'une longue et terrible navigation où il a tout souffert, et il est le même Ulysse, si bien que seul il tend cet arc que les jeunes prétendants soulèvent à peine. Sa Pénélope le reconnaît à sa force et à sa beauté majestueuse et grandie du malheur. Comment cela ? Il s'est gardé, conservé, par l'usage énergique de tous les dons qui furent en lui. Il est resté l'homme harmonique qui partit pour la guerre de Troie.

Maintenant, prenez l'homme moderne que vous voudrez, le mieux né et le mieux doué, grand de génie, de volonté, il trouve devant lui, à vingt ans, une machine immense et terrible, la subdivision des filières d'arts, de sciences, de professions, par où il faut passer pour arriver à quelque chose. Le but de la vie est changé. Ulysse était né pour agir ; il agit, resta beau. Celui-ci est né pour créer ; la spécialité (la machine à créer) l'absorbe ; l'œuvre est belle, et l'homme risque de devenir laid.

Femmes, ayez donc pitié de lui.

Tenez-nous compte de cet effort immense. Et si nous perdons, lorsque le genre humain y gagne, regardez l'œuvre ; un peu moins l'ouvrier.

Vous donnez libéralement de votre beauté à votre enfant. Nous, nous donnons la nôtre à cette œuvre, notre enfant intellectuel, mais trop libéralement, presque toujours, hélas ! et sans réserver rien.

Maintenant, que serait-ce si nous restions ce que nous fûmes, beaux d'aptitude à tout, et de facilité brillante, au seuil lumineux des sciences, sans en pénétrer les ténèbres; nous resterions, non l'homme antique dans la haute harmonie d'Ulysse, mais l'homme universel et agréable, qui se connaît à tout, ce que le siècle de Louis XIV admirait et recommandait, ce qu'on appelait « l'honnête homme. » C'était le gentilhomme qui ne mettait la main à rien, mais se piquait de bien juger, et finement. Nous dirions aujourd'hui « l'amateur éclairé. » Tels sont les héros de Molière, Philinthe, si vous voulez, Clitandre.

C'est un roi tout fait des salons, un très-bon juge en tout, accepté, invoqué des dames, et leur admiration. Il sait de tout *en général*. Il leur plaît, parce qu'il leur ressemble. Elles savent et font (quand elles font quelque chose), toujours *en général*. Elles restent à l'état d'*amateurs*, n'étant pas de force à comprendre les œuvres de conscience et les chefs-d'œuvre d'effort herculéen (un Ruysdaël, par exemple, l'Estacade aux eaux rousses, le prodige du Louvre.)

Nous nous garderons bien d'exiger d'elles ces terribles travaux (qui impliquent le martyre de l'art). Leur gloire est aux œuvres vivantes par-dessus tous les arts ; en elles est l'étincelle qui les inspire.

Quant aux hommes, c'est autre chose. Ce temps ne les tiendrait pas quittes, s'ils restaient Philinthe ou Clitandre. L'homme moderne, ce tout-puissant mâle, doit incessamment engendrer.

Mais, si l'enfantement de la femme est au prix des douleurs, s'il faut qu'elle souffre neuf mois, et crie souvent vingt ou trente heures, — les grands engendrements de l'homme veulent souvent neuf ans, vingt ans. Et que de soupirs étouffés, que de gémissements supprimés ! Le *han !* du charpentier, le cri du coup de hache, pour le bien asséner, nous l'avons crié tous les jours.

Elles aiment l'énergie et les grands résultats, le principe et le but, mais ne connaissant pas bien le long chemin qui mène au but, n'appréciant ni le temps nécessaire ni la continuité d'efforts, croyant que tout s'enlève par des coups de génie, des hasards heureux de la grâce, elles ne sont sensibles qu'aux succès d'improvisation. Un heureux avocat qui, chaque soir, leur rapporte un succès, un journaliste étincelant qui les éblouit de son feu d'artifice, voilà les hommes aimés. Mais, dans les grandes choses, l'improvisation même veut du temps, et beaucoup de temps. Celle de Michel-Ange, si rapide, pour peindre toute une église, lui coûta six ou sept années d'un acharnement solitaire.

Notez qu'un effet trop fréquent des grands travaux, des grands efforts, c'est de faire perdre la parole. Qui agit ou crée, jase peu. « Des choses, et non des mots. » Les dons brillants qu'on eut peut-être, quand on s'en tenait aux surfaces, on les perd quand on entre dans l'intelligence exigeante, austère, de l'art, qu'on veut des résultats. Il suffit du dernier bavard pour primer et faire taire le plus profond des inventeurs. J'ai eu parfois ce curieux spectacle de voir un agréable dans un cercle de dames rieuses, dominer, régenter un pauvre homme de génie, un des trois ou quatre qui donneront leur nom à ce siècle, le redresser sur son art même, l'engager à étudier.

C'est encore pis dans les affaires proprement dites. Près d'une femme, il ne faut pas d'affaire. Elle veut être elle-même l'affaire unique, essentielle, et toute autre lui est odieuse. Elle ne tient presque jamais compte de l'esprit, du talent, des grandes facultés, qu'on déploie très-souvent au maniement des intérêts. Elle ne veut rien savoir de tout cela. Au moindre mot qu'on dit de ses projets, de ses efforts, de ce qu'on fait et espère pour la famille, elle bâille ou détourne la tête. Enfin, elles veulent être riches, mais n'en veulent nullement les moyens. Que fera le mari? Il ne travaille souvent qu'à cause d'elle. Tel, modéré et sans désir coûteux, pouvait, comme tant d'autres, rester dans cette position libre et légère qu'on aime en France. C'est son mariage, sa maison plus considérable, les enfants survenus, qui l'ont attaché au travail, à un travail ingrat, dont même il ne peut lui parler. Elle va, vient, oisive et dédaigneuse, pendant qu'il se consume de travail, seul en réalité, et gardant pour lui seul l'épine de la vie.

Comment se fait-il, s'il vous plaît, que les romans qui prétendent représenter nos mœurs au vrai, ne disent jamais rien de cela? Pourquoi les hommes qu'on y voit, maris, amants, n'importe, sont-ils tous des oisifs, qui apparemment ont des rentes? Pourquoi messieurs et mesdames les auteurs prennent-ils généralement leurs héros dans les *propres à rien* (passez-moi le mot fort et juste du peuple), fainéants et gens à l'engrais. Pourquoi? par le faible qu'ils gardent, parmi leurs grands discours démocratiques, pour le monde *comme il faut*, pour l'espèce du gentilhomme.

J'ai regret de voir en ce siècle tant de génie usé

dans ce triste genre du roman, employé à scruter nos plaies, à les aigrir. Le roman nous a enseigné à nous pleurer nous-mêmes; il a tué la patience. Il a fait généraliser des misères, des laideurs morales, qui sont propres à telles classes. Sur trente-six millions de Français, trente-cinq ignorent parfaitement tout ce qu'ont peint ces grands artistes.

Du reste, cette littérature morbide ne prend pas fort sur les âmes saines. Elle ne rend guère malade que les malades. Elle n'est pas bien périlleuse au petit ménage dont nous nous occupons. La jeune femme, qui n'a pas été au premier âge mûrie, gâtée, piquée du ver mystique et de l'équivoque religieuse, n'est pas préparée au roman. Un amour sain, loyal et fort, puis l'amour maternel, deux puissants purificateurs, l'ont gardée des contagions. Elle n'aurait pas compris Balzac, ou généralement l'eût vomi. Son livre du *Mariage* que lui-même appelle un squelette, elle y eût senti un cadavre.

On ne la gagnera pas par la bassesse. Les amies qui la tâtent et voudraient l'ébranler, ne manquent de lui prêter en cachette quelque chose de madame Sand. Qu'y voit-elle? Que l'amant ne vaut pas mieux que le mari. Le mari est souvent indigne, dans ses livres, mais l'amant toujours pitoyable. Et que dis-je, infâme, odieux! Raymond fermant sa porte à la pauvre Indiana, celle-ci errante, sans abri que la mort, c'est à coup sûr ce qu'on écrivit de plus fort pour donner l'effroi de l'adultère.

Du reste, il ne faut pas prendre un seul livre à part dans l'œuvre douloureuse de ce grand écrivain. Il faut en voir l'ensemble. Le mari le montre à la femme et lui donne l'idée dominante. C'est, au total, un monument d'histoire pour la faiblesse du temps, une véhémente accusation de l'aplatissement des caractères (dans nos classes aisées). Une femme, née pour le grand, et très-justement exigeante, a cherché où étaient les forts et ne les a pas rencontrés. Elle a dit haut ce que toutes pensent. C'est que l'*homme a baissé* (maris, amants, n'importe), qu'un tel homme ne leur suffit pas.

Si vous n'avez pas l'intention de répondre à cet appel, de reprendre énergie, vous avez tout à fait raison d'avoir peur de ces livres. Ils sont votre condamnation définitive. Mais les hommes qui prouvent tous les jours leur vaillance (dans l'action ou dans la pensée), qui créent la vie nouvelle, ou qui risquent la leur, n'ont guère peur des romans. Ils savent bien que, quand leurs femmes liraient tout le jour les portraits de maris qu'a faits si bien madame Sand, elles ne pourront les reconnaître dans ces tableaux qui leur sont étrangers.

J'écris ceci dans la ville des plus belles femmes

de France, que leurs maris quittent toutes les nuits pour la pêche. De plus, six mois par an, ils s'en vont en masse à Terre-Neuve (où nombre d'eux périssent). Eh bien, dans cette ville, point de bâtards et point d'adultérins, nulle aventure. Si l'on jase un peu d'une femme (et sur dix-huit mille âmes), c'est dans les classes aisées et quelqu'un de la bourgeoisie.

Admirablement sobres, elles n'en sont pas moins riches de formes, de beauté colossale, de main forte, ferme aux œuvres d'hommes. Beaucoup font des affaires. La nuit, elles battent le linge, le jour, courent les rochers dans une nudité intrépide qui ferait le bonheur des peintres. Du reste, elles paraissent ignorer tout à fait qu'un *Monsieur* est un homme. Elles le baignent, au besoin, comme elles feraient d'un nourrisson. Elles se battraient à merveille, si l'ennemi venait, comme jadis ont fait leurs mères qui prirent des Anglais de leurs mains.

Il n'y a pas de roman ici. La poésie de l'Océan suffit de reste; il ne fournit que trop de tragédies. Mais, je vous le déclare, tous les romans du monde peuvent y venir. Les maris, sans difficulté, les permettront aux femmes. Car deux choses les gardent. L'une, qu'on voit assez dans la ville aux très-nombreux habits de veuve, c'est l'idée de la mort, l'idée du danger qu'on court là-bas; cela tient le cœur haut. L'autre, c'est la force, la supériorité de l'homme, affrontant tous les jours plus de dangers que le soldat n'en affronte rarement. De là, sécurité profonde. Ils savent que leurs braves moitiés ne s'y tromperont pas et connaîtront bien les vrais mâles.

Ce lieu original, de grand vent, frais, salubre, et de souffle héroïque, c'est celui où heurtèrent l'Anglais et la Vendée, — Granville, depuis 93, justement nommé *la Victoire.*

V

LA MOUCHE ET L'ARAIGNÉE

Quand je vois l'ardeur singulière des femmes pour faire la guerre aux femmes, l'exquise jouissance que les amies intimes trouvent à perdre une amie, je craindrais aisément pour le ménage que je suis dans ce livre. Une chose me rassure. C'est que, malgré les circonstances de situation qui ont pu relâcher le lien, ils communiquent tout, se confient tout, leurs actes et leurs pensées. La table, le lit commun, donnent les occasions naturelles, et des heures favorables, même à l'homme le plus occupé. Affaires, idées, il lui dit tout, et elle est très-reconnaissante du soin qu'il met à lui faire comprendre les choses même qui semblent hors de sa sphère. Cet effort pour la mettre toujours de moitié dans sa vie, lui compte infiniment près d'elle. Elle y sent son amour persévérant, à travers tant de préoccupations. Elle y sent ses tendres égards pour l'épouse et la mère. Elle en est relevée, honorée à ses propres yeux. Une tendresse si forte et si grave rend la sienne non moins profonde, indépendante des variations (tout extérieures) d'humeur et de caprice. Elle la rend scrupuleuse, attentive à dire tout aussi. Elle prend fort au sérieux la promesse qu'elle fit (fin du livre III), de lui confier ses sentiments et tous les mouvements de son cœur. Il lui en coûte quelquefois pour tenir parole. Restée jeune, moralement vierge, elle a un peu de peine à avouer telle idée fugitive, tel rêve, telle illusion de nature, qui parfois vient à la plus sage. Mais enfin, elle l'a promis. Un instinct juste et droit lui dit que c'est sa meilleure garantie, de vivre en pleine lumière et sous les yeux de son mari. Elle a un sentiment confus des pièges qui l'entourent. Elle n'a nullement la prétention de savoir tout. Séparée jusqu'ici du monde (par son enfant), le plus sûr, pour elle, est de n'y pas faire un pas sans s'appuyer de l'expérience de celui qui y est constamment resté, et vit au champ de bataille des affaires et des intérêts. Les femmes (presque toutes), se perdent par orgueil. Elles refusent de reconnaître que l'homme, forcé de démêler tant de choses compliquées, vivant en plein combat, est bien plus positif. Il faut l'être en affaires, quand chaque jour on peut se perdre, et faire mourir de faim les siens, si l'on se trompe d'une ligne ou de l'épaisseur d'un cheveu.

Les femmes sont très-fines, dit-on. Cela est vrai. Mais cette finesse qu'elles ont dans les choses de sentiment, celles qui n'ont pas couru le monde ne l'ont pas du tout dans la vie. Elles vivent réellement d'à peu près. Aux moments les plus périlleux, elles remettent beaucoup à la chance. Et si elles consultent, c'est le plus souvent la personne dont il leur fallait se garder.

Pour les meilleures, c'est par leur mari même le plus souvent qu'on les entame. Elles sont vaines pour lui, ambitieuses pour lui, et on les prend par là. S'il est puissant, influent, sa femme, bon gré mal gré, se trouve avoir une cour. Elle prend plaisir à cet éclat, qui est un reflet de son mari. Elle devient un but à l'intrigue. Elle voit arriver (non une fois, mais dix), des dames bien posées, estimées, pieuses souvent, actives en bonnes œuvres, et qu'elle a vues dans les réunions de charité, qui amènent, présentent un jeune fils, intéressant, capable déjà de servir le mari, voué à ses idées, tout à fait dans sa ligne. Il a vécu d'études solitaires. Il lui manque le poli du monde. Mais quoi! il est si doux et si docile! il suffirait qu'il fût reçu, un peu conseillé, dirigé, et il deviendrait accompli.

Quand l'affaire est montée et bien poussée, il s'établit un étonnant concert. On ne parle que du jeune homme. Il semble que les rôles aient été partagés. Une parente, admise le matin, le nomme par hasard; elle l'a vu, l'a trouvé charmant. Et le soir, une amie dira en badinant : « Moi, j'en suis amoureuse. » Plus hardie, la femme de chambre rompra bientôt la glace, hasardera en la coiffant de lui dire qu'il se meurt d'amour. Jadis, on achetait Lisette, on payait ses paroles. Aujourd'hui, il n'en est besoin. Elle sait bien que, la dame une fois lancée dans l'aventure, ayant donné prise sur elle, et laissé surprendre un secret, elle sera maîtresse de sa maîtresse, pourra exploiter la maison, régner et piller sans contrôle.

Combien on va plus vite, si le mari, au lieu de protéger, a lui-même besoin de protecteur! s'il est un petit fonctionnaire qui attend l'avancement, un industriel peu aisé qui ne peut aller, n'étant pas poussé par le capitaliste: Là, la corruption est insolente, hardie. Elle ne doute de rien, avance bravement, au risque d'indigner la jeune femme. La bonne amie, la dame confidente, femme déjà d'expérience, à qui elle aura avoué naïvement quelque chagrin de cœur, lui dira qu'en effet elle ne s'étonne pas qu'elle s'ennuie, étant si mal mariée, que cet homme-là est pitoyable, d'incapacité désolante, qu'il la fera végéter à jamais. Elle en dit tant, que l'amour-propre de la petite femme, son bon cœur, l'attachement qu'elle garde au fond, se trouvent sensiblement blessés. Elle se récrie, elle s'emporte. Et la maladroite doit changer de batterie. Il faut l'aider du moins, ce pauvre homme, qui travaille en effet beaucoup. Il faudrait qu'il fût appuyé de quelqu'un qui le prît à cœur, qui eût des reins, qui eût force et crédit, qui seulement le levât de terre ; il irait ensuite de ses propres ailes ; un premier secours fait beaucoup.

Rien de plus vieux que la méthode pour faire que deux personnes s'aiment, qui n'y auraient jamais pensé. Mais cela réussit toujours. Il suffit de dire à chacune que l'autre a le cœur pris pour elle. Le protecteur, la dame, ainsi bien avertis, mis en rapport par un heureux hasard qui ne manque jamais, tous deux agissent comme on avait voulu ; la jeune femme ne manque guère de justifier ce qu'on avait dit d'elle, par quelque légère coquetterie, qu'elle croit innocente, et se permet dans l'intérêt de son mari.

Mais on sait qu'elle l'aime, on sait qu'elle n'irait guère plus loin, qu'il n'y aurait même pas de sûreté à lui en faire quelque ouverture. On risquerait de gâter tout, de la voir échapper. Faire est plus sûr que dire. L'audace, une demi-violence, emporte souvent la chose et fait passer le pas.

―――

On dira non. On croit que ces actes odieux ne se voient guère que dans les plus basses classes. Et on se trompe tout à fait. Cela est très-commun. Mais les dames sont bien plus discrètes là-dessus que les demoiselles. Elles gardent l'aventure pour elles, dévorent leur douleur et leurs larmes.

Parfois, longtemps après, la chose se révèle pourtant, de manière ou d'autre. Nombre de faits de ce genre sont venus à ma connaissance, et par des voies très-sûres. Je n'ai garde d'en reproduire le honteux détail. C'est toujours l'araignée qui circonvient la mouche et la pousse au filet.

Un seul point essentiel. C'est qu'en ces faits, la faible créature n'apportait pas du tout une intention perverse de trahir, que la volonté était pour peu ou rien dans l'acte, et qu'au contraire c'était par l'acte (forcé, presque forcé) qu'on corrompait la volonté.

Un point grave à noter encore, c'est que l'amie qui livrait son amie, savait d'elle-même des circonstances de vie, de tempérament, de santé, d'époques mensuelles, etc., qui lui faisaient apprécier ce qu'on pouvait oser, les situations, les moments, où la femme est toujours plus faible, plus facile à troubler d'émotions quelconques, de surprise, au moins de frayeur.

Et le troisième point, c'est que plus la chose est imprévue et invraisemblable, odieusement absurde, et plus elle est facile. L'indignation est plus grande, dira-t-on. Oui, mais la surprise est plus forte, foudroyante et paralysante. La volonté, qui ne s'attend à rien, n'apparaît même pas, et la fatalité fait tout, ne laissant revenir la personnalité brisée qu'après, pour en tirer peut-être une seconde de consentement physique qui n'est point un consentement.

Elle pleure, elle veut tout dire, et n'en fait rien. L'amie lui montre le péril d'un si terrible éclat, et pour une chose où on ne peut pas revenir. Quels seront la fureur, l'emportement de son mari ? La croira-t-il forcée ou consentante ? Il ira demander raison à cet homme, bien plus adroit, plus exercé aux armes, et qui le tuera pour réparation. « Ma chère, au nom de ton mari, je t'en prie, ne dis rien. Qui sait? il en mourrait, tout au moins de chagrin. Tes enfants seraient ruinés, votre existence bouleversée... Cet homme est si puissant pour nuire ! Il est très-méchant quand il hait et qu'on le pousse. Mais il faut l'avouer, il est zélé aussi pour ceux qu'il aime. Il voudra expier, t'apaiser... Il fera tout pour ta famille, pour l'avenir de tes enfants. »

Et en effet, le lendemain, on vient dire à la jeune dame qu'il est désespéré d'avoir été heureux, il se tuera, si on ne lui pardonne. Car c'est le cœur qu'il eût voulu gagner. Déjà, il a agi pour le mari. Il brûle de le servir, et jamais on ne vit tant de bonne volonté. « Ma chère enfant, ce qui est fait est fait. Hélas ! nous autres femmes, nous sommes obligées de souffrir et taire bien des choses. J'ai eu ma part aussi... Mais, enfin, dans cette vallée de larmes, il faut bien toujours se résigner, s'humilier... ma fille, et pardonner. Il faut prendre de bons sentiments, et ne pas être implacable pour son ennemi. Véritablement, celui-ci est dans l'état le plus terrible. Il semble fou... Tu en aurais pitié. »

Cette éloquence amène un rendez-vous, celui-ci volontaire. L'intérêt de la famille a commencé la corruption. Scène violente, comédie bien jouée de douleur et de désespoir. Grandes promesses, éternel dévouement au mari. Le tout si pathétique, que l'amie même en pleure. L'attendrissement gagne. La jeune n'est point inexorable... Jusqu'où va le pardon ?

Cependant les choses traînent. Et rien ne s'accomplit de ces grandes promesses. Elle se meurt de regret, de remords. On lui donne je ne sais quelle excuse. Enfin, les prétextes épuisés, l'amie profite de son impatience. « Mais, ma chère, j'écrirais... Oui, si j'étais à votre place, je le sommerais de sa parole, je le ferais rougir, je dirais qu'après ce qu'il a fait, et ce que vous avez pardonné, après tant de bontés nouvelles, il est horrible qu'il oublie. » Ce mot, ou quelque autre analogue, écrit sous la dictée, par l'imprudente, la livre pour toujours. L'ami et l'amie, désormais, la tiennent et sont sûrs d'elle. On lui parle sur un autre ton. On priait, on commande. Elle a un maître ; à tel jour, à telle heure, ici ou là, on lui dit de venir, et elle vient. La peur qu'elle a du bruit, et je ne sais aussi quel magnétisme, comme celui qui attire l'oiseau vers le serpent, la ramènent pleurante. On la trouve bien plus belle ainsi. On rit. Pour les promesses, on ne s'en souvient guère.

Quand il en a assez, est-elle libre au moins ? Point du tout. L'amie a le papier, elle la leurre d'espérances nouvelles, invraisemblables, absurdes.

N'importe, il faut marcher, vendue et revendue, subir un autre protecteur, qui, dit-on, fera mieux, et souvent ne fait rien encore.

Servitude effroyable, qui dure tant qu'elle est belle et jeune, qui l'enfonce de plus en plus, l'avilit et la pervertit. Eh! que n'a-t-elle le courage de risquer tout plutôt, d'aller se jeter dans les bras de son mari, de lui tout dire! Quel que fût le premier moment de colère, elle trouverait en lui, à coup sûr, plus de compassion.

Mais cette vie de honte a brisé le peu qu'elle avait de nerf et de résolution. Elle s'y plie, et chaque jour est moins capable d'en sortir. Si parfois son tyran femelle, qui ne la ménage guère, par quelque mot aigre, ironique, la pique, et la réveille encore, si elle regimbe un moment et dit : « Je ferai tout savoir! » — « Mais, ma chère, dit l'autre, on rira. On ne te croira pas? Et, quand on te croirait, on n'en rirait pas moins. » — « Il est une justice, madame. » — « Erreur, ma fille, les jurés, pour ces affaires-là, veulent des preuves plus claires que le soleil. Plus d'un enviera le coupable. Telle est l'opinion en France. On part toujours de l'idée que celle qui résiste le plus, consent au fond, pour un moment, du moins. Que veux-tu? C'est ainsi qu'on a toujours pensé, et pourquoi toujours on a ri. »

Cela n'est que trop vrai. Ceux même qui liront

ceci, ceux qui voient les mœurs d'aujourd'hui, et l'empressement de tant de femmes à rechercher le déshonneur, diront, je pense : « Il n'y faut pas tant de façons. » Ils ignorent ou ne veulent pas savoir ce qui est vrai pourtant, mais plus caché. C'est que nombre de femmes ne font le premier pas hors du devoir que malgré elles, conduites à leur insu, poussées habilement où elles ne savaient pas aller, et enfin surprises et contraintes. J'entends une demi-violence, assez pour dompter la faiblesse, qui s'est trop avancée, et qui, se voyant prise, perd la tête et succombe. Dès lors, elle croit que c'en est fait, à n'en point revenir, et elle succombera tous les jours.

« Elle a consenti, » dira-t-on. On peut prouver qu'elle s'est avancée par telle légèreté, telle coquetterie, telle œillade imprudente. »— Il serait bien dur de juger sur cela. Etait-ce là un encouragement sérieux, un engagement au déshonneur ? Toujours elles veulent plaire, on le sait. Elles ont le tort de croire que l'homme est généreux, que celui dont elles réclament une chose juste, et pour leur famille, se croira payé d'un regard. N'est-ce donc rien en effet que d'avoir le bonheur d'obliger une femme, d'avoir d'elle le sentiment tendre que la plus innocente accorde à la reconnaissance ?

Si le malheur veut qu'elle soit enceinte, d'autant

plus durement, on dira qu'elle a consenti. Vieille erreur, dont la fausseté est connue aujourd'hui. La nature n'a que faire du consentement. C'est l'époque qui en décide. Quatorze jours au moins, sur vingt-huit, la chose est à peu près fatale ; l'opposition complète de la volonté, la douleur et le désespoir n'y font rien.

J'en suis fâché pour Cervantès, partout ailleurs admirable de bon sens. Il a flatté le préjugé brutal, et cherché le sot rire, dans l'épreuve que son roi Sancho impose à la fille plaignante. La vigueur qu'elle met à défendre une bourse d'argent, devant le tribunal, au grand jour, et ne craignant rien, ne prouve aucunement qu'elle ait pu, surprise et effrayée, la nuit, défendre aussi bien son honneur.

Une vieille loi allemande (de Souabe), exagérée dans l'autre sens, a cependant très-bien compris qu'en ceci la surprise est tout, que le crime est déjà tout entier dans l'audace du début, dans la main mise sur un être timide, vaincu d'avance par l'excès d'émotion. Elle ordonne la mort de celui qui a mis la main sur la vierge et l'a échevelée (*discapillata*).

Ceux qui croient établir matériellement que la femme peut se défendre, en parlent comme d'une chose froide, inerte, sans émotion, d'un marbre ou d'une bûche de bois. Mais tout physiologiste, tout médecin, et quiconque connaît ce pauvre être nerveux, qui vibre, frémit d'un souffle, que la nature veut faible et désarme chaque mois par la souffrance, celui-là dira que la nature aussi veut qu'elle soit toujours protégée, qu'elle marche sacrée et respectée, que tous prennent sa cause, écoutent sérieusement ses plaintes. A nous de la défendre, car elle ne le peut elle-même.

Il faut laisser aux scolastiques la sotte opinion qui met une ligne précise, une opposition bien tranchée, un abîme, entre *consentir* et *ne consentir pas*. Dans une chose tellement mêlée de l'influence du corps et de celle de l'âme, mêlée de liberté et de fatalité, il y a des nuances infinies, et je ne sais combien d'états intermédiaires et mixtes, où, ne consentant pas, on cède.

J'ai passé toute ma vie à réclamer les droits de l'âme contre le matérialisme nauséabond de mon temps. Ici cependant il faut dire des paroles justes, de bon sens (point matérialistes). C'est que le corps agit pourtant, c'est qu'au sujet dont il s'agit, les deux actions se croisent, prévalent tour à tour, se succèdent dans une confusion et une rapidité terrible.

On ne peut pas parler de nos forces volontaires comme d'une barre de fer, d'un verrou, qu'on tire, qu'on ouvre ou ferme simplement. Il n'en va pas ainsi. Tout est bien autrement complexe. Il serait bien plus juste de comparer ces forces à une chose infiniment susceptible de plus et de moins, comme à un thermomètre, divisible en je ne sais combien de degrés. Pour mesurer, dans l'acte, sa vraie moralité et le degré de peine qui lui revient, il faut chercher quel fut le degré de la volonté, quel aussi le degré de fatalité qui s'y mêle presque toujours. Sans cette attentive appréciation, le meilleur juge peut errer, être trop faible ou trop sévère. Telle qu'il épargnera, a voulu et osé. Telle qu'il accablera, a subi et souffert, n'a pas consenti, même du trentième de la volonté.

« Et les vingt-neuf degrés restant qui ont décidé l'acte, de quelle façon les comptez-vous? » — Mettez-en vingt pour la surprise, la peur de se sentir sous une main forte, et cruelle au besoin (que ne peut faire cette furie?). Puis, si la résistance dure; ajoutez-y, pour huit ou neuf degrés peut-être, ce que l'impatience féroce n'épargne guère, quelque choc rude, quelque douleur aiguë qui paralyse. Enfin, l'émotion (car la pauvre n'est pas de pierre). Si, à cette douleur tout à coup suspendue, succède une sensation non douloureuse, c'est pour elle comme pour le condamné la grâce sur l'échafaud. Voilà ce malheureux trentième de volonté sans volonté, ce prétendu consentement. Le coupable est-il moins coupable? Il l'est plus; cela même, loin d'atténuer le crime, en fait l'horreur. Il a profané l'âme.

Un sage magistrat disait qu'en toutes causes de femmes et même en bien d'autres encore, pour l'éclaircissement du degré réel de volonté et de fatalité, les tribunaux auraient besoin de l'assistance permanente d'un *jury médical*. Ce n'est rien d'appeler par hasard un expert pour une circonstance matérielle. On doit toujours tirer à clair la question capitale, et très-obscure, le degré de la volonté.

Il faut là tout le secours des sciences physiologiques. C'est quand les médecins auront dit ce qu'il y eut de physique, de matériel et de fatal, que le juge commencera son œuvre en conscience, le blâme, le redressement et la correction de l'âme, la médication de pénitence et d'amélioration.

Au moyen âge où toute science était théologique, le magistrat avait soin d'avoir près de lui le *juge clerc*, c'est-à-dire *savant*, pour éclairer sa conscience. Aujourd'hui, nous n'en doutons pas, nos tribunaux de plus en plus voudront voir près d'eux la lumière de science qui, tout au moins, montrerait la moitié des choses. J'entends par là le médecin, le physiologiste, qui, sans prétendre influer trop, aiderait cependant, et souvent prêterait le fil au juge pour pénétrer lui-même aux ténèbres de la volonté.

VI

LA TENTATION

Si j'ai parlé de ces choses tragiques, étrangères au petit ménage qui fait seul l'objet de ce livre, c'est uniquement pour avertir les imprudentes mouches des manœuvres de l'araignée. C'est pour rappeler à ceux qui négligent la femme, l'oublient presque, et s'étonnent ensuite de leur triste aventure, qu'ils en sont cause eux-mêmes et sont très-justement punis.

Ceux qui, tout au contraire, s'écartent peu, restent ensemble, mêlent chaque jour toutes leurs pensées, n'ont guère à craindre ces complots. Ils les voient d'avance, ils en causent, en rient de mépris, de pitié.

Grand honneur pour la femme de se conserver

libre et pure parmi cette flétrissure universelle, quand ses parentes, ses amies de jeunesse, subissent presque toutes un servage de honte. — Elles affectent d'abord de la trouver étrange et ridicule. Tout cela ne mord guère. La voyant rester ferme, inattaquable, il leur faut bien se résigner. La voix publique, le suffrage des personnes indifférentes et désintéressées lui assignent son rang moral. Dans sa dignité simple, jeune encore, sans le savoir ni le vouloir, elle prend autorité. On la consulte, on estime celles qu'elle reçoit. Sûre et discrète, cependant elle avertit expressément qu'elle ne veut savoir nul secret qu'elle ne puisse dire à son mari.

―――

Peut-elle ignorer l'avantage d'une telle position et n'en pas avoir quelque orgueil? Cela est difficile, mais on ne le sent guère. On lui voit seulement la gravité modeste d'une jeune dame, honorée de son mari, souveraine du cœur autant que de la maison, qui dans sa sphère gouverne, et, dans la sphère de l'homme, dans les affaires, est au courant, est consultée, parfois conseille utilement. Même dans les idées et la conversation générale, la femme de trente ans, d'un esprit net et pur, qui n'a pas traîné dans les basses régions, brille souvent d'une lumière que n'a pas l'homme de quarante, spécialisé et un peu fatigué.

Elle a atteint le moment de sa force. On le sent à une certaine expression, grande et sereine, que sa beauté a prise. Elle fleurit et s'enrichit d'une charmante plénitude ; jamais sa peau ne fut plus blanche, et elle est redevenue délicatement rosée. Toujours sobre, elle n'est pas pourtant indifférente à la table. Elle devrait marcher davantage ; mais elle a tant à faire à la maison, elle la quitte difficilement, et sa vie sédentaire fait qu'elle a un peu trop de sang. Elle rougit aisément, parfois sans cause. Le flot lui monte subitement à la tête, ses beaux yeux brillent alors, et plus qu'il ne faudrait.

Elle vit et jouit de la vie, mais dans une mesure qui pourrait ennuyer toute autre. Sa petite sensualité sera parfois d'aller seule au jardin se cueillir quelque fruit un, puis deux, puis plusieurs. Pourquoi furtivement, étant maîtresse de tout et ne pouvant que se voler soi-même ?

Elle se donne un peu de bon temps ; elle est dormeuse. Son sommeil, parfois lourd, n'est pourtant pas toujours paisible ; il a de subites chaleurs, où elle rougit fort et s'agite. Au matin, son mari, éveillé et qui la contemple, n'est pas sans s'en inquiéter. Que faire ? C'est qu'elle rêve. Ou plutôt son jeune sang, abondant, généreux, rêve pour elle. La fée malicieuse des songes se joue justement des plus sages ; elle soumet la nuit à ses folies celles qui en font le moins le jour. Mais celle-ci est si scrupuleuse, qu'à peine réveillée elle se fait l'effort de dire tout : confessée, absoute, embrassée, elle est heureuse et tout épanouie, ne s'en souvient plus elle-même.

La vie physique s'éveille souvent tard chez la femme, à l'époque qui semblait devoir donner le plus de calme, quand sa santé s'est affermie, quitte des maladies de jeunesse et des premières épreuves de la maternité. Tout régularisé, tout marchant en ordre parfait, la position meilleure et plus aisée, l'enfant ayant un peu grandi, s'étant fait aux écoles, le cœur de mère calmé, la bonne épouse ayant tout accepté de son mari, en sachant le fort et le faible, et gouvernant un peu, enfin toute l'existence acheminée dans l'allure insensible d'un chemin de fer à petite vitesse !... Mais quoi ! s'il suffisait de bien peu pour faire dérailler ?

Nos dames de commerce, les plus intelligentes de France, qui vivent en public comme dans une maison de cristal, et qui, par conséquent, sont très-faciles à observer, donnent lieu à une remarque : c'est que beaucoup d'entre elles, du reste régulières, ont quelque faible pour leur meilleur commis. On le sait, on dit tout d'abord que c'est aux dépens du mari; mais cela n'est pas toujours vrai. Si l'on pénètre davantage, si l'on connaît l'intérieur plus à fond, on voit souvent qu'il n'est pas moins aimé, que la prédilection de la dame s'adresse à celui que lui-même aime et estime, qu'il croit, non sans raison, lui être le plus dévoué. J'ai vu parfois cette idylle dans une boutique. Innocente idylle, ce semble, mais non moins dangereuse, car la pente est glissante. Le jeune homme, ravi d'être ainsi adopté et si bien accepté des deux, peut être très-loyal d'abord ; il les aime, les distingue à peine dans son affection. Mais les choses pourtant vont leur chemin, et les beaux yeux de sa maîtresse, qui le troublent de plus en plus, lui font trouver la vie très-malheureuse. Tous les trois le sont bientôt. L'idylle tourne à la tragédie, et celle-ci a son dénoûment, la séparation, la chute ou parfois le suicide.

Notons seulement, de ceci, une chose, peu remarquée encore, mais très-réelle : c'est qu'une bonne femme, d'un cœur loyal et tendre, qui a le malheur de faiblir un peu, ne faiblit guère que du côté où son mari penche aussi, je veux dire vers celui que le mari préfère. qu'il s'approprie, se subordonne, et dont il fait un autre lui-même.—Au contraire, loin d'aimer tout homme supérieur au mari, l'épouse lui est très-malveillante ; l'éclat qu'il a de plus, elle en est envieuse, le hait et le conteste, et n'en est point du tout séduite. J'ai vu cela non pas dix fois, mais cent, dans nos classes bourgeoises.

Les pires, au contraire, les déloyales, qui ne pèchent point par faiblesse, mais par expresse volonté, ne manquent pas d'aller chercher, d'attirer l'homme hostile, celui dont la supériorité apparente ou réelle humiliera le mari, le rendra ridicule, l'abreuvera de honte et d'ironie. Qui aiment-elles au fond? Ni l'un ni l'autre. Leur chute n'est pas affaire d'amour, mais de vanité pure, et c'est par orgueil qu'elles se déshonorent. L'absence de cœur explique tout. Aussi ne se relèvent-elles guère. Où le cœur manque, rien ne supplée.

Pour revenir à la jeune dame si bien posée dans l'harmonie morale et si unie à son mari, s'il lui survenait quelque trouble, ce ne pourrait être qu'une surprise de cœur, dont lui-même serait un peu coupable. Leur situation, leurs vertus, la magnanimité de cet homme excellent, peuvent amener de la manière la plus honorable un incident, non dangereux, mais douloureux pour elle, qui lui rappelât qu'elle est femme et fît saigner le pauvre cœur.

Un neveu du mari, tout à coup orphelin, leur est retombé à dix ans : on s'est empressé de le faire venir. Il leur est arrivé (de Pau ou de Bayonne) gracieux enfant béarnais, point timide, tout plein de gentillesse et de malice. Madame, alors bien jeune, qui n'avait que vingt ans, ne l'a pas moins reçu comme une mère, a pleuré la sienne avec lui et plus que lui, l'a comblé de caresses. Il est mis aux écoles, revient chaque année en vacances, de plus en plus vif, agréable, doux et hardi, et ne doutant de rien. Il a douze ans, quinze ans, toujours reçu très-tendrement, comme un frère aîné de l'enfant. On ne lui envie point (pas plus qu'à l'autre si petit) les caresses innocentes. Seulement, l'effet est différent. Un jour que devant son mari elle joue à courir avec lui, elle est, comme on peut croire, tout d'abord attrapée, prise... Il faut qu'elle paye d'un baiser, laisse faire... Mais ce n'est pas le seul ; au second, elle perd la tête, rend, et plus qu'il ne donne ; elle reste un moment sans force dans ses bras : plus de respiration. Il est très-rouge, elle très-pâle. Il ramène en riant la tremblante colombe. Le mari rit aussi, elle point ; elle a la fièvre et elle la garde tout le jour.

Dès cette année, on peut le croire, elle commence à avoir un peu peur et devient plus prudente. Lui, il se développe dans toute la vivacité de la grâce méridionale, causeur, conteur spirituel et charmant, hâbleur peut-être ; mais toujours on le croit. L'atteinte est vive pour la dame du Nord, le contraste parfait avec l'homme sérieux, occupé, qui donne peu aux dehors, qui concentre sa flamme pour l'action et les grands résultats.

L'agréable arrivée du jeune homme est la fête de la maison, et aussi un brusque changement de toute chose. Il y a plus de soleil, ce semble, et du bruit et des rires (on en entend bien peu là où il y a un vrai bonheur). Pour elle, elle rit et elle est triste. Ce contraste la frappe elle-même et l'inquiète. Elle ne se sent pas très-bien portante, et, les Messieurs sortant ensemble, elle reste, elle veut se recueillir, se consulter.

La voilà seule, en ce petit jardin, en ce même jardin où, dix ans auparavant, au jour sacré où elle devint enceinte, elle se promena à l'aurore, non moins émue, quoique si pure. La voilà en présence des mêmes fleurs qui s'attendrirent pour elle, et lui jurèrent qu'elle était innocente. « Mais qu'en diraient-elles aujourd'hui ? Je n'ai rien fait et rien voulu de mal... je l'aurais dit à mon mari. Je suis troublée pourtant, je ne me sens pas bien... Pourtant je n'ai rien à lui dire. » — « Beaucoup, madame. » — « Mais qui donc a parlé ? Il n'y a que moi et cette rose. Dans quel éclat elle est, comme elle est rouge (il me semble, du moins), rouge de feu... Est-ce par la couleur qu'elle parle, et que veut-elle dire ? »

VII

UNE ROSE POUR DIRECTEUR

Ne la cueillez pas, madame. Elle deviendrait muette. Hors du sein de la nature, elle sécherait sur le vôtre, vous ayant seulement enivrée et troublée de ses parfums. Penchez-vous, et écoutez. Voici ce qu'elle vous dit :

« Vous allez et vous venez ; vous fûtes créée mobile ; moi, je reste sur ma tige. Vous m'admirez dans mon calme, dans ma royauté de rose. Telle je suis, parce que je me tiens fidèle à mes harmonies.

« Je ne suis pas un joujou à mettre dans les cheveux. Je suis une créature sérieuse, une puissante énergie de vie, œuvre et ouvrière à la fois, pour accomplir un mystère. Mon moment est court ; j'ai hâte d'assurer une grande chose, la durée d'une race divine, l'immortalité de la Rose. Et voilà comment, madame, je suis une rose de Dieu.

« J'ai ma tige, et j'y reste forte. Dispensez-moi de l'honneur de mourir sur votre sein. Laissez-moi pure et féconde... Et soyez-le, comme moi !

— « Oh! que tu as bien parlé ! Que je voudrais te ressembler ! être aussi une rose de Dieu !...

« Mais, ma rose, en conscience, es-tu donc d'avis que j'avoue ?... Et qu'avouer ? Un nuage, un brouillard que moi-même je démêle à peine, un rien... Et pour m'en alléger, j'irais lui percer le cœur ?...

— « Vous avez promis de dire tout...

— « O rose, tu sais l'amour des fleurs, tu ne sais pas l'amour des femmes ! Du moment où je l'aurai dite, cette chose, elle prendra en moi une force subite, une chaleur nouvelle... La révéler, c'est la grandir.

— « Oh! que vous êtes malade! vous le défendez ce secret, vous le couvez, le caressez, comme vous feriez d'un enfant. Vous tremblez qu'il n'aille au jour, qu'il n'endure la pleine lumière... Et vous avez raison, madame, car rien de plus délicat. Du moment qu'un amour furtif est avoué, il est compromis. Il peut brûler, mais pour s'éteindre. Cette profanation lui porte malheur... S'il s'agissait de le dire à une amie, à un bon père, patient et compatissant, vous y courriez... Vous auriez la jouissance d'en parler, de le nourrir, cet amour; vos larmes seraient un péché de plus... Il faut le dire à la victime, à celui qui va en souffrir, mettre en commun ce secret de douleur. Qu'il saigne! mais vous saignerez, et vous vous arrêterez. Le rêve aura perdu ses ailes; vous vous retrouverez dans le vrai, dans la douleur infinie où vous verrez ce cœur sanglant... Vous êtes bonne et tendre; l'amour vous reviendra par la pitié. »

. . . .

Elle obéit. Elle ramasse tout ce qu'elle a de force et de courage. Au déjeuner, où le jeune homme est absent, elle dira tout. Elle s'asseoit, faible et défaite, et comme une condamnée! Mais le cœur lui bat trop fort; la langue reste embarrassée!... Enfin, par un suprême effort, elle demande à son mari si cette vie d'oisiveté est bien bonne à son neveu. Ses études sont finies. Ne serait-il pas temps de le placer? de lui trouver de bonne heure ces positions qui du moins préparent et ouvrent la carrière... Il la regarde surpris. « Mais quoi! ma chère, il arrive. Et pouvons-nous donc le renvoyer?... Je voyais bien qu'en effet tu étais très-froide pour lui... Te serait-il antipathique? — Oh non! — Eh bien alors, tu l'aimes? — Mais, mon Dieu! si cela venait.... »

Une montagne à soulever lui eût moins coûté... Elle retombe comme anéantie; elle est prête à s'évanouir... Tous deux extrêmement pâles... Mais lui, fort dans la mort même, le cœur percé, il lui tient compte de sa loyauté héroïque. Un seul péril, avec elle, est à craindre, qu'elle ne meure de son déchirement et de sa vertu.

Il lui serre vivement la main; et ils se séparent en silence. Mais, comme le feu dont on a brusquement écarté la cendre, la passion éclate; le trouble, le bouleversement intérieur ne peut se cacher.

L'amour est chose si puissante, qu'entrevu, par son reflet seul, il enflamme tout. Le cœur le plus froid s'allume; l'orgueil infini, l'âpre joie, le violent bonheur de la découverte, crée chez le jeune homme, le moins préparé, un flamboiement immédiat de passion. Quelle en fut l'expression, favorisée par l'équivoque de la tendresse légitime, et pour ainsi dire filiale? On l'ignore. Mais la pauvre âme, hors d'elle-même, et trop faible pour résister à ces combats, parvenue enfin au soir, au coucher, à peine au lit, se jette aux bras de son mari en suffoquant de sanglots.

Il l'embrasse, essaye en vain de la calmer, de l'affermir. C'est à la longue seulement, après un déluge de pleurs, que, le tenant toujours serré et ne

voulant point le lâcher, elle parvient à dire enfin :
« Garde-moi, aie pitié de moi, soutiens-moi… Je sens que j'enfonce… Si faible est ma volonté, que d'heure en heure elle glisse, et elle va m'échapper… Que dis-je? c'est elle qui m'entraîne, et je n'ai de force que pour me noyer… Oh ! que j'ai eu tort d'être fière ! j'en suis punie. Je suis plus faible que n'était notre petit au berceau… Je t'en supplie, prends-moi comme un enfant, et traite-moi en enfant, car je ne suis que cela. Tu as été jusqu'ici trop bon pour moi, sois sévère et sois mon maître. Châtie-moi. Le corps maté, mortifié, me guérira l'âme… Il faut que je te craigne un peu, que j'aie peur. Meure ma volonté !… je n'en veux plus, je te la donne… C'est toi qui es ma volonté véritable et ma meilleure âme. Mais ne me quitte point d'un pas pour qu'à chaque chose je puisse te demander si je la veux et si je dois la vouloir. »

Cette humiliation profonde d'une personne innocente et irréprochable, remplit de douleur celui qui l'aimait. Hélas ! la voir tomber là, cette reine de pureté !… Il cache sa vive impression, et fait un effort pour sourire : « Ma chère, il ne suffit pas que tu demandes cela, mais il faut que je le puisse… Oh ! comment ne sens-tu pas qu'il n'est rien en ton corps chéri qui ne me soit aussi sacré que le tombeau de ma mère?… Où prendrais-je la résolution pour une si grande barbarie?...

— « Mais si cela me fait du bien, ami, si cela me sauve. La crainte, a dit Salomon, est le commencement de la sagesse. Je sens que j'ai besoin de craindre, besoin d'être humiliée. Je t'aimerai bien davantage. Madame ***, que tu connais pourtant bien franche et bien fière, me le disait l'autre jour : « Celle qui une fois s'est courbée sous la main de « son mari, qui en a bien su le poids, qui a prié, « demandé grâce, lui est d'autant plus attachée « pour sa tendresse sévère, pour ce souvenir du « passé et pour ce qui peut revenir. »

— Non, nous ne retournerons pas à ces barbaries d'autrefois. Grand Dieu! j'aurais épousé une âme et une personne, et j'en ferais une chose! un néant!... Je n'ose y penser. Mais, ma chère, quel que puisse être ton accablement, songe donc toi-même que le vœu de mon amour, ce que j'ai tant désiré, voulu et recherché en toi d'une si grande ardeur de cœur, c'était d'aller à ton âme, d'arriver au plus profond de ce sanctuaire moral... Que ferai-je, si je t'écoute, si je brise ta volonté, si je t'avilis par la peur? J'aurai perdu justement pour toujours mon plus cher espoir. Que pourrais-je attendre de vrai, de sûr, d'une personne servile, qui aurait tremblé une fois, qui, placée si bas, ne pourrait se relever, et peut-être ne le voudrait plus?...

L'âme humaine n'est que trop portée à s'abandonner elle-même, à se trouver bien de sa honte, à y chercher, y savourer une sensualité d'amour.

« Et si je tue ta volonté, avec quoi m'aimeras-tu ?... Non, je veux que de plus en plus, tu deviennes une personne, une âme, une liberté, libre contre moi, s'il le faut.

« Je l'ai voulu, mais pas assez. Je n'ai pas assez constamment cultivé et nourri ton cœur. De là, ce moment fatal... A qui la faute ? Au travail, aux affaires, aux intérêts, aux soins que j'eus de ta fortune, de celle de nos enfants. Homme imprévoyant ! c'est pour la famille que j'oubliais la famille !... Et, pour je ne sais quel bien, j'ai failli perdre mon bien, le ciel que j'avais dans les mains, toi, mon trésor incomparable... Merci pour ce coup cruel qui m'avertit de moi-même. Ah ! sans lui, je n'étais plus homme. Je me retrouve, me sens, me reconnais par la douleur. Tu me retrouveras aussi. Nous ne nous quitterons plus. Et il faudra bien que tu m'aimes, car je serai grand....

« Pour cet enfant, quand même il ne serait pas déjà le mien, il le deviendrait. Celui sur qui tu as arrêté ton regard, qui a occupé un moment ta chère âme, est un enfant d'élection, qui, de ce glorieux bonheur, doit se ressentir toujours. Je l'adopte. Je le ferai aller au plus haut où il peut aller. Eloigné, il me sera toujours présent et partout il me trouvera pour le soutenir. Qu'en m'écrivant il me parle de toi, je le trouverai très-bon. Puisse un si noble souvenir lui garder le cœur digne et pur et toujours dans la grande voie ! »

La malade n'était pas de celles qui craignent de guérir. Elle ne laissa pas son mari s'endormir dans cette confiance d'imprudente magnanimité, ne lui permit pas de délais, pria, insista pour l'éloignement. Une occasion se présentait, et le jeune homme partit le lendemain. Elle sentait très-bien que, dans ces choses, il ne faut ni ajournement, ni moyen terme. Une séparation passagère, qui eût permis de fréquents retours, aurait été plus dangereuse qu'un séjour permanent. Plus timide que la Julie de Rousseau, elle aurait craint la barque de Saint-Preux et les rochers de Meillerie. Non, elle voulut et exigea une opération nette qui tranchât tout, dût-elle lui déchirer le cœur.

Mais ce qui la surprit, c'est que celui qui semblait devoir en souffrir le plus, s'y résigna sans peine. L'attrait de l'inconnu, des voyages, d'une vie nouvelle, d'une carrière rapide et brillante, qu'une providence amie allait accélérer, tout cela fit une puissante distraction au chagrin des adieux. La vive imagination méridionale se concilie souvent avec un autre don qu'on lui croirait contraire, le sens très-positif du réel et des intérêts.

Tant vertueuse et courageuse fût-elle, elle fut navrée d'être obéie si bien. Son mari vit qu'elle souffrait extrêmement. Un autre n'eût senti que la piqûre d'orgueil. Mais lui qui l'aimait tant, il se trouva de moitié dans cette douleur. Rien n'était fait par la séparation, si cet amour endolori devait durer, croître peut-être. Que servait de la garantir au dehors, si le trait fatal allait s'envenimer au dedans?

Elle eût péri dans sa douleur muette, n'osant avouer le deuil qui lui restait de son amour, et le regret confus que la faible nature mêle aux grands sacrifices. Si son mari eût eu la tentation ordinaire des jaloux, l'eût enlevée au monde, l'eût cachée dans la solitude, il eût comblé ses vœux. Qu'il l'eût mise au haut d'une tour, sur le pic d'un rocher, ou au château des Maremmes fiévreuses où s'éteint la Pia de Dante, elle l'en eût remercié. C'était ce qu'il fallait pour lui garder son rêve. Isolée, prisonnière, elle eût pu à son aise goûter le bonheur de pleurer.

Il fit tout le contraire. Il jugea parfaitement que, si l'illusion restait, c'est que l'objet aimé, promptement éloigné, ayant passé dans un éclair, avait pu garder tout son charme. Loin de lui conserver la poésie du rêve solitaire, il pensa qu'il devait replacer sa malade dans le monde vrai et positif, dans la lumière des réalités, convaincu que la fausse et fantastique image n'en soutiendrait pas le contact.

———

Une des causes les plus ordinaires des illusions de l'amour et de ses exagérations, c'est de croire que l'objet aimé est un miracle, est *unique* par tel mérite, qu'on trouve ensuite choses communes, quand on sait un peu plus le monde.

Un jeune homme voit dans Paris une belle demoiselle de traits réguliers. Il est épris. Il épouse, puis est curieux de connaître le pays de sa femme, la ville d'Arles, son lieu de naissance. Là, il retrouve partout cette personne qu'il croyait unique. Ce miracle court les rues. Il voit cent filles et mille aussi jolies. C'est la beauté d'un peuple tout entier, la beauté arlésienne qu'il a aimée. Le voilà refroidi.

De même, une dame espagnole, ignorante, qui n'est jamais sortie de son pays, voit arriver, avec son précepteur, un jeune Anglais, dans cette première fleur de teint qu'on ne trouve que dans le

Nord. Et la tête lui tourne. Enfermez-la; elle en mourra. C'est tout le contraire qu'il faut faire. Il faut qu'on lui montre l'Allemagne ou notre Normandie, l'Angleterre, toute la zone de la beauté blonde, des millions de femmes et d'enfants, et des jeunes gens même, tout aussi blancs, tout aussi roses que celui qu'elle a cru unique. Quand elle aura vu cette fraîcheur sur bien des figures sans charme, triviales même, elle trouvera que ce don vulgaire de race ne suffit pas pour faire un ange.

La séduction du Midi sur nous autres septentrionaux est plus commune encore. Tel homme, à Lille, à Rouen, à Strasbourg, paraît irrésistible. Est-ce par son mérite propre ? Nullement, par sa race, par cela seul qu'il a, dans l'œil ou la parole, le soleil de Provence, la grâce béarnaise, le piquant du Gascon. Les hommes même les plus médiocres de ces contrés favorisées, si vous les transplantez au Nord, nous font souvent une étonnante illusion. Dans un dîner officiel qui réunissait beaucoup d'inconnus, je me trouvai en face d'un Méridional, dont les yeux charmants flamboyaient; on cherchait, mais à peine on soutenait son regard. Il y avait dans ces yeux-là je ne sais combien de romans, dans le genre de l'Arioste, je ne sais quoi de brillant, de léger, qui pourtant brûlait, parfois de divinement fou.

Je finis par demander son nom. C'était un inconnu, député du Centre, qui ne dit jamais un mot à la Chambre, bavard partout ailleurs. Au total, en ce feu d'artifice, la race était tout, l'homme rien.

———

C'est justement au Midi que notre prudent mari mène la jeune dame malade. Il ne la laisse pas s'envelopper de résignation et de douleur. Il insiste pour qu'elle change d'air, qu'elle sorte de ses habitudes. Les beaux horizons et les grands spectacles de la France romaine élèvent et fortifient le cœur. Rousseau a conté admirablement comment, dans une crise où il faiblissait, la seule vue, la vue austère et grandiose du Pont du Gard le releva. Et combien plus peut agir la sublime vue des Pyrénées! Leurs glaciers vierges, leurs neiges immaculées, purifient les yeux et l'âme.

Mais tout en voyant la nature, cette personne intelligente et fine voit aussi, comprend l'homme. Elle retrouve partout en ces pays son jeune homme éloigné. D'abord, elle en souffre, elle en saigne. Même vivacité, même grâce, même parole brillante et fluide. Que dis-je? Elle revoit ce qu'elle croyait de lui seul, du moment, de la situation, cet éclair charmant du regard, parfois lançant des étincelles, parfois profond et s'enfonçant dans un sombre demi-tragique qui frappe, et qui pourtant n'a rien de vraiment sérieux.

Le jeune homme causait à merveille, était amusant. Tous le sont ici, plusieurs d'étonnante faconde. Tel commis, pour vous décider à prendre de son vin, fera plus de diplomatie que dix Talleyrand. Vous hésitez? le crescendo de sa vive éloquence est un tourbillon, une trombe. C'est un gave pyrénéen qui entraîne ses rivages. Il va jusqu'au pathétique, au sublime, enlève tout... Comme il en rira en sortant!

Races hâbleuses, cependant charmantes! Car ils mentent sans mentir; c'est nature. Ne leur reprochez pas la fiction. Ils ont le droit des poëtes. Elle est si bien en eux et dans leur sang, qu'à tout propos elle leur vient, même sans intérêt, malgré eux. J'en ai vu qui, des jours entiers, déroulaient un torrent de faits qui ne pouvaient tromper personne, faux comme faits, mais vrais comme idées, qui, s'ils n'existèrent pas au monde réel, existaient sur le brillant théâtre de la fantaisie créatrice.

La première fois que nous autres, nous voyons ce mirage, nous sommes éblouis, étourdis. C'est ce qu'avait éprouvé la dame du Nord quand elle l'avait vu dans un seul. Mais quand elle le voit dans les foules, dans tout un peuple, elle se calme, se reconnaît, sourit.

Le dieu tombe et redevient homme; un homme nullement introuvable. Il se classe, se subordonne, retrouve son genre et son espèce. Si la céleste créature a disparu, il reste un jeune homme agréable, un peu léger, et pas trop sûr, un garçon pourtant de quelque mérite.

VIII

MÉDICATION DU CŒUR

L'adultère de la femme et l'adultère du mari sont-ils également coupables? Oui, comme déloyauté, violation de l'engagement. — Non, sous mille autres rapports.

La trahison de la femme a des conséquences énormes que n'a point celle de l'homme. La femme ne trahit pas seulement, elle livre l'honneur et la vie du mari ; elle le fait chansonner, montrer au doigt, siffler, charivariser ; elle le met au hasard de périr, de tuer un homme ou de rester ridicule, c'est presque la même chose que si elle donnait le soir la clef à un assassin.

Il sera assassiné moralement tout le reste de sa vie, ne sachant jamais si l'enfant est bien son enfant, forcé de nourrir, de doter une progéniture équivoque, ou de donner au public l'amusement d'un procès dans lequel, gagnant, perdant, il assure toujours à son nom une illustration de risée.

Il est insensé de dire que la femme n'a pas plus de responsabilité que l'homme. — Lui, il est une activité, une force qui soutient la famille, mais elle, elle en est le cœur. Seule elle en sait le mystère. Seule elle garde le secret de la religion domestique, le titre qui fait tout l'avenir. Seule, elle peut affirmer la légitime hérédité. Un mensonge de l'épouse peut fausser l'histoire pour mille ans.

Qu'est-ce que le sein de la femme, sinon notre temple vivant, notre sanctuaire, notre autel, où brûle la flamme de Dieu, où l'homme se reprend chaque jour. Qu'elle livre cela à l'ennemi, qu'elle laisse voler cette flamme qui est la vie de son mari, c'est plus que si elle aidait à lui enfoncer le couteau.

Nulle peine ne serait assez grave si elle savait ce qu'elle fait.

Elle est à cent lieues d'y songer, presque toujours. La trahison préméditée, de haine et de dérision, est chose infiniment rare. La première faute, du moins, est presque toujours un hasard, une faiblesse toute négative, moins un acte qu'une impuissance d'agir et de résister.

Les femmes sanguines s'éblouissent, et à certaines époques ont un véritable vertige. Les lymphathiques ont une extrême mollesse de volonté : elles sont habituées à céder; elles savent qu'elles y sont gracieuses, ce qui fait qu'elles cèdent toujours. Il leur coûte trop de refuser.

Celles qui ne sont pas endurcies ont souvent de cuisants remords. J'en ai vu deux frappants exemples.

Une dame très-belle, riche, heureuse, arrivée à quarante ans sans reproche, ayant un bon mari, de grands enfants, un matin, lasse apparemment d'un bonheur trop monotone, cède à un homme qu'elle n'aime point. Son inexpérience du mal la découvre. Sa rougeur d'avoir failli à cet âge, sa honte devant ses enfants, l'accablent; elle meurt en quatre mois.

Une jeune dame de vingt-cinq ans, vive, fière, élégante, d'une figure noble et sévère, qui exprimait une âme pure, avait pour son malheur une belle voix passionnée, qu'on voulait toujours entendre dans les soirées, dans les salons.—Un duo lui tourna la tête; elle succomba à l'ivresse de son art, nullement à la passion. Elle appartenait de cœur à son mari, jeune, agréable, et qui l'adorait. Foudroyée de son malheur, elle le chercha à l'heure même, lui dit tout, et qu'elle allait se tuer, s'il ne parvenait à lui faire expier le crime. Mais il était brisé du coup, et jamais il n'eut la force de la battre. Dans ce débat, elle se mit à chanter. Elle avait perdu l'esprit.

J'étais jeune, mais ce souvenir m'est resté présent. Je la vis dans une maison de santé, gouffre de folie, de douleur, où les médecins l'avaient jetée. Son mari venait tous les jours, lui jurait avec des larmes qu'elle était pardonnée, pure, innocente désormais. Mais elle ne comprenait rien. On ne fit cesser le délire qu'en l'exterminant; le traitement l'anéantit. On peut dire qu'elle sortit morte, et elle ne tarda pas à mourir effectivement.

Il est fâcheux qu'on applique le même mot, ce mot si grave, adultère, à deux choses bien différentes, à la trahison perverse de celle qui se moque de son mari, qui veut réellement l'outrager, et à la chute étourdie d'une imprudente qui ne sait pas seulement qu'elle tombe qu'après avoir tombé.

Une dame attend son mari en voyage, dans une grande émotion, une vive impatience physique. Le souper est prêt pour le recevoir, mais il n'a pu revenir; il envoie un ami zélé l'avertir et la rassurer. Malgré un temps effroyable, l'ami arrive, mouillé, trempé.

Elle en est touchée, le sèche et le fait souper, coucher. Pour lui elle sert un vin chaleureux dont son mari buvait seul et dont elle ignorait la dangereuse puissance. Bref, tous deux perdent l'esprit, l'ami désolé, au plus tôt, alla retrouver le mari, avoua, dit qu'il se soumettait à tout. Que faire? « Le vrai coupable, dit le mari, c'est le vin. Et moi aussi, je suis coupable, il est des heures où une femme ne doit pas attendre. »

L'orage (et l'orage du sang), les amusements du soir, les petits jeux de campagne avec des amis, des parents, des enfants que l'on croit enfants, sont des occasions trop fréquentes. La jeune folle, en riant trop, provoque un moment d'audace. Qui y songeait? qui a voulu? personne. Elle revient en pleurant.

Mais ce qui, presque toujours, décide l'infidélité, c'est l'ennui, l'excès d'ennui où on laisse sa femme; la vie de l'homme, plus occupée, est généralement bien plus amusante.

Quelle chose triste, n'est-ce pas, de voir dans nos villes de province, une jeune femme, mariée de deux ans, et déjà fort délaissée, s'en aller, au coup de vêpres, bâiller avec cinq ou six vieilles!

Que de fois encore, en voyage, entrant dans une ville d'Allemagne, il m'est arrivé de voir au balcon dans une petite serre vitrée, entre les fleurs et les oiseaux, un doux visage de femme, regardant les passants au miroir de sa fenêtre. Oh! qu'elle était languissante! « Elle n'est pas assez aimée, disais-je : où donc est son mari? Dans la fumée et la bière. La vie passe cependant, et sa maison lui garde en vain le plus charmant des dons de Dieu. »

Les plus mobiles sont souvent celles qui avaient le plus besoin d'amour, et qui, aimées puissamment, fortement, auraient été les plus fidèles. Nos Françaises, pour la plupart, ne se contentent nullement de la froide régularité conjugale qui suffit aux femmes du Nord ; celles-ci, douces et résignées, exigent peu, et si le mariage n'est pour elles qu'un rapport extérieur, une simple cohabitation, elles soupirent, ne se plaignent pas. Pour les nôtres, il faut tout ou rien. La femme de France est la pire ou la meilleure ; elle veut l'union nulle ou complète.

On croit très-faussement, et souvent elle croit elle-même, qu'elle a un besoin incessant d'amusements, de distractions. Au fond, c'est tout le contraire. Elles se connaissent peu elles-mêmes. Celles qui courent de plaisirs en plaisirs, s'étourdissent ; mais elles avouent en être excédées. Leur vrai besoin est d'être à la fois *très-aimées* et *très-occupées*.

Même la dame de commerce, occupée par moment, et tenue au comptoir, n'a pas l'entraînement des affaires du dehors qui font sortir sans cesse le mari. Je vois d'ici une jeune marchande, jeune et jolie, au fond d'une boutique humide, d'une rue noire et profonde de Lyon. Son mari l'aime ; seulement, il donne la journée aux affaires, la soirée au café. Elle languit dans ce tombeau vivant. Comment n'écouterait-elle pas l'ami, ou le jeune acheteur, qui vient, revient, qui l'amuse ? Si le mari aime vraiment, il doit prendre un parti, avoir pitié d'elle, la tirer de là.

Même sans quitter cette ville, il suffirait souvent d'émigrer seulement de bas en haut, et de la nuit dans la lumière. La petite femme, trop exposée au comptoir, et légère par situation plus que de volonté, peut travailler très-bien en chambre au quatrième étage, d'où elle verra verdoyer les collines, et le coteau de Fourvières, ou, mieux encore, une échappée des Alpes, qui relèveront, purifieront son cœur.

« Est-ce tout ? » Non, c'est peu encore. Le grand point, c'est qu'il faut l'aimer, s'occuper d'elle, ne pas tourner le dos, si on la voit ennuyée, être sensible à sa souffrance. Je ne dis pas qu'il faille aller à elle, mais ne pas la quitter. Elle en sera reconnaissante et finira par s'épancher. Elle en viendra à dire : « Je me meurs de tristesse. » Cela signifie : « Il me faut un amour. »

Mais ne vous fâchez pas, c'est plus un amour

qu'un amant. L'amour s'applique à tant de choses. Ce peut être l'amour d'un enfant, ou l'amour d'une idée, d'une grande affaire, l'amour d'une vie toute nouvelle, occupante, exigeante, sous un ciel étranger.

Rien de médiocre en ceci ; n'allez pas croire que telle petite distraction passagère, spectacles, ou parties de campagne, suffise à cet état d'esprit. Non, il faut une passion ou un grand changement de vie.

―――

Quoi qu'il advienne, et quand même elle faiblirait, ne quittez, ne quittez jamais la chère femme de votre jeunesse. Si elle a failli, d'autant plus, elle a besoin de vous. Si elle est humble, repentante, il faut la traiter en malade, la soigner, la cacher. Si de mauvaises influences l'ont pervertie, il faut sans perdre une minute, l'éloigner, la placer dans un meilleur milieu, agir avec force et modération, la corriger doucement.

Elle est vôtre, quoi qu'elle ait fait. La solidarité du nom, le mélange profond et complet de l'existence physique, rend la séparation illusoire. La femme fécondée une fois, imprégnée, portera partout son mari en elle. Voilà ce qui est démontré. Combien dure la première imprégnation ? Dix ans ?

vingt ans ? toute la vie ? ce qui est sûr, c'est que, très-fréquemment, elle donne à un second mari des enfants semblables au premier.

Elle s'est donnée *toute* au mariage, que portera-t-elle ailleurs ?

L'homme est tellement avantagé contre la femme par la nature et par la loi, qu'il est de sa magnanimité de ne jamais demander le divorce : Si elle le demande, elle qui y perd tout, c'est chose surprenante et qui semble insensée, sauf le cas de sévices et de cruels traitements où il faut bien la délivrer.

Vous, vous ne pouvez la quitter. Car, quel danger pour elle, lorsque l'amant qui la reçoit aura peu à peu le dégoût de vous retrouver en toute cette personne tellement transformée en vous, d'y surprendre vos voix, vos paroles, vos gestes ! et telles traces plus sensibles encore !

Elle vous appartient à ce point, que même si l'amant la féconde, c'est un enfant de vous et marqué de vos traits qu'elle lui donnera le plus souvent. Il aura cette punition de voir qu'il n'a pu avoir d'elle rien de réel ni de profond, et que, dans le point capital, l'union génératrice, il n'a pu la rendre infidèle.

Que serait-ce si l'infortunée était bientôt délaissée, expulsée ! si, ayant perdu son foyer, elle n'avait pas même le toit de celui qui n'a voulu d'elle que la volupté d'un moment?... Ne laissez pas une femme que vous avez aimée, qui fut et qui est vôtre, au hasard de cette aventure. Rarement, elle l'affronte d'elle-même; rarement, si elle n'est trop maltraitée, elle quitte sa maison, la maison de ses habitudes, et où peut-être, elle aime encore. Cela est bizarre, mais certain : plus d'une qui a eu un caprice, tient encore plus à son mari qu'à l'objet de ce goût passager, et s'il fallait décidément choisir, choisirait plutôt celui qui l'eut vierge, celui qu'elle a dans le sang et dont la vie est sa vie.

« Ne frappez pas une femme, eût-elle fait cent fautes, pas même avec une fleur. »

Nous aurions trouvé ce mot dans notre cœur, si l'Inde ne l'eût dit avant nous.

Frapper la femme ! grand Dieu ! la femme, notre reine d'amour, et une reine si soumise, qui, chaque soir, donne pouvoir illimité à l'homme, pouvoir de la rendre enceinte. C'est presque le droit de vie et de mort !

Un être généralement doux, faible, livré à ce point, le briser, le désoler par un châtiment servile !... Oh ! bassesse et lâcheté !

Les femmes du moyen âge, et même maintenant

encore celles de certaines races, subissaient, subissent patiemment la discipline conjugale. Avec les nôtres, aujourd'hui si nerveuses, l'essai serait bien dangereux. Telle mourrait d'être touchée. Même coupable, même surprise, la femme doit être épargnée. Dans un seul cas, le désespoir d'un grand remords qui mettrait en péril sa vie, sa raison, si elle s'offre, prie et supplie, on peut lui accorder une légère souffrance du corps qui diminue celle de l'âme. Le châtiment de l'enfance (nullement nuisible, ordonné même comme stimulant dans les bains russes) peut lui faire croire qu'elle expie. Les enfants n'en ont pas grand peur. J'ai vu parfois le petit qui avait méfait, venir de lui-même à sa mère, bien sûr qu'elle n'ira pas trop fort, et cherchant abri sous sa main.

Le meilleur remède, c'est l'émigration. Laissez-moi là vos intérêts, coupez le câble et voguez, emmenez-la pour quelque temps. Ne dites pas cette chose vile, qu'on dit trop souvent aujourd'hui : « Point de bruit... Je la garderai, je l'aurai, quoi qu'elle fasse, et j'en aurai d'autres. Je lui infligerai tous les jours, à ●●●et à son amant, la souffrance du partage, la torture de mon assiduité. Elle me restera comme meuble, comme instrument de plaisir... Eh! qu'importe le reste, après tout? »

Non, il faut trancher au vif, souffrir et la purifier. Une fois sortie de son milieu, dans une société nouvelle, dans une langue étrangère, seule et n'ayant plus que vous, elle se trouvera toute autre. Avec celui qui travaille pour elle et qui la nourrit, qui du reste ne lui rappelle jamais son malheur, ne lui rend pas la vie amère, la traite bonnement et doucement, comme au lendemain du mariage, elle deviendra neuve en effet, et n'aura plus du monde ancien qu'un vague souvenir de mauvais rêve. Dans des circonstances tout autres, entourés de mille nécessités nouvelles, vous vous renouvellerez tous deux. Vous auriez eu deux enfants en Europe. Là-bas, vous en aurez douze. Votre jolie femme, énergique et d'un cœur ardent, serait restée indomptable, et vous eût perdu. Là, au contraire, elle vous sauve. Excellente épouse, courageuse et laborieuse, elle aidera à votre fortune. Elle vous aimera tout de nouveau pour l'avoir régénérée, et tous deux, sur vos vieux jours, vous pourrez revoir la patrie.

IX

MÉDICATION DU CORPS

Un chirurgien célèbre, qui eut une grande expérience des femmes, fait cette remarque, que, souvent un peu froides dans la première jeunesse, elles ont au contraire au milieu de la vie et à l'entrée de la période décroissante, un besoin réel d'être aimées. Dès trente-deux, trente-cinq ans, dix ans avant son éclipse normale, le sang circule d'un cours moins régulier, s'arrête par moment et s'engorge. De là des maladies, de là des rêveries orageuses, des langueurs, de cuisantes flammes, le désir d'amour, le regret.

Il s'éloigne, l'aveugle, court aux jeunes rieuses qui s'amusent de lui et ont si peu pour lui répondre ! Son véritable empire, le cœur profond, les sens intelligents, l'âme poétique de la femme souffrante, il oublie tout cela. Quelle prise il aurait eue! Combien forte et délicieuse!.. Le fruit des fruits, la pêche, vaut par la piqûre de la guêpe, et la femme de même par la morsure de la douleur.

L'homme qui a des yeux et qui sait voir, apprécie ce moment où la physionomie a sa beauté la plus touchante, où cet être d'amour, sous la main de la nature qui lui prépare un âge de souffrance, déjà plus humble, recherche moins l'éclat et voudrait du bonheur. Celle surtout qui a vécu de devoir, de vertu, qui côtoya l'amour et qui resta dans la sagesse, est bien attendrissante à l'heure où déjà elle le voit fuir, soupire, dit : « Quoi! déjà passé!... »

Si vous mettez à part le mal du Nord, la phthisie, effet du climat, il n'y a que deux grandes maladies en Europe, toutes deux sorties de nos passions, de nos pensées, de nos volontés.

L'homme veut être fort, et il choisit mal, exagère les fortifiants. Il boit, mange immensément trop. Tous ses maux dérivent des organes digestifs.

La femme veut être aimée. Elle souffre à l'organe d'amour et de maternité. Toutes ses maladies, directement ou indirectement, sont des retentissements de la matrice.

Ce protée prend mille formes. Il agit à distance. Si vous remontez, sérieusement, patiemment, la vie de la malade, vous finissez par voir que le mal de poitrine, d'entrailles, etc., qu'on croirait étranger à cette cause, a été préparé, dix ans, quinze ans auparavant, par les chagrins de cœur.

Rien de bas dans la femme, rien de vulgaire. Tout poétique. En général, elle est malade d'amour, l'homme de digestion.

Rien de plus sérieux que ce mot singulier qu'elle dit souvent et dont on rit. « D'où vient ton mal de tête? ton mal de dents? ou ta colique? — De n'être pas assez aimée. »

Ayant donné ce mot d'explication, débarrassé aussi des fanges de mon chapitre VIII (adultère et divorce), je puis, selon mon cœur, revenir à notre idéal, à la femme qui n'a pas failli, à celle qui, s'appuyant d'un mari tendre, et ne lui cachant rien, a rasé, sans sombrer, l'écueil. Nous avons vu comment elle-même elle a pu sortir de son rêve et vu s'évanouir l'idole de son illusion. Est-ce à dire qu'il n'en reste rien? Non, la plus vertueuse ne perd pas cela sans souffrir, ne s'avoue pas sans douleur qu'elle a aimé sans être aimée. Elle s'est vue aimée de son mari sans doute. Elle a senti la force et la tendresse de son cœur ; cependant, de ce côté même elle souffre aussi, se sentant descendue, lui ayant avoué qu'elle n'était pas la créature du ciel, l'ange de Dieu qu'il avait cru, enfin obligée de se dire à elle-même qu'elle eût failli sans lui et qu'elle a eu besoin d'être gardée. Elle roule dans ce doute : « N'aurai-je pas péché au moins de la pensée?... Ou, (quelle honte!) n'ai-je pas regret de n'avoir pas failli? »

Donc, entre deux amours, entre les doutes et les scrupules, dans le flux et reflux d'un cœur trop mal guéri, elle s'affaisse et perd toute force, elle languit, pâlit. Après la pléthore et l'orage, arrive une grande défaillance. On peut prévoir la maladie.

Outre notre mal personnel, nous avons tous aujourd'hui à compter avec tel mal antique et inconnu qui nous vient de nos pères. Celui-ci qui ne paraît guère dans notre force, caché en nous, nous guette, attend patiemment le jour de notre faiblesse, et, ce jour, nous saisit, triomphe, éclate parfois sous la face la plus surprenante, à notre grand effroi, et pour notre mortification.

Mon livre n'est pas une idylle. Si le jeune homme léger, la jeune dame délicate, dédaigneuse, le lisaient par hasard, il faudrait qu'ils prissent courage. Car il sera sincère, ne reculera pas devant la nature. Ceci n'est pas un accessoire d'ailleurs. C'est le cœur du sujet, et l'épreuve forte de l'amour.

L'amour que rêvent les enfants pour une Iris, blanche et rose, à quinze ans, est à peine l'amour; c'est le désir à la surface, léger frémissement des sens. Mais celui dont on a dit : « L'amour est fort comme la mort, » est autrement robuste. Mettons-le hardiment, non pas devant la mort, mais ce qui peut-être est plus dur, en présence de la maladie.

Laquelle? La maladie souvent héréditaire, fatale, dont elle est innocente, cette pauvre femme humiliée. La plus pure, la plus vertueuse, n'en a pas moins un germe dans le sang qui tôt ou tard se trahira. Cette douce fleur d'amour, la blonde éblouissante (la *Néréide* de Rubens, si vous voulez, au Louvre) peut voir bientôt se rouvrir les scrofules qu'elle eut enfant. Cette autre, aux yeux profonds, au teint sombre, qui brûle le cœur, hélas! le dard d'amour qu'elle vous lance dans son navrant sourire, c'est l'élancement du cancer féroce qui lui mange le sein.

On conte que le brillant Espagnol Raimond Lulle poursuivait d'amour une dame qui l'aimait, mais n'accordait rien. Dans son impétueux désir, il la suit jusque dans une église. Là, indignée, hardie par les ténèbres (leurs églises sont fort obscures), elle se retourne, lui découvre son sein rongé. Que croyez-vous qu'il fit? il s'enfuit, et, de chevalier, devint docteur, prêcheur et mauvais scolastique.

Il n'aimait pas. Combien s'il eût aimé vraiment une telle révélation l'aurait attaché au contraire! quel lien fort, quelle occasion de dévouement, et j'allais dire quel attrait de tendresse!... Pour l'honneur de notre âge, un penseur éminent, dans une semblable circonstance, s'est donné d'autant plus. Il a enveloppé l'innocente victime en proportion de son malheur. Des précautions délicates ont été prises pour le voiler à tous et presque à elle-même. Oh! qu'il doit être aimé!... Ce désert, au milieu des foules, où ils se sont serrés contre le sort et la nature, leur sera envié par tous les cœurs dignes de sentir une telle chose. Et ne serait-ce pas le vrai temple que l'Amour, vainqueur de la mort, a voulu se faire ici-bas?

―――

La souffrance est la vie même de la femme. Elle sait souffrir mieux que nous, est bien plus résignée. Mais ce qui lui est intolérable, c'est que la maladie, cette cruelle révélation de notre humanité, en découvre mille côtés bas, tristes, point du tout gracieux. Toute femme a eu un âge, un moment de divinité, où on l'a crue, où elle se crut presque elle-même, affranchie de la terre. Le souvenir de ce temps-là la suit, l'ennoblit à ses propres yeux. Le drame même de l'accouchement qui l'alite passagèrement, la laisse fort poétique. La maladie, hélas! n'a rien de ces effets. Elle traine, lourde et plate, étalant à plaisir ce que cache le plus la nature. Triple dégoût, celui des fonctions, celui des maux et celui des remèdes.

Quand la chose peut se cacher, la malade souffre en silence. Mais il semble que la maladie ait la malice de se produire volontiers au dehors par des apparitions déplaisantes, des efflorescences perfides qui la mettent en relief. Tels malheureux boutons qui viennent et qui reviennent, une dartre vive qui naît sous les cheveux, c'est assez pour les jeter dans le désespoir. J'ai vu ce dernier mal frapper une jeune dame, éblouissante de beauté, de fraîcheur ; elle aurait voulu en mourir.

Tout témoin dès lors est de trop. La femme de chambre est éloignée, renvoyée. Pressée par le mari, la malade pleure : « J'ai honte, mon ami... Cette fille irait le dire partout... — Ne pleure pas, je te soignerai moi seul, et nul ne le saura… — Mais si je vais te déplaire à toi-même… Car c'est pour toi que je souffre le plus. »

Une cause profonde et terrible des maladies de la femme qui n'a plus la première jeunesse, c'est de douter de sa puissance. Ce doute va cesser du jour où, contre son attente, son mari, dans l'âge de l'ambition et des succès, homme important peut-être, oublie tout et sacrifie tout, la sert, la soigne avec bonheur, lui prouve qu'elle est toujours sa chère et unique pensée.

« Mon ami, véritablement c'est pitié de te voir à ce point te détourner de ta carrière, laisser les grandes choses pour t'occuper de mes misères. J'en ai remords. Je t'en prie, laisse-moi. » Elle le dit, mais sourit, est heureuse. Son état moral est très-doux.

La maladie, c'est la discorde. Et la santé, c'est l'unité. Le premier soin, c'est d'établir autour de la malade l'harmonie extérieure. Vous ne l'aurez jamais si, tout le jour, voisines, amies, parentes, apportant leurs conseils contre les vôtres ou amenant leurs médecins, vous contrarient en pleine crise, et même dans l'esprit flottant de la malade, élèvent à chaque instant des doutes. Ces doutes, à eux seuls, sont déjà une grande maladie qui continuera l'autre, l'aigrira. Avec eux, nul moyen de guérir. Il faut la solitude et une grande paix.

L'organisme va se détendre. Vrai commencement de guérison dans la plupart des maux. Presque toujours c'est une idée exagérée, une passion, qui a tendu le nerf, troublé l'équilibre général. Isolé des causes qui ont produit ce mal, plus faible et un peu affaissé, on entre volontiers, d'âme et de corps, dans une sorte de recueillement. On juge mieux des choses ; on sort de l'exagération. On se blâme, on veut mieux valoir, vivre en parfait accord avec l'harmonie générale et la volonté de Dieu. On comprend qu'on n'est pas innocent de sa maladie. On l'accepte, et l'on s'y résigne. On n'accuse plus la nature. Elle ne nous tient jamais quitte autrement. Celui qui ne se fâche plus contre la maladie et n'a plus impatience de guérir est bien plus près de guérir en effet.

Mais rien ne donne patience à la malade autant que de vivre dans la main aimée, de se sentir enveloppée de la personne unique, où elle a son monde complet. Dans ce long tête-à-tête, qui lui rend la douce solitude des premiers temps de mariage, elle se sent bien d'être malade, s'épanche, s'épanouit moralement.

Au soir, et le jour clos, mais avant les lumières, te mettant dans la main ses petites mains, un peu amaigries, elle te verse tout son cœur. Elle te parle comme à sa pensée. Tu lui baises les mains. Elle va continuant, sans s'en apercevoir, disant tout ce qu'on ne dit guère, ce qu'une faible femme aurait pourtant besoin de dire, ses songes, ses envies de malade, les petites peurs de la nature : « Si je mourais, ami?... Je ne voudrais pas te quitter. Mais Dieu aura pitié de nous ! » De là, elle va plus loin, avoue ceci, cela, tel grand péché qu'elle a caché... Ma foi, elle a tout dit, et s'est confessée tout à fait.

« Quoi! si peu! voilà tout? — Et, vraiment, c'est beaucoup... Si j'ai fait autre chose, je n'en ai aucun souvenir... Mais qu'est-ce? et qu'as-tu, mon ami, pour mouiller mes mains de tes larmes? »

Cependant la nuit s'est fermée. La lune ne luit pas; mais les étoiles scintillantes vous éclairent bien assez. Elle est quelque peu fatiguée. Elle s'endort, sans quitter ta main, et elle dort bien mieux, dès ce jour, se sentant en grande harmonie.

Mariage, c'est confession. L'unité, la paix des deux cœurs, a commencé par cela, qu'ils se disaient tout l'un à l'autre. Et c'est aussi par là qu'on rentre dans la paix et l'harmonie morale, qui ramènera celle du corps.

Se confier à un tiers étranger, qui est homme après tout, ce n'est pas s'épurer, c'est le tenter et se tenter soi-même, passer de l'orage à l'orage. Pour que l'âme agitée, le corps malade, la personne souffrante, retrouve un plein repos, il faut que sa moitié, qui partage tellement sa souffrance, lui ouvre l'infini de l'amour, l'infini de la confiance, et, sans rien exiger, la mène à lui tout dire, si sûre qu'elle est d'être aimée tout autant!

Une fois soulagée de cela, il faut la raffermir, cette pauvre âme craintive. Songez qu'elle a peur de la mort. Disons les choses nettement ; point de faux héroïsme. Il vous est bien facile à vous, élevé dans le culte du Dieu indulgent de nature, de regarder en face la destinée commune. Mais elle, nourrie du dogme de l'enfer éternel, quoiqu'elle ait accepté de vous d'autres idées, elle en ressent, dans sa souffrance et sa débilité, de fâcheux retentissements. Elle ne les cache pas, et, comme un faible enfant, se réfugie dans votre sein. Là, soyez fort pour elle, autant que tendre. Ne faiblissez pas avec elle ; dominez, ajournez vos larmes, et qu'elle trouve en vous un point d'appui solide. Étendez-lui son âme féminine, serrée par la douleur, rétrécie par la crainte, à l'idée de la grande harmonie, où nous devons vouloir mourir autant que vivre, dans la loi juste et régulière du tout. Là, je sais bien ce qu'il doit en coûter, et quel grand effort c'est pour vous d'absoudre, d'accepter comme chose de Dieu celle dont le nom, en ce moment, vous est si horrible, la Mort!... Cependant, croyez-le, elle épargne souvent ceux qui la regardent avec douceur. Si cette âme si chère qui s'appuie tout entière sur vous et vit sur votre cœur accepte l'idée d'y mourir, quand Dieu l'exigera, elle a d'autant plus chance de vivre. L'espoir de l'immortalité ne sert pas peu à nous faire durer ici-bas.

Puissions-nous garder cette force et l'autorité nécessaire pour ces grands et sombres moments! Puissions-nous garder la voie droite, rester pour ce que nous aimons le confesseur possible, le prêtre légitime! Que celle qui fut l'autel de l'homme et tant de fois lui donna l'infini le retrouve, en ce jour, son médiateur, pour lui rendre le pardon de Dieu.

Mais fussiez-vous moins digne, eussiez-vous au passage des affaires et des intérêts emporté la souillure du monde, l'amour vous renouvellera. Sa flamme brûlera tout cela. Et vous trouverez, à un coin du cœur inconnu, la grandeur des divins désirs pour soutenir celle qui se suspend à vous. Elle est vôtre, et elle n'a que vous, pour vivre ou pour mourir. A vous seul de faire qu'elle vive, ou qu'elle monte à Dieu dans vos bras.

———

En quoi le prêtre et le médecin sont-ils distincts? Je ne l'ai jamais compris. Toute médecine est nulle, aveugle et inintelligente, si elle ne commence par la confession complète, par la résignation et la réconciliation avec l'harmonie générale.

Qui peut cela, s'il s'agit d'une femme? Celui qui la connaît déjà d'avance, et qui est elle-même. Celui-là seul est son médecin né, pour l'âme et pour le corps.

Ces deux choses, si parfaitement harmonisées entre elles, ne sont pas séparables. Que le jeune homme y songe et s'y prépare. Quel immense encouragement il trouvera aux études morales et physiques, en songeant au bonheur profond d'être tout pour l'objet aimé!

———

Dans l'avenir, toute éducation (allégée des côtés stériles) comprendra des années d'études médicales. L'état présent est ridicule. Quiconque vit a pour premier besoin de savoir ce qu'est la vie, comment on l'entretient, comment on la guérit. Ces études, d'ailleurs, sont pour l'esprit un si merveilleux exercice, qu'à peine on peut dire *homme* celui qui n'y a pas regardé.

Même pour expliquer au médecin ce qu'on a de souffrant, pour le lui faire comprendre nettement et sans malentendu, il faut être soi-même (aux trois quarts) médecin.

La plupart vous diront qu'on ne peut se soigner soi-même, qu'on ne peut soigner sa famille, — ce qui revient à dire qu'on est plus incapable de traiter ceux qu'on connaît le mieux. Je m'en rapporte beaucoup plus à ce que me disait un médecin du Midi : « Jamais mon fils, jamais ma femme, ne seront traités que par moi. Non pas que tel de mes confrères ne puisse être plus savant. Mais, ici, j'ai sur tous un avantage immense, de connaître intégralement, de plante et de racine, le sujet à traiter : l'enfant sorti de moi, c'est moi ; et la femme transformée en moi à la longue, c'est toujours moi-même. »

L'individualité va toujours progressant. La médecine d'autrefois, si ignorante, guérissait souvent, et pourquoi ? c'est que tout allait par grandes classes, les malades et les maladies. On pouvait faire de la médecine, si je puis dire, en général. La classe et le métier, déterminant le tempérament, d'avance éclairaient, indiquaient le mal et le remède. Les classes ont fini, et aussi la médecine par classes. Elle a pour dernière gloire celui que j'ai déjà nommé, l'illustre guérisseur des débris de la Grande Armée.

Tout a changé, nul homme ne ressemble à un autre, tout est spécial, original, *individuel*, fort compliqué, nullement déterminé d'avance. Il faut beaucoup d'étude pour saisir cet *individu*, une grande suite dans les observations, une extrême assiduité. Elle manque, et le temps surtout, aux médecins des grandes villes.

Cette énigme, l'*individu*, est inguérissable à celui qui ne le sait pas totalement, de fond en comble, et de part en part, dans son présent, dans son passé, à celui qui n'est pas comme au dedans de lui, qui n'est pas un autre lui-même.

Et plus vous êtes un avec lui, plus aussi vous pouvez le guérir.

Que si vous avez vécu longuement avec cette personne, si votre existence, identique par l'habitude et par l'amour, produit en vous à chaque instant des phénomènes analogues à ceux qui se passent en elle, de sorte que vos fonctions soient la révélation des siennes, vous êtes bien avant dans cet être, bien près de pouvoir établir ce qu'est son harmonie et sa désharmonie, et le mal actuel, et le retour possible au bien.

Vous êtes sa santé, et elle est votre maladie. La guérison pour elle, c'est de rentrer dans son harmonie avec vous.

—

« *Qu'est-ce que la femme? la maladie.* » (Hippocrate.) — Qu'est-ce que l'homme? le médecin.

Le plus grand docteur du dehors que vous appellerez, après quelques questions, est plus que satisfait. De la malade, il ne sait que la crise. Mais ce n'est rien; il faut savoir la vie. Qu'il lui faudrait de temps, de patience, et disons aussi, de génie, pour la confesser tout à fait! Mais saurait-elle répondre? oserait-elle?... Il lui faut se contenter souvent de peu.

Le mari, au contraire, sait tout.

Vous riez; je soutiens que même la plus dissimulée, qui lui cache le mieux certaines circonstances, ne peut empêcher qu'au total, par cela seul qu'ils cohabitent, il ne la sache à fond. Il l'a perçue par les cinq sens, dans toute manifestation extérieure. Il la sait en toute opération du dedans,

17.

ses mois, ses jours, ses heures, sa régularité et ses caprices. Il prévoit son humeur, ses pensées et jusqu'à tel petit désir. Qui peut savoir dans un si terrible détail? Celui qui aime ou qui a aimé, et qui, avide, insatiable, a tout senti, tout noté, ce qu'elle oubliait elle-même. Bien plus, il a étonnamment agi sur elle. Par la vie commune, par la fécondation, l'imprégnation et la métamorphose profonde qui l'accompagne, *il a fait cette femme.* L'époux est le père de l'épouse, en ce sens, autant que de l'enfant même.

Il l'a faite, il peut la refaire.

Si du moins quelqu'un le peut, c'est lui.

Le créateur de toute chose, l'Amour, en est aussi le tout-puissant réparateur. Fût-il alangui, attiédi, avec quelle force et quelle chaleur il reprend dans ces circonstances! Qui n'aimerait la femme malade, qui ne lui rendrait tout son cœur? Quand même elle eût été un peu légère, cette pauvre créature souffrante, comment s'en souvenir? Humiliée sous la rigueur de la nature, craignant tant de déplaire, en réalité, elle est plus charmante qu'elle ne fut jamais. De tout, même des choses les plus innocentes, elle s'excuse et demande pardon. Sa vive gratitude lui fait trouver des mots délicieux, à faire pleurer. Son cœur est devenu tout autre. Il apparaît là une grande chose, c'est que la maladie, cette sévère discipline naturelle, tire de l'âme un affinement, qu'aucune culture humaine n'eût amené. L'amour en est approfondi par l'humilité même. Tendresse et tremblante pudeur, timidité d'enfant, voilà la femme en ces moments. Et comment ne pas l'adorer?

Touchant combat de l'amour, de la honte! Il faut bien que celle-ci cède pourtant quand on doit en venir aux remèdes qui font la terreur de la femme, s'il est décidé, par exemple, qu'un vésicatoire doit être appliqué. — Elle mourrait plutôt, si on la laissait seule, mais elle craint plus que la mort de déplaire, de désobéir. « Et pourtant se laisser voir à lui en cet état!... le mettre chaque jour à cette épreuve!... Ah! c'est l'extinction de l'amour!»

La pauvre est si humiliée, que, courbée chaque jour sous la main tendre qui la soigne, elle ne suppose plus même qu'en elle il voie encore la femme, et elle ne demande que compassion. Elle croit que c'est fait du désir. Et grande est sa surprise, extrême son attendrissement, quand elle voit la flamme toujours brûlante, et la magnifique ignorance où l'amour reste de ce qu'il sait, de ce qu'il voit.

Elle commence à comprendre alors ce que c'est que cette grande puissance du cœur qui change et transfigure souverainement toute chose, l'indépendance de l'Amour, qu'on croit le serf de la nature, et qui en est aussi le roi.

« Quoi ! je puis plaire encore ! Quoi ! mes caresses sont un bonheur pour lui ! Mon baiser est sa récompense ! »

La voilà remontée, relevée. Sa royauté de femme est revenue. La santé reviendra.

Tout est inestimable de celle qu'on aime et tout est récompense. Tout d'elle charme, tout est adoré. L'amour en vient par tous les sens. Sa vie physique, dans l'ensemble et sans excepter rien, c'est un universel enchantement. De là, pour elle, un état de sérénité infinie, de béatitude profonde, le même état de grâce qu'on entrevoit dans la grossesse, mais ici dans quelle circonstance plus difficile ! De voir que tout ce qui lui faisait honte et peur, ce qu'elle eût voulu dérober, ce soit pour lui bonheur et jouissance, qu'elle soit servie de lui, non avec patience, mais avec désir et transport, ce miracle la sauve. Elle vivra, malgré le sort et la nature.

LIVRE CINQUIÈME

—

LE RAJEUNISSEMENT DE L'AMOUR

I

SECONDE JEUNESSE DE LA FEMME

Que la nature est sévère pour la femme ! L'homme, même avec dix ans de plus, est dans sa pleine force, affermi dans la vie, actif et productif. Mais elle, elle a faibli déjà. Et maintenant, quoique sauvée, elle n'est plus la même. Les souffrances l'ont mûrie, pâlie. Des heures mélancoliques lui viennent en sa convalescence, des rêveries. Elle soupire. De quoi ? Si belle et si touchante, accomplie ! Car le temps, le grand artiste, le grand maître en beauté, a donné à la sienne cette touche suprême qui désarme et qui fond les cœurs. Oui, mais ce charme même vient de ce qu'elle est bien atteinte. La circulation de la vie, déjà moins régulière, lui annonce (il est vrai, de loin) qu'elle sera guérie de la crise d'amour qui constitue la femme, de ce rhythme divin qui, mois par mois, lui mesurait le temps.

L'homme, au contraire, qui n'a pas pâti du flux et du reflux vital, l'homme qui, de l'amour, n'a eu que le bonheur, qui n'aima pas comme elle (jusqu'à créer, jusqu'à mourir !), l'homme relativement a vécu dans la prose. Il a fortement, rudement travaillé, mais dormi, réparé. Le parfait équilibre de recette et de dépense s'est maintenu pour lui. Il est le même ou se surpasse. S'il n'a pas fait d'excès, à quarante ans et au delà, on le voit bien plus fort. Il a échappé aux alternatives de santé qu'éprouve la jeunesse; il s'est endurci à la vie, s'y est enraciné. Et, comme alors décidément elle va d'elle-même, comme il vit sans savoir qu'il vit (ce qui est la perfection physique), il travaille souvent beaucoup plus, beaucoup mieux, avec une certitude, une infaillibilité d'exécution, que n'a jamais une main jeune. Même chez les plus féconds des hommes, ceux qui versent leur vie à flot pour la pâture du genre humain, nous voyons que leurs grandes œuvres, qui ont changé le monde, ne parurent qu'à cet âge. Molière alors donne *Tartufe*, Rousseau l'*Émile* et le *Contrat social*. C'est plus tard encore dans la vie que Voltaire publie son premier livre de génie, qui a créé l'Histoire chez les modernes. De même, dans l'action politique, Sully, Richelieu, Colbert, ne firent rien de grand qu'après quarante ans.

Au total, on peut dire qu'à l'âge où la femme a fait son œuvre principale, et va perdre, ou déjà perd la faculté créatrice, l'homme exerce la sienne avec une puissante efficacité. Et cela en tous sens, dans l'amour, dans les affaires et dans la sphère de la pensée.

Tout serait fini pour la femme?... Oh! loin de là. Le charme du cœur et de la beauté, la grâce, la belle lumière d'esprit, l'élévation de vues, de caractère, qui parfois lui vient à cet âge, tout annonce qu'elle est appelée à une œuvre mystérieuse, moins visible et moins explicable, plus intime peut-être, d'un but touchant, sacré. Que sera-ce? Nous l'ignorons. Mais je vous jure d'avance, que c'est œuvre d'Amour. Prise au berceau par lui, vivant de lui, par lui elle ira à la mort, mais toujours aimant davantage.

Sa vraie tristesse, voulez-vous la savoir? Ce n'est pas la variation d'une santé moins égale, ni la jeunesse qui s'éloigne, la vie plus sombre en perspective, pas même la mort, qu'elle a vue de bien près, et qui, à l'horizon, reste avec ses lugubres ombres. Ce qui l'attriste, c'est le demi-divorce qui, malgré lui et malgré elle, se fait entre eux par la force des choses. Lui qui, naguère, sacrifiait et quittait tout pour elle, il l'aime, à coup sûr, elle n'en doute pas.

Mais enfin, depuis qu'elle est mieux, le voilà relancé aux affaires, aux travaux, aux combats de la vie. L'âge avance ; point de temps à perdre. Plus l'homme est pur et conservé, et plus il est actif, impatient d'aller, faire et créer. Il regarde vers la gloire. Peu importe laquelle. L'habileté prouvée en choses de grandes combinaisons, le succès persistant, la fidélité que la fortune n'accorde guère qu'aux fortes volontés, c'est l'honneur et la gloire de l'homme, c'est l'orgueil de la femme. Mais c'est aussi souvent, il faut le dire, son inquiétude au milieu de la vie. Il avait dit : « Tu m'aimeras, j'en suis sûr, car je serai grand. » Et il a tenu sa parole. Le voilà tel par le succès. Elle y a fait beaucoup indirectement, il le sait. Jamais, sans le bonheur, sans le calme du cœur, le doux chevet moral, qu'il a trouvé en elle, il n'eût pu, chaque jour, s'élancer à de tels efforts. Elle a préparé ses triomphes. Et la force invincible qui, au jour décisif, enleva la victoire, c'est d'elle qu'il la prit le matin, quand, sévère par tendresse, elle lui résista, lui dit : « Non, mon ami !... A ce soir !... et reviens vainqueur ! »

Grâce à Dieu, tout a réussi. Le voilà influent, puissant, en passe des plus grandes choses. La vague a soulevé son vaisseau par-dessous et elle le porte. Il a le vent et la marée. Elle, assise au rivage, elle l'admire, mais ne le suit plus. Parfois même ses yeux s'éblouissent, et elle ne se rend pas bien compte de cette grande et heureuse navigation. Heureuse ? Elle l'est moins pour ce cœur aimant et fidèle, qui dit : « Il est là-bas... Que ne suis-je avec lui ? »

Dérision du sort. Plus jeune et moins intelligente, au fond moins tendre aussi, quand elle ne faisait rien que se laisser aimer, quand elle n'était rien qu'une belle créature de Dieu, une agréable chose, elle eut cet insigne bonheur d'être serrée à lui dans une apparente unité. Et voilà que maintenant qu'elle est une âme, une personne, maintenant que son cœur agrandi contient un infini d'amour, la fortune et le succès le tiennent comme séparé d'elle. Si loin ! si près !... Un jour de gloire peut-être... Demain, la vie aura passé !

En le voyant en face si fort et si ardent, si ferme sur ses reins, dans la beauté royale et dans la joie virile que Nature donne aux puissants mâles dont elle attend beaucoup encore, elle admire, elle rêve, elle est heureuse... et triste. La jeunesse est entière en lui, entières les forces de l'amour. Le torrent de la vie, tourné vers l'action, n'aura-t-il pas quelque retour aux illusions d'un autre âge ? Tous le pensent, tous imaginent que le trésor qu'il a chez lui, cette douce et touchante beauté, cette perfection trop accomplie, ne le retiendra pas toujours. De toutes parts, le monde, hommes pervers et femmes équivoques, par tout moyen, intrigue, ruse, audace, badinage, ironie, que sais-je? travaille universellement à troubler, envahir, l'homme du jour qui a réussi. Ignore-t-elle tout cela, la pauvre colombe au logis? Non, de loin, elle en voit assez pour en avoir le cœur bien gros. Qu'y peut-elle? Elle n'a garde d'approcher de ce monstre du monde qui l'épouvante. Le monde aussi qui a approché d'elle, et qui la sait trop pure pour en espérer rien, tourne le dos et court aux plus faciles.

Solitaire, et d'autant plus humble, elle n'ose nullement se comparer aux beautés à la mode. Ces altières amazones qu'elle voit passer de loin, elle les admire de bonne foi, et non sans peur. Reines? princesses? grandes dames à coup sûr, piaffant sur de brillants coursiers. Elle se tient pour vaincue d'avance. « Hélas! quelle vertu, quelle sagesse, quel héroïsme d'amour, résistera à ces Alcines, à ces triomphantes Clorindes? Malheur à la pauvre Herminie!... »

Elle ignore tout à fait ce que son mari voit de près, la misère, la laideur morale de tout cela. Tous les efforts qu'on a faits récemment pour nous parer la triste idole du jour, la *femme entretenue*, ce moyen terme ignoble entre la dame galante et la fille publique, n'ont pu la rendre belle. Idéale encore dans *Isidora*, mais avec les plus durs contrastes, elle est tombée rudement au réel dans la *Dame aux camellias*. L'adresse et le talent du peintre n'en laissent pas moins voir la choquante désharmonie du personnage, poitrinaire délicate, qui, dit-il cependant, « boit et jure comme un portefaix. »

Si le mari, entraîné par hasard chez un ami, voit sa triste maîtresse, si grossière sous son élégance, il sera fidèle à toujours.

Oh! que Rousseau a donc raison de faire la différence d'une femme et d'une dame!... Chose de rang? de fortune? Point. C'est une distinction de cœur. J'ai vu une vieille blanchisseuse qui était dame, et plus que dame; elle aurait figuré sur le trône du monde.

Un jour où le mari vient de quitter l'ami en question, où il l'a vu ennuyé, excédé de sa petite fille qui ne sait parler qu'après boire, il trouve sa femme au milieu des hommes graves qui étaient venus pour affaires. Elle les étonne de son grand sens et de son esprit positif. « Qu'est-ce? dit-il. Qui lui a enseigné cela?..... Elle sait tout sans avoir appris. »

Qu'elle est touchante, à ce moment! J'ai eu ce bonheur, plusieurs fois, d'y observer l'excellence de la femme lorsqu'elle voulait devenir l'auxiliaire de son mari, prenait ses idées, ses affaires, s'y intéressait avec passion, soutenait même ses opinions avec une vivacité qu'il n'y aurait jamais portée. Bien loin de contredire, j'entrais dans sa pensée, et j'ajoutais presque toujours un mot qui honorait son mari devant elle, fortifiait leur union. J'ai toujours eu en ce monde la religion de l'Amour et le désir de l'augmenter.

Représentez-vous donc l'heureux mari, à ce moment où il revient non attendu, et la voit qui combat pour lui. Quelle surprise et quel charme! C'est la Desdemona de Shakspeare sous le casque. Il sourit, il l'embrasse, disant comme Othello : « O ma belle guerrière ! »

Combattre et disputer n'est rien. Qu'elle serait heureuse de l'aider sérieusement ! Eh ! n'est-elle pas son jeune frère ? Elle a ses mouvements, ses gestes, et son écriture même. Si parfois, couché tard, il dort un moment le matin, il ne la trouve plus. Il y a, à son bureau, quelqu'un qui tout doucement s'est levé à quatre heures et qui écrit les lettres pressées. Apparemment quelqu'un qui sait bien sa pensée, connaît ou devine tout. Un élève peut-être? un charmant petit secrétaire? Nommez-la comme vous voudrez.

Elle a pris les deux sexes, et, dans son audace timide, elle a un charme de jeune homme et d'enlant. Ses trente-six ans en valent quinze. Mais l'écolier docile, pour peu qu'on le désire, se refait la dame amoureuse et plus obéissante encore. Le matin, il s'éveille, ne la voit pas, s'inquiète, l'appelle. Et la plume est jetée ; M. le secrétaire accourt, humble page, à son lit.

Oh ! qu'il est attendri ! Il l'attire à lui doucement. Mais, chaste, elle s'assoit au petit bord. Dans un transport sacré, il voudrait lui passer son cœur, le lui mettre en sa main, s'ouvrir enfin à elle des mystères de son art ou du secret de ses grandes affaires : « Que ne puis-je pour toi supprimer le temps, supprimer la longue succession d'efforts et de pensées dont nous achetons si chèrement les résultats de la vie ! te donner, sans fatigue, le monde et la science, t'infuser tout dans un baiser ! » Mais, au premier mot, il voit le miracle s'opérer. Dieu donne à la pureté un don singulier de lumière. Son sens droit, qu'aucun mensonge, aucun sophisme corrupteur, n'a faussé jamais, lui fait saisir tout d'abord le fond même de l'abstruse énigme. Qu'il est surpris ! qu'elle est heureuse ! Dans sa vivacité d'enfant, elle s'écrie : « Je t'ai donc compris ! »

Mais rien de ce qu'elle touche ne peut manquer de s'embellir. Elle essaye de reprendre timidement ce qu'il a dit ; dans ce qui semblait sec et terne, elle met sa grâce de femme et la fraîcheur de la nature.

C'est comme si la plage aride de la mer, égayée d'un charmant ruisseau, tout à coup se couvrait de fleurs.

Délicieuse découverte de la voir pour la première fois dérouler sous un œil aimant le mystère infini de la grâce, qu'une certaine pudeur du jeune âge lui faisait toujours contenir. Cette virginité, jusque-là réservée, qui n'avait pu s'ouvrir encore, elle se livre enfin, offre à l'amour la fleur inattendue de l'âme.

II

ELLE ADMINISTRE ET GOUVERNE LE RÉGIME ET LE PLAISIR.

A la voir obéissante, docile, attentif écolier, suivre les idées du mari et recueillir ses paroles, vous croiriez qu'il a ici toute initiative. C'est exactement le contraire.

Aujourd'hui qu'elle est lui-même, imbue, imprégnée de lui, aujourd'hui qu'elle est son âme (et son âme réservée pure), il est grandement de l'intérêt de l'homme qu'elle administre, gouverne, qu'elle règne dans la maison.

A vous parler franchement, il n'en est plus guère capable. Le tourbillon de la vie, le crescendo de l'action, le poussent tellement jour par jour, que ce petit monde intérieur lui devient presque étranger. C'est l'effet du progrès du temps, de l'absorption qu'exerce la spécialité; c'est l'effet du succès même; l'homme, comme sous un vertige, va de plus en plus loin de soi. Qu'arriverait-il s'il se livrait entièrement à ce mouvement centrifuge ? Que le centre lui manquerait, que le point fixe où chaque jour la nature l'oblige pourtant de rentrer pour reprendre force, que ce point devenu flottant ne lui prêterait plus appui ni repos. C'est ce qu'on peut observer en toute maison où l'épouse, la sûre gardienne de l'homme, ne veille pas au foyer.

Bizarre est l'inconséquence du temps. S'agit-il de briller, de gagner, de faire fortune, ils sont tous ce qu'ils appellent *positifs*, ce qui veut dire, grossièrement matériels. S'agit-il d'entretenir, de renouveler les forces et l'activité par lesquelles on gagne ou l'on brille, ils ont toute l'insouciance qu'aurait le spiritualiste qui croirait ne devoir rien au corps, tout à l'esprit. Nous sommes généralement nourris par nos domestiques, c'est-à-dire par nos ennemis, ou bien encore au hasard par ces grandes officines qui chaque jour alimentent de même des milliers d'hommes, différents de santé, de tempérament, de situations, ayant des besoins tout contraires. Ce qui pour l'un est salubre, pour l'autre est empoisonnement.

Si vous méprisez tellement le corps (l'instrument indispensable pourtant de votre activité), respectez votre pensée, respectez votre volonté, qui, sachez-le, sont jour à jour influencées par le régime. Il ne faut pas faire les fiers, mais dire les choses comme elles sont. Votre cuisinière vous gouverne. L'aliment malsain, irritant, qu'elle vous a donné ce soir, cette nuit troublera l'estomac, donc l'esprit. Demain ou après, exaspérant les entrailles, il décidera des résolutions précipitées, violentes, que sais-je? parfois libertines, et quelque grande folie.

Je soutiens, hommes de Bourse, que plus qu'aucune pensée, c'est l'influence alimentaire qui, dominant vos humeurs, vous met à la hausse, à la baisse.

Moi qui toujours contre tous ai défendu les droits de l'âme, il m'appartient de dire ici ces choses de bon sens vulgaire, que tous disent, mais légèrement, comme ici on dit toute chose, sans songer jamais au remède.

A la mauvaise Circé qui change les hommes en bêtes, il faut opposer la bonne, qui changerait les bêtes en hommes. La bonne Circé, c'est l'épouse tendre et prévoyante, qui jour par jour enveloppe ta vie physique de sa sollicitude, qui ne connaît rien de noble, de touchant et de sacré au prix de la conservation de celui qu'elle aime. Elle quittera une lettre importante, un travail pressé, sérieux, qu'elle faisait pour t'aider, s'il s'agit de l'œuvre supérieure, la préparation du mets qui doit te refaire le soir

Elle ne se fiera pas aisément à cette fille, inintelligente et légère, qui t'irriterait l'estomac, ou te nourrirait à vide, amuserait ton goût au lieu de réparer tes forces. Elle y mettra ses belles mains, de distinction souveraine, que la nature semble avoir faites pour recevoir uniquement l'hommage et le baiser des rois. Ta vie, c'est sa vie; ta force réparée, qui donc plus qu'elle y a intérêt? Elle n'y épargnera rien. Pour qui le premier sourire de la nature épanouie, si ce n'est pour elle?... A toi de payer en amour.

Elle a constamment sous les yeux, dans sa mémoire et dans son cœur, le bilan complet de ta vie; elle voit à nu ton équilibre intérieur et la balance de tes forces, ce que tu prodigues en travail, en paroles ou en démarches, à quoi elle subordonne l'économie de tes plaisirs intérieurs. Oh! qu'à bon droit tu l'appelles (en grondant un peu) *ménagère!* Ce qu'elle ménage le plus, est-ce l'argent? non, surtout ce dont elle parle le moins, ce qui la regarde elle-même. Elle est ton inquiet médecin, mais de médecine préventive, qui craint toujours, modère toujours, veille surtout à ce que, dépensant peu, gagnant beaucoup, réparant toujours largement, tu restes au-dessus, fort au-dessus de tes affaires. C'est l'amour qui, à ses dépens, à tout prix, fait admirer dans le monde du dehors l'éclat puissant de ton regard, l'intensité de ta vie, ton énergique activité.

En toute chose de tendresse, elle n'est nullement ignorante. Elle sait autant que personne, non-seulement la valeur nutritive des aliments, mais le temps où ils agissent, tels rapides dans leur action, tels lents au contraire qui influeront puissamment, mais à distance. Elle sait très-bien aussi que l'aliment fort, excitant, n'aura toute son action pour les jours essentiels que si, quelques jours d'avance, il est précédé d'un régime plus doux qui rende aux organes leur susceptibilité vierge et augmente leur absorption.

Tel est le souci de l'épouse sur tout cela, que souvent elle le regarde manger plus qu'elle ne mange elle-même. Avec tout son respect pour lui, elle se défie un peu de lui. L'homme qui rentre, ayant donné beaucoup de vie, est naturellement trop porté à la reprendre sans compter. Voué aux œuvres de force, tout homme a des côtés barbares; il veut des fortifiants, et souvent il les veut trop. Elle qui n'est point fatiguée, d'autant plus sobre et plus sage, elle met toute son adresse à l'arrêter sur cette pente, à le tromper un peu, s'il faut. On loue les femmes sans art; moi, je veux qu'elles en aient beaucoup, et de pieuses ruses, que l'amour inspire pour notre bonheur. Celle-ci, si chaste et si pure, et qui le ménage tant, elle n'hésitera pas pourtant à se dévouer au besoin, pour tourner ailleurs son esprit. C'est son nourrisson après tout. Et, si l'enfant n'est pas sage, il vaut mieux, sans brusquer rien, faire aussi un peu l'enfant. Cette prévenance de tendresse, qui le surprend et le charme (aussi dans sa vanité), lui fait croire que la plus raisonnable a parfois un moment faible, et c'est au contraire alors que la bonté intelligente fait son œuvre réfléchie de mentor et de médecin.

———

Les femmes ignorent leur puissance, ou dédaignent de l'employer dans l'intérêt de la famille. Cependant il est certain qu'avec un mari régulier, de santé égale, qui n'a et ne veut avoir aucun attachement au dehors, elles peuvent à certains moments tout ce qu'elles veulent. L'amour est, chez l'homme, impatient et peu capable d'attendre : donc, il compose facilement. La crise génératrice, qui pour la femme arrive au bout de vingt jours, profonde, mais douloureuse, et d'autant moins exigeante, revient tous les trois jours pour l'homme (si nous prenons la moyenne que préfèrent Haller et autres). Et ce n'est pas, comme on le croit, un simple besoin de plaisir, c'est celui d'un renouvellement à la fois moral et physique. Non satisfait, il laisse l'organisme dans un état de tristesse tout à la fois morne et trouble ; le cours vital, sans issue, est comme un fiévreux marécage. La vraie vie, c'est le mouvement. La femme, souvent maladive, épuisée et par les couches, et par des pertes habituelles, apprécie rarement la constitution si différente de l'homme, qui, n'ayant nul dérivatif, garde la force concentrée, donc, l'exigence du désir, très-loin, très-tard dans la vie. De bonne heure, il la fatigue, l'ennuie. Il est reçu souvent sans pitié, sans égard, parfois avec des risées.

Bref, elles s'arrangent si bien, qu'au lieu de tourmenter une femme déjà fanée, il prend une jeune maîtresse.

Qui a créé, contre les dames, la *Dame au camellia?* Leur propre bégueulerie.

Lorsque le soir le mari hasarde un mot de tendresse, on dit : « Que vous êtes léger! Vous plaisantez? » — *Non, madame, souvent il est fort sérieux*, il souffre, il a besoin d'oublier. Il a besoin de cette douce et maternelle consolation que la femme doit aux travaux de l'homme. C'est lui qui soutient pour vous le grand combat de la vie, dont vous avez le repos et les jouissances. Il a besoin d'oublier les soucis de son commerce, l'injustice et l'arbitraire de son chef administratif, les intrigues et les calomnies de ses concurrents. Que sais-je?... Un baiser de vous, un sourire de vous, un doux retour d'affection, d'intérêt pour de tels efforts, enfin ce bonheur d'union matérielle et morale qui refait une âme brisée, voilà ce qu'il lui fallait.

« Mais, mon ami, à notre âge (ils ont quarante ans peut-être), quand on a de grands enfants!... Cela devient ridicule. »

Il l'a vue toute la soirée faire la jeune et l'agréable pour un sot prétentieux, à qui elle prodiguait ses plus doux regards. Mais, ici, elle se dit vieille. Eh bien, il la prend au mot, il ira chercher ailleurs.

Il s'éloigne, non-seulement privé, mais mortifié. C'est souvent de ce soir-là qu'on peut dater le divorce. Il la fuit... Non, il la hait. Le passage est souvent brusque. Demain, il achète une actrice, et se lance dans une autre vie. Malheur à la femme, aux enfants!

Elle dira : « Pourquoi m'accuser ? Je sais bien à quoi m'obligent les commandements de Dieu et de l'Église, les promesses du mariage. Je lui devais des enfants, et je lui en ai donné. A la rigueur, je ne refuse rien du devoir dû; je subis, s'il le faut, ce qu'il faut subir. Mais rien pour le vain plaisir, rien pour l'amusement, le caprice. »

Et croyez-vous qu'on accepte la passivité désolante qui, dans l'étreinte elle-même, fait sentir le froid de la mort, bien plus, la sèche ironie qui observe et qui critique, qui rit au moment sacré?... Solitude des solitudes, divorce en pleine union! désespoir!... Quel célibat ne vaut mieux? Tranchons plutôt, comme Origène, et que le fer en finisse.

Elles sont chastes avec le mari, on le sait; mais avec les autres? Ce qu'on lui dispute, est-il sûr qu'on le refuse à l'ami?

Madame, qui savez mesurer le bonheur à si juste dose, écoutez bien cette histoire :

La mère demande à l'enfant ce qu'il veut de confiture... « J'en veux *trop*. » — On lui avait dit, chaque fois, en lui mesurant, qu'au delà ce serait *trop*. Et c'est justement ce trop qu'il voulait.

Il en est ainsi de l'amour, *assez* ne lui sert à rien.

« Mais ce *trop* signifierait-il les choses bizarres, humiliantes, que l'ancienne casuistique accorde si libéralement à l'exigence conjugale, ravalant tellement la femme et la livrant sans réserve aux caprices insensés, impitoyables de l'époux ? »

N'ayez peur. Pour la femme adroite, aimable et aimante, d'une innocente gaieté, ce *trop* qui vous épouvante est souvent bien peu de chose. Parfois, c'est une misère qu'on n'oserait dire seulement, tant elle paraîtrait futile ; c'est le moindre enfantillage.

Plus l'homme, au dehors, a la vie tendue, soucieuse, calculatrice et militante, plus au dedans il a besoin de bonté. La femme la plus raisonnable sait bien ce qu'il faut à ces heures. Elle sait qu'il ne la juge pas pour cela moins sérieuse au fond, moins solide. Au contraire, plus il la sait telle, plus il lui sait gré du contraste. Il y sent son affection, et il en est attendri. Que ce cher associé, qu'il connaît si zélé pour lui, oublie tout à coup les affaires, ne soit sensible qu'à une seule, le consoler, le distraire, l'égayer, cela l'émeut fort. Il rit, mais il est touché. Un mot tendre, une caresse inattendue, la privauté de je ne sais quelle petite audace où reparaît la jeune fille, c'est d'un invincible effet. Nul sérieux, nul chagrin ne tient contre. Jamais la mer capricieuse, dans ses moments sombres où vous ne voyez que nuages, ne donna, sous un coup de vent, une si ravissante éclaircie.

La femme n'est pas jetée, comme nous, dans l'identité du moule scolastique. C'est ce qui la laisse, à tout âge, belle d'instincts, de surprises et d'inattendu. Elle a des réveils surprenants. La plus simple a souvent en elle d'infinis replis de nature, des beautés cachées, secrètes, telle réplique vive et charmante, tel mouvement jeune et joli, que son mari, en dix ans, en vingt ans, ne lui vit jamais. Telle, mariée depuis longtemps, n'en garde pas moins une innocence relative, oubliant (si vous voulez par légèreté), tout ce qui l'eût fanée, vieillie. Elle reste neuve, en un sens, et, pressée d'amour, y répond par des naïvetés singulières et des ignorances adorables de ce qu'elle apprit tous les jours.

Cela ne s'imite pas. L'innocence de l'épouse est le mystère du saint des saints qu'on ne devine point du dehors. Toute autre femme est arrangée, ou elle n'est libre que dans la laideur de l'ivresse. Mais celle qui est à toi pour la vie, sans politique d'avenir, sans réserve de coquetterie, se donne toute à la nature en sécurité complète, et elle n'en est que plus belle, plus touchante, délicieuse. Ce ne sont pas jeux de chattes, ni l'obscénité calculée, ni les grâces fausses et discordantes de nos froides filles entretenues (comme un violon sans âme qui crie sous l'archet). Les douces gaietés d'une femme qui joue, rit et dit : « Je suis folle... Qu'importe, si c'est pour toi? » c'est la Divine comédie, le secret Noël du mariage, dont tu n'auras hors de là qu'une contrefaçon désolante. Cette grâce rieuse, que nous adorons dans les petits enfants, elle est bien autrement charmante (parce qu'elle est plus imprévue) dans la jeune dame, si sage en l'absence de celui qu'elle aime, et si grave pour les survenants. Tous disent : « Elle n'est pas gaie. Peut-être il la rend malheureuse... » Lui rentré, elle s'échappe et met gaiement le verrou.

III

ELLE AFFINE L'ESPRIT — OU REND L'ÉTINCELLE

Les sauvages craignent le plaisir : « Il casse le jarret, » disent-ils. Nul doute que, si l'on devait partir à jeun sur la neige pour une chasse de deux cents lieues, comme il leur arrive parfois, ou soi-même être chassé à mort par une tribu ennemie, dans ces terribles circonstances, on ferait fort sagement de se réserver.

Dans l'état civilisé, ce n'est pas la même chose. Si l'amour atténue la force brute et l'imagination matérielle qui, sous l'influence du sang, porte au cerveau les images grossières, en revanche l'amour affine les facultés délicates. Le contact d'une femme pure, aimée, dont le cœur répond au cœur, communique quelque chose de son excellence morale, de sa douce sérénité. L'esprit en reste harmonisé. Les lendemains sont admirables de lucidité. Le flot sanguin, et sa compagne, cette poésie charnelle et barbare qui tient au tempérament, sont pour un moment domptés, et les nuages fantastiques dont elle obscurcissait l'esprit, s'écartant, lui laissent voir le vrai en pleine lumière. L'observation, l'analyse, la logique, cette trinité des facultés inventives, ont leur liberté complète, et toute leur fécondité.

Pour tout ce qui veut de la suite, ce qu'on n'obtient qu'en suivant de longues chaînes de pensées, de problèmes successifs, de connues et d'inconnues, il faut un état harmonique, et on ne l'obtient qu'en subordonnant la pléthore de vie qui troublerait sur la route. Les mirages fiévreux qu'elle donne nous font absurdement poètes ou misérablement subtils, nous détournent à droite, à gauche, et font perdre à chaque instant le droit fil de la vérité. Rien de plus obscur que le rut, ou l'état malsain, négatif, de l'abstinence absolue, état réellement impuissant, car la puissance s'annule et se dévore elle-même.

Nul doute que le grand remorqueur ne soit le désir et la force mâle. Mais, pour qu'elle soit féconde, il faut qu'à sa sèche âpreté se mêle le fondant suave des facultés féminines. Charmant miracle de nature ! Le génie, hier arrêté sur la voie de l'invention, rencontrant un de ces nœuds qu'on ne sait comment résoudre, ayant tourné tout autour, désespéré, et jeté tout, tristement s'assoit au foyer. Elle voit bien sa tristesse : « Mais qu'as-tu ? Je ne veux pas, je ne peux pas te voir ainsi… Eh ! laisse là ton idée; oublie, je t'en prie, sois heureux ! » C'est justement ce moment d'oubli, de bonheur, qui a tout changé. Sa vue en est renouvelée, sa puissance rafraîchie ; une électricité nouvelle lui revient pour l'exécution. Il est devenu un autre homme. Comment ? Aimanté de la femme, de cette grâce de nature et d'aimable facilité qu'elle a et donne à toutes choses, il sourit du léger obstacle qui l'avait arrêté la veille.

Me trouvant à Montpellier, j'y vis avec religion une mauvaise feuille tachée, un garde-main du Puget, où, parmi quelques traits vagues, il avait écrit tout en haut ces vers du poëte antique :

>Casta placent superis. Castâ cum mente venito,
>Et manibus puris, sumito fontis aquam.

J'éprouvai une émotion comme on l'a en entrant

dans une grande église ou dans un tombeau romain, ou sous l'amphithéâtre d'Arles. Il est évident que cet homme, qui eut la grave mission d'exprimer l'âme souffrante d'un siècle, en commençant sa journée, offre ici à Dieu, à son art, ses privations volontaires. Il sent qu'il est responsable, il veut être digne et fort.

De lui, chaque œuvre est un soupir. Était-ce le Milon saisi dans le chêne, étaient-ce les Atlas écrasés et si douloureux, de Toulon, qu'il rêvait alors, ou la pauvre petite Andromède, évanouie de douleur dans sa délivrance même? je ne sais. Mais je vois qu'alors il se recueillait et se concentrait, demandait force à l'Amour pur pour en faire les œuvres éternelles qui rempliront à jamais les cœurs d'amour et de pitié.

L'art humain n'a nul procédé, nulle puissance, qu'à imiter l'art divin. Qu'a fait, que fait celui-ci? Du grand torrent de la vie, l'Amour crée les générations, tout le progrès ascendant des espèces. Et, d'une goutte concentrée de ce torrent, il a créé et il crée le monde de l'invention, tout le progrès de l'idée.

Cette concentration des forces vitales par l'abstinence du plaisir, à quel prix est-elle féconde aux œuvres de la pensée! A la condition suprême d'*être libre*. Un sacrifice n'est vraiment un sacrifice qu'autant qu'il est volontaire. La liberté seule mérite, la liberté seule est féconde.

L'amour captif, gardé de murs, chaste malgré lui, est stérile. Il se tourne contre lui-même. Sa flamme ne sert qu'à son supplice et reste sans expansion. L'âge vanté du célibat, le moyen âge, n'a eu ses grands résultats que par des hommes mariés. Abailard l'était, Dante aussi. Les Francs-maçons, qui ont trouvé, réalisé l'art propre à cette société, vivaient autour des églises en familles, et continuaient ces grandes œuvres de siècle en siècle par un travail héréditaire.

Le mariage seul donne à la fois les deux puissances du génie : l'*harmonie* par le bonheur pur, et par moment l'*étincelle* dans l'abstinence volontaire, libre ajournement du bonheur.

La beauté, l'efficacité de ce sacrifice, c'est sa liberté ; c'est de résulter de l'entente, de l'unanimité parfaite de deux personnes qui s'aiment.

Ici, la femme est très-noble. Elle veut que l'homme soit fort, efficace et productif. L'amour individuel se sacrifie au grand amour, donc participe à sa grandeur.

Les deux âmes ici sont la même. Il ne faut pas les séparer dans la reconnaissance de l'avenir. Le Puget était marié, et, dans ses œuvres palpitantes, on sent bien ce qu'il en coûta; on y devine le cœur, l'aimante pureté d'une femme qui voulut qu'il aimât dans l'art, qu'il reportât dans le marbre l'amour qu'il lui eût donné, la surabondance de l'esprit de vie. Elle ne fut pas jalouse de la charmante Andromède, s'immola à sa rivale. Au moment où le grand artiste, brûlant de ce feu sacré, se leva pour écrire les lignes qu'on a lues, je crois entendre la voix de la sainte épouse : « Ami, pense à la petite, et réservons tout pour elle. Aime-la. C'est mon enfant. »

———

Il eut raison de l'écrire : « La pureté plaît à Dieu. » Elle nous aide à imiter Dieu, et à créer comme lui.

Mais la pureté n'est pas un isolement sauvage. Elle augmente, par moments, au contact de ce qui est pur. Qui n'a eu de ces nuits troubles où grondait l'orage intérieur, où l'âme, misérablement alourdie de honteux désirs, nageait aux fanges d'un marais? L'aube vient enfin heureusement; près de toi tu vois l'innocence, la sérénité. Elle ouvre les yeux, sourit; tous les mauvais esprits s'enfuient. Tes songes? oh! tu n'oses les dire! tu ne voudrais pas les savoir!... Dans la sainte coupe d'amour, tu te reprends tout entier, ton âme, ta vertu, ta lumière, avec un rayon de l'aurore, une perle de fraîche rosée !

La femme pure en qui l'homme a senti vraiment son autel, qui lui est unie de cœur, qui pense et veut comme lui, a en elle un mystère étrange de fécondité spirituelle qu'on n'a guère encore décrit. Ce que la Fable raconte du fils de la Terre qui pour reprendre force n'avait qu'à toucher le sein maternel, elle le réalise à la lettre. Elle est véritablement la Nature, tendre, bonne et sainte, qui, au simple contact physique, par la vertu de l'amour, suscite un flot de vie morale. — As-tu une grande pensée? dis-la lui le soir ou la nuit. Heureuse de ta confiance, heureuse de son espérance de te voir grandir encore, elle a tressailli, son cœur rit, elle t'embrasse... Moment sacré ! Respecte-le. Voilà ton cœur riche et plein. Conserve-le haut. Lève-toi dans la royauté que sent en lui celui qu'on aime, dans le sentiment fier, exquis, d'emporter ton amour entier. Rien que d'avoir touché son Dieu, c'est du bonheur pour tout le jour.

L'austère élan du sacrifice, le charme du paradis ! deux forces ! toutes deux sont avec toi... C'est le moment où l'homme dit :

« Aujourd'hui je suis en puissance, et je puis ce que je veux. »

Ainsi la Reuss ou le Rhône, les rapides fleuves

des Alpes, en traversant les beaux lacs qui les retiennent un moment, n'y arrêtent pas leur cours. Ils y prennent un essor immense. En sortant, tout leur est possible. Transfigurés d'un vif azur, ils vont emportant le reflet de ces paysages sublimes et du ciel miré dans leurs eaux.

IV

IL N'Y A POINT DE VIEILLE FEMME

Vasari a dit un mot remarquable sur le vieux maître Giotto, créateur de l'art italien : « Dans l'expression des têtes, le premier il mit la bonté. »

Le rayonnement de la bonté, c'est l'âme de l'art moderne. Ses œuvres nous prennent le cœur justement en proportion qu'ils expriment plus de bonté.

On admire comme tableaux les nobles madones de Raphaël. Qui jamais en fut amoureux ? Au contraire, la Madeleine du Titien (une simple tête qui est à Venise), une bonne fille de pêcheur, belle et forte et pas très-jeune, touche tellement par ses larmes, qu'on s'écrie : « Oh ! qui eût le cœur assez dur pour affliger une si bonne créature ! Parle donc, dis ce que tu veux ! Je voudrais tant te consoler ! »

Le Titien peint de préférence des belles dames de trente ans. Rubens va sans difficulté jusqu'à quarante et au delà. Van Dick ne connaît point d'âge; chez lui l'art est émancipé ! Il a méprisé le temps. Le puissant magicien Rembrandt fait plus : avec un geste, un regard, un rayon, il enlève tout. La vie, la bonté, la lumière, c'est assez pour nous ravir. « Quel fut le modèle ? » Adorable. — « Et beau ? » Je ne m'en souviens plus, je l'ai tout à fait oublié.

L'art ignorant du moyen âge suppose que jeunesse et beauté sont absolument synonymes. Pour peindre la mère du Christ, ils vont prendre des petites filles immobiles et insipides. Les grands peintres des âges modernes, très-savants observateurs, ont bien vu que la beauté, comme toute chose, a besoin de temps pour s'accomplir et s'achever. Les premiers ils surent ce mystère, inconnu de l'antiquité, que le visage et le corps n'arrivent nullement ensemble à l'apogée de leur beauté. Le premier est fatigué quand l'autre est en pleine fleur.

Une sévérité cruelle qu'on a pour les femmes, c'est de les juger précisément sur ce qui se fane le plus, le visage. Mais chez nous surtout, en France, où la physionomie est si mobile, où l'œil rapide, où la bouche gracieuse, souriante, éloquente, sont en constante agitation, les muscles, de très-bonne heure rompus à tout mouvement, ont une souplesse, un fuyant, qui exclut la fermeté fixe, tendue, de la beauté du Nord. Une Française a mille jeux, mille variations de physionomie, pour dix qu'une Allemande aurait eues. Donc, ce visage se fane. Est-ce à dire que dans notre race la chair soit moins ferme? Au contraire. Dans telle blessure où l'Allemande a besoin du secours de l'art, la Française guérit d'elle-même.

Il n'est pas rare pour celle-ci que le corps ait vingt-cinq ans et le visage quarante. Des plis se creusent autour de l'œil, à la joue, lorsqu'au contraire le genou, le coude, naguère saillants, ont pris de jolies fossettes. Même contraste pour la peau : à la face, détendue par le jeu constant des muscles, elle est déjà moins unie, quand partout ailleurs, parée d'un délicat embonpoint, elle est jeune et gagne l'éclat du lis ou de la rose thé.

Cette ampleur de formes n'a pas des effets tout matériels, ainsi qu'on pourrait le croire. Elle en a aussi de moraux. Elle est singulièrement favorable à augmenter et faire valoir l'expression de bonté que la femme prend souvent alors, quand, moins troublée des concurrences et des aigreurs féminines, elle suit la pente bienveillante d'un cœur sympathique. Ses beaux bras d'extrême blancheur, son menton plus arrondi en dessous et de morbidesse exquise, je ne sais quoi de tendre répandu partout en elle offre l'idée la plus charmante de maternité. Non pas la maternité exclusive de la jeune femme, concentrée toute en un enfant, très-froide souvent pour tout le reste. Mais une extrême bonté pour tous. Dans le regard, des caresses. Et, s'il y a du bien à faire, quelque malheur à consoler, l'œil humide et l'agitation d'un sein riche de pitié, d'amour.

C'est un signe très-mauvais pour un temps quand les hommes ne sentent plus la beauté de la bonté. Temps odieux où, n'ayant pas besoin de retour, ne cherchant réellement que le plaisir solitaire, on le demande à la jeunesse la plus jeune, et, par un progrès maudit, à l'enfance même!

Ces barbares en sont punis, et de plusieurs manières. Ils sont de plus en plus barbares, grossiers de mœurs et de langage. Une génération qui n'est pas formée par les femmes de mérite est une génération de rustres.

L'amour égoïste et dur, l'amour cruel, a ceci, qu'il sèche, comme l'eau-forte. Où il a passé, rien ne reste. C'est un champ stérile à jamais.

Et enfin, pour en venir à ce que leur goût dépravé (triste fantaisie d'impuissants) cherche et veut au prix du crime, la pauvre jeune victime n'a rien au fond pour répondre à ces féroces exigences. Mal nourrie, de forme indigente, que donne-t-elle? ce qu'elle a, hélas! rien que la douleur.

Pour les brillantes, les rieuses, filles de luxe et de bruit, de théâtre et de cavalcade, qui vous mangent jusqu'aux os, est-il bien sûr que ces belles, avec leur folle bacchanale d'ivresse et leur vie d'enfer, nuits sans sommeil, etc., pussent soutenir la comparaison, dans un vrai jugement de Pâris, avec la dame qui toujours a vécu d'un doux régime, sage et pure? Vingt ans de moins n'empêcheraient pas souvent que nos insolentes lionnes ne restassent fort humiliées.

Du reste, *une dame* est une dame. Son élégance naturelle, l'harmonie qui est en elle, suffisent pour saisir le cœur, plus puissamment que ne peut faire *la demi-dame* où l'harmonie se dément visiblement par quelque fâcheux détail.

Au moyen âge, la châtelaine que le petit page servait à genoux, ou dont il portait la queue, était infailliblement jeune et belle. Pour elle était le premier éveil de l'imagination, des sens. De même dans tous les temps. Aujourd'hui, la grande dame, qui, le matin, à sa toilette, dans les dentelles et les parfums, croit pouvoir sans conséquence donner un ordre ou un billet à son petit domestique, fût-elle bien mûre et presque vieille, lui fait souvent battre le cœur. Elle est jeune pour lui d'élégance et de cette essence de fleurs dont il sort comme enivré.

Qui se trompe? cet enfant, ou vous? Peut-être, ce n'est pas lui. Dans cette dame qui a perdu de son éclat extérieur, quelques agréments visibles, il sent, d'un très-juste instinct, qu'une grande puissance réside, qu'elle peut toujours exercer. *Il n'y a point de vieille femme.* Toute, à tout âge, si elle aime et si elle est bonne, donne à l'homme le moment de l'infini.

Plus que l'infini du moment. Souvent celui de l'avenir. Elle souffle sur lui. C'est un don. Tout ceux qui le voient ensuite disent sans s'expliquer la chose : « Mais qu'a-t-il?... Il est né doué. »

Il y avait eu je ne sais combien de Rousseau avant Rousseau, tous raisonneurs, ergoteurs, éloquents. Et pas un n'avait entraîné le monde. Une femme souffle sur lui, d'amour et d'amour maternel. Et Jean-Jacques en est resté.

V

LES ASPIRATIONS DE L'AUTOMNE

Avec la fin de septembre (au moment où j'écris ceci), l'année est mûre. Elle atteint son achèvement réel, non-seulement par les récoltes, mais dans toutes ses harmonies, dans la température parfaite et la parfaite balance des nuits et des jours. Le ciel y répond à la terre. Voilé le matin par la brume, le soleil fait le paresseux, comme n'ayant plus grand'chose à faire. Et chacun aussi a fini. Il semble que ce soit dimanche, ou comme un repos du soir. Et qu'est-ce en effet que l'automne, sinon le soir de l'année?

Belle saison, tout à la fois souriante et recueillie. Il reste encore quelques fleurs, mais qui s'en vont une à une. La marguerite résiste. Le splendide et froid dhalia lutte encore, pendant tout octobre, contre le piquant du matin. Les hirondelles tournoient, s'appellent. Dans tout le Nord, la cigogne, ayant gravement sur un pied rêvé son voyage, se prépare à quitter les toits.

Tout cela plus sérieux encore dans les lieux voisins de la mer, qui y touchent sans la voir, qui n'en ont pas les spectacles, mais entendent sa grande voix. La terre, déjà au repos, en silence, écoute les plaintes, les colères du vieil Océan qui frappe, recule et refrappe, avec des rimes solennelles. Basse profonde qu'on entend moins de l'oreille que de la poitrine, qui heurte moins le rivage encore que le cœur de l'homme. Avertissement mélancolique. C'est comme un appel régulier que fait le balancier du temps.

Je vois d'ici une dame (celle que ce livre a prise jeune et conduite au déclin de l'âge), je la vois marcher pensive dans un jardin peu étendu, et défleuri de bonne heure, mais abrité comme on en voit derrière nos falaises de France ou les dunes de Hollande. Les arbustes exotiques sont déjà rentrés dans la serre. Les feuilles tombées dévoilent quelques statues, qu'on regarde plus volontiers maintenant que manquent les fleurs. Luxe d'art qui contraste un peu avec la très-simple toilette de la dame, modeste, grave, où la soie noire (ou grise?) s'égaye à peine d'un sombre ruban grenat.

Parée de rien, on peut le dire, elle n'en est pas moins élégante. Élégante pour son mari, et simple au profit des pauvres.

Elle atteint le bout de l'allée, se retourne. Nous pouvons la voir. Mais ne l'ai-je pas vue déjà aux musées d'Amsterdam ou de la Haye? Elle me rappelle une dame de Philippe de Champagne qui m'était entrée dans le cœur, si candide, si honnête, suffisamment intelligente, simple pourtant, sans finesse pour se démêler des ruses du monde. Cette femme m'est restée trente années, me revenant obstinément, m'inquiétant, me faisant dire : « Mais comment se nommait-elle? que lui est-il arrivé? a-t-elle eu un peu de bonheur?... Et comment s'est-elle tirée de la vie ? »

Celle-ci me rappelle encore un autre portrait, un Van Dyck, une pauvre dame fort blanche, maladive. Le pâle satin de sa peau, d'incomparable finesse, orne un corps souffrant qui mollit. Dans ses beaux yeux flotte une grande mélancolie, celle de l'âge? des chagrins de cœur? du climat aussi peut-être. C'est le regard vague, lointain, d'une personne qui a eu habituellement sous les yeux le vaste Océan du Nord, la grande mer grise, déserte, sauf le vol du goëland.

Mais revenons à celle-ci. Si je ne craignais de troubler sa sérieuse méditation, je dirais : Vous aussi, madame, vous êtes mélancolique ?... Si sage, si raisonnable, si résignée, qu'avez-vous ?

« — Ce que j'ai? monsieur, ce que j'ai? ce que tous ont, à ce moment, un élan vers le grand passage, un besoin de m'envoler. Mais je n'ai pas leurs belles ailes, ni la blanche voile du cygne, ni l'aile en faulx de l'hirondelle. Je tiens ici-bas, je tiens fort... Dieu m'appelle, et cependant je me sens liée au nid... Liée par qui? par Dieu même. Voilà ma contradiction. Ces oiseaux sont bien heureux ; ils émigrent en famille. Nous, presque toujours un à un, nous faisons vers l'autre vie une migration solitaire. On vécut deux ; on part seul pour le voyage inconnu. C'est la tristesse et la crainte qu'apporte l'âge à ceux qui aiment. Je crois, j'espère, je me confie. Je ne mourrai que pour vivre... Mais, hélas! si c'était pour vivre sans revoir ce que j'aimai!...

« Voulez-vous savoir encore ce que j'ai?... Eh bien, je souffre d'être encore si imparfaite. — Il m'appelle son sanctuaire... Que je mérite peu un tel nom!... J'aurais voulu lui garder une vraie pureté d'enfance, un trésor vierge de sagesse, un lieu de repos qui pût être le paradis de son cœur.

J'aurais voulu, chaque jour, dans ce jardin qui est à lui, arracher quelques épines et ajouter une fleur. Cette culture a peu réussi, et je ne vaux guère encore... »

Voilà ses alternatives, les demandes et les réponses qu'elle se fait en se promenant, les doutes qui dans ce moment ont plissé un peu son beau front. Front si pur que le temps respecte et n'ose toucher encore.

Est-ce bien tout?... Sont-ce uniquement les pensées de l'avenir, les hautes aspirations vers la perfection suprême, qui expliquent cette tristesse?.. Moi qui vous connais, madame, vous ayant vue bien jeune encore, j'ose dire que votre cœur cache un secret et le garde. Apparemment vous craignez d'attrister votre mari? Ou faut-il croire qu'une femme conserve toujours, même tard, un peu de timidité pour avouer certaines choses?

« — Vous le voulez?... Franchement, ce qui m'attriste et m'accable, c'est que demain je serai vieille...

« Je ne suis point une sotte pour me révolter contre Dieu. Que serait-ce pour moi de vieillir, si j'étais seule? Mais j'aime, je suis aimée toujours. L'amour est un double mystère. Il n'est pas de l'âme seule : il y faut encore autre chose. Ce bonheur même que me donne un mari fidèle, tendre, d'une intarissable jeunesse, n'est-ce pas chose embarrassante, quand on sent le progrès du temps? C'est pour lui que je voudrais garder quelque peu de ce qui lui plut. Il a toujours eu en moi, il le disait ainsi lui-même, le renouvellement du cœur et la fête de la vie. Son illusion persiste, non la mienne. Je n'ose lui dire ma pensée, mon inquiétude. Si je me tais, si je reçois un culte dont je suis si peu digne, je m'accuse et je m'en veux, comme si j'étais vaine et fausse. Sa tendresse, son adoration m'humilient; il me semble que ses transports sont pour une autre, non pour moi. »

« — Eh bien, croyez-le, madame, la touchante humilité, l'inquiétude, la tendresse émue et reconnaissante qui voudrait rendre l'infini, c'est un aiguillon d'amour. Plus on avance, mieux on voit que réellement la plus charmante est celle qui sent davantage, qui se donne toute, et souffre de ne pas donner encore plus.

« Et c'est aussi ce qui explique l'ardente persévérance qui fait votre étonnement. Qui n'aimerait une femme modeste, simple, ignorante d'elle-même, qui ne voit rien de ses mérites et croit toujours qu'on lui fait grâce? Quel bonheur de la démentir ! et qui n'éprouverait sans cesse le besoin de la rassurer?

« Que regrettez-vous? La beauté de teint, de traits,

que vous eûtes par un hasard de naissance, comme un reflet de votre mère, la faveur accidentelle de l'âge où nous passons tous? Mais la rare et personnelle beauté que vous avez prise, c'est vous-même, votre âme visible, telle que vous la fîtes par une vie pure, une noble et constante harmonie. C'est la lueur de l'amour, comme dans l'albâtre transparent la lampe douce et fidèle qui veille avec nous dans la nuit. »

Quand donc saura-t-on que l'homme est son sculpteur à lui-même? C'est à lui de se faire beau. Socrate naquit un vrai satyre; et, par sa profonde pensée, par la sculpture de raison, de vertu, de dévouement, il refit si bien son visage, qu'au dernier jour un Dieu s'y vit, dont s'illumina le Phédon.

J'ai revu ce phénomène sur un de mes plus illustres amis, le premier linguiste du siècle. Jeune, il eut la laideur mesquine d'un petit paysan normand; mais sa volonté puissante, son labeur immense, ingénieux, pénétrant, lui mirent au visage des signes de délicatesse exquise. Toute la finesse persane errait autour de ses lèvres avec les pointes subtiles de la critique d'Occident, tandis que le génie de l'Inde s'épanouissait dans la beauté lumineuse de son grand front, capace à contenir un monde.

Madame, permettez-moi de vous le dire franchement : vous étiez jolie, vous n'étiez pas belle ; vous l'êtes. Et pourquoi? Vous avez aimé.

Les autres se laissent aimer ; mais vous, vous avez aimé et toujours sculpté votre amour de bonté, de pureté, de fidélité, de sacrifice. En revanche, il vous faisait belle.

Les meilleurs, hommes ou femmes, naissent avec une première séve, verte et âpre, si je puis dire, ou bien quelque chose de sec et d'aride encore. Les enfants, par ignorance ou autrement, sont cruels. Les jeunes gens, s'ils ne le sont pas, sont du moins beaucoup plus froids de cœur qu'ils ne le croient eux-mêmes. Tout désir leur semble amour. La chaleur du sang, du tempérament, ils appellent cela tendresse. Mais, à chaque instant, des mouvements brusques, saccadés, violents, des paroles légères, ironiques, telle expression de visage vaniteuse ou méprisante, font tort à la grâce et disent : « Le cœur n'est pas tendre encore. »

Il faut du temps, des épreuves, des douleurs bien supportées et dans une grande douceur ; il faut l'amour, l'amour fidèle, pour donner la grâce du cœur ; — et, disons-le, ce qui en est la traduction très-exacte, la grâce de parole et d'allure, de geste et de mouvement.

Vraie jeunesse, jeunesse charmante, mais qui commence assez tard.

Vous n'étiez pas jeune, madame. Mais vous allez le devenir.

―――

Ce qu'on a peu remarqué, je crois, c'est qu'une foule de choses gracieuses et jolies, donc jeunes, sont impossibles à la jeunesse.

La demoiselle, demi-captive, captive aussi d'une pensée, préoccupée de l'attente d'un changement de situation, pense à l'amour, au mariage, c'est-à-dire à elle-même ; elle n'a ni les désirs ni les grâces de la charité. Jeune dame, allaitant ses enfants, ou du moins assidue près d'eux, toute son âme est dans un berceau, et, si elle donne aux pauvres, elle dira : « Priez pour mon fils. »

Pour celle dont le cœur est plus libre de cette concentration, l'enfant, c'est toute âme souffrante. Elle rayonne de tendresse et de charité active. Elle se réduit, veut chez elle la grande hospitalité, large et bonne, des tables simples, et elle voudrait y faire asseoir tout le royaume de Dieu. Elle va chercher les pauvres, donne, et encore plus console.

Elle pleure avec ceux qui pleurent. Et alors, elle est si belle!... Que je voudrais baiser ses mains!

A chaque instant, son mari la prend en flagrant délit de bonté. C'est un malade guéri, c'est une femme relevée de couches, qui viennent à l'étourdie, disent tout. Elle est embarrassée. Leurs bénédictions imprudentes dénoncent sa grâce cachée, cette pudeur de charité qui n'ose avouer son faible. Il sourit : « Je t'y prends encore ! »

Un jour, il la voit rougir. Pourquoi? Une jeune domestique vient de manquer. La dame craint qu'elle ne soit trop grondée, et tacitement intercède de son regard suppliant.

Mais le moment où tout homme en serait épris, c'est quand, entourée d'un cercle de jeunes gens des deux sexes, elle met tant de bonté, d'adresse, à faire valoir les jeunes filles. Elle tire de ces pauvres muettes quelque chose de gracieux, les émancipant doucement, par un signe, un mot habile. Elle est si loin d'être jalouse! Elle les aime, et par l'amour évoque l'amour aux cœurs qui y auraient le moins pensé. Celle enfin qui n'ose rien dire ni bouger de timidité, elle l'attire, en fait sa colombe, l'enlace et la baise... Alors l'enfant paraît charmante... Mais elle! le ciel est dans ses yeux !

VI

L'UNITÉ EST-ELLE OBTENUE?

Nous avons mis en lumière une chose jusqu'ici peu sentie :

Que le progrès du temps, la succession des âges, qu'on croyait mortels à l'amour, en est le développement naturel et nécessaire ; chaque âge lui apporte une force ; chacun d'eux à sa manière serre, fortifie le lien, le tend et l'assure. C'était le fil de la Vierge, et c'est un câble à la fin qui défierait les tempêtes.

———

L'amour a donc pleine victoire. Le temps est son serviteur, travaille pour lui. Nous pourrions fermer ce livre.

Pas encore. Il faut en venir à une difficulté dernière. C'est que ce vainqueur des vainqueurs a pourtant un obstacle... en lui.

Obstacle peut-être insurmontable, parce qu'il est précisément dans l'essence de l'amour :

Comment s'unir *si l'on est un? —* Pour s'unir, *il faut rester deux.*

Tant que la vie durera, dans la plus complète union, il y aura nécessairement une nuance qui les sépare. Elle sera toujours une femme. Et elle en sera plus aimée. Elle aura, tant sage soit-elle, des côtés d'enfance, et elle en sera adorée.

Elle voudrait supprimer tout à fait la différence. Je la vois, spectacle touchant, s'examiner, se demander ce qu'elle pourrait de plus pour lui complaire, pour s'accommoder encore plus à lui, pour s'unir encore davantage. Un seul obstacle : elle est femme.

Il y restera toujours quelque chose qui diffère. Différence qui diminue par l'âge et la volonté, l'amour croissant, mais pourtant n'a pas disparu encore.

La femme, c'est la beauté. Beaucoup de tendresse, un peu de faiblesse, la pudeur, la timidité, la fluctuation, l'à peu près, je ne sais combien de courbes aimables (dans l'allure et le mouvement, aussi bien que dans les formes), voilà la beauté, la grâce. Tout cela est le contraire de la ligne droite de justesse et de justice, qui est la grande voie de l'homme.

La femme est toujours plus haut ou plus bas que la justice. Amour, sainteté, chevalerie, magnanimité, honneur, elle sent tout cela à merveille, mais le droit plus lentement.

Cependant, le droit, la justice, c'est le principe souverain de la vie moderne. Principe supérieur et complet; car la justice impartiale, bienveillante (comme elle doit l'être, pour être tout à fait juste), a les effets de l'amour, et c'est l'amour supérieur, enveloppant la Cité.

Si la femme, aux temps antiques, s'est élevée parfois jusque-là, c'est par un très-rare effort. Comme sa grande mission ici-bas est d'enfanter, d'incarner la vie individuelle, elle prend tout par individu, rien collectivement par masses. La charité de la femme, c'est l'aumône à qui la demande, le pain donné à l'affamé. Et la charité de l'homme, c'est la loi qui assure à tous l'action de toutes leurs puissances, les rend libres et forts, capables de se nourrir eux-mêmes et de vivre avec dignité.

Regardons dans le détail. Voyons avec quelle lenteur elle entre dans l'esprit moderne.

Quel cœur plus tendre que celui de la femme? Sa bonté embrasse toute la nature. Tout ce qui souffre ou qui est faible, hommes, animaux, est aimé et protégé d'elle. Sa douceur pour ses domestiques est extrême. Même, chose nouvelle et qui n'est nullement d'autrefois, elle n'ordonne qu'en motivant, expliquant, avec des égards touchants, que j'appellerais la pudeur de l'égalité. Mais les égaux naturels qu'on n'a pas à protéger, qui ne demandent rien, sinon qu'on soit simplement juste, ils lui sont moins agréables. Sa délicatesse (d'aristocratie? non, mais de femme élégante et fine) souffre de leur rude contact. Le mot sacré du nouvel âge, *Fraternité*, elle l'épelle, mais ne le lit pas encore.

Elle semble parfois au-dessus des vertus du nouvel âge. Elle est plus que juste, — chevaleresque, et largement généreuse. Mais la justice dépassée détruit la justice même.

Son mari qui lui dit tout, très-agité cette nuit, sans sommeil, hésitait pourtant à lui expliquer ce trouble. Il est, dans nos vies de combat, des choses dures et pénibles dont on est tenté d'épargner la triste connaissance aux femmes. Elles ne sont que douceur, amour et bénédiction ; on peut leur dire l'amour du bien ; mais comment la haine du mal ? les nécessités guerrières de la justice et de l'honneur ? les saintes colères du juste ? Leur parler de tout cela, ce serait leur serrer le cœur.

Ce silence pourtant l'inquiète. Elle patiente toute la nuit, elle espère et elle attend. Enfin le matin, discrètement, lui prenant la main, elle demande s'il n'est pas malade. Il parle alors, ne cache point les combats qu'il a soutenus, le duel moral qui l'appelle. Il est obligé ce matin de perdre son concurrent ou de succomber lui-même. Il a contre lui en réserve une arme mortelle, un secret dont la révélation tranchera entre eux le débat. Il peut le perdre. Il le doit. Car c'est l'homme d'une faction, l'ennemi du bien public...

« Oui, mais, il est ton ennemi... — Cela m'aurait arrêté, dit-il. Et pourtant que faire ? Si je m'immole, je vais aussi livrer la loi, la justice...

« — Ah ! mon ami, que j'ai regret de n'être plus jeune et belle, de n'être plus ce que j'étais le matin où j'eus le bonheur d'avoir un enfant de toi !... J'aime autant. Hélas ! pourquoi n'ai-je plus la même puissance... Je jure que je t'aurais serré si fort, si bien gardé, que tu n'eusses jamais pu sortir ce matin...

« — Eh ! que veux-tu que je fasse? Dans une heure tout est décidé. Par mon absence, je perds tout, je me condamne moi-même, je donne victoire à l'injustice...

« — Mais tu sauves ton ennemi... Sois grand... Et sois bon pour moi. Fais-moi ce beau sacrifice. Je me croirai jeune encore. »

Il est touché. Elle est si humble, si charmante de modestie et de générosité ! Elle qui ne demanda jamais rien de personnel, elle toute abnégation et tout sacrifice, elle demande pour la première fois... Qu'il est dur de lui refuser, de ne pouvoir lui prouver combien on compte avec elle, combien on la respecte, on l'aime ! Elle pleure, parait mortifiée... Ah ! séduction trop forte. La justice pourtant réclame, la patrie et la raison !

Amour ! amour ! vous ne savez encore ce que c'est que le juste !...

VII

LA MORT ET LE DEUIL

A mesure que l'âge avance, ma pensée cheminant toujours, infatigable voyageuse, à travers l'histoire et la vie, a pourtant gagné deux sommets, où elle s'assoit volontiers et d'où elle voit la terre. C'est la Mort, et c'est l'Amour.

De là, la terre est peu de chose. La grandeur d'étendue n'est rien, et même la longueur de temps, la différence des âges s'amoindrit. Notre ignorance exagère les diversités. Du point où je suis monté, sous des costumes différents, on voit toujours l'homme éternel.

Cela ne m'empêche pas de descendre dans la plaine et de faire encore ma moisson dans les champs de l'histoire et de l'histoire naturelle. Mais je fais comme les Suisses : l'hiver je travaille en bas; mon travail fait, je remonte vers ces sommets solitaires qui me pacifient l'esprit, en me permettant d'embrasser dans une grande simplicité le combat apparent des choses et de voir le profond accord de ce qui semblait discordant.

———

Ce livre est parti de la mort, et voilà qu'il y retourne.

On l'a vu aux premières pages : la mort, la mort violente, nous a révélé la femme (donc l'amour) dans le mystère organique où tout prend son point de départ.

La mort, compagne invisible, mais fidèle de ce livre, n'y a paru qu'à propos, deux fois, et toujours sans frapper. Et cela lui a suffi pour serrer le nœud d'amour avec un nerf, une puissance qu'il n'eût eu jamais lui-même. Elle a fait mine de paraître au drame de l'accouchement. Elle a passé encore la tête au jour de la maladie, et telle est son talent, sa force pour unir les cœurs, qu'à sa seconde apparition un jet durable de flamme en a jailli, ce que j'appelle *le rajeunissement de l'amour*.

Mais la mort n'a pas fini. Elle soutient que la vie, qu'on croit la seule condition, la seule facilité de l'être, empêche certaines choses d'être. Elle prétend que s'il y a encore une nuance entre les deux âmes, si la femme fatalement reste vouée à la Grâce, l'homme à la Justice, sans pouvoir tout à fait se fondre, c'est la faute de la vie. Elle dit qu'elle seule, la mort, fondra la dernière différence, et que l'amour, impuissant pour la supprimer, obtiendra par sa sombre sœur l'unité définitive.

Eh bien ! Mort, s'il le faut ainsi, je dois bien le trouver bon. Je ne puis contre toi défendre ces deux enfants de ma pensée, que j'ai pourtant créés, nourris, caressés, unis, conseillés, depuis vingt ans que je rêvais, depuis deux ans que j'écrivais ce livre de l'Amour. Je les aimais. J'y ai regret. Mais que faire, si c'est la vie même qui empêche l'Amour d'atteindre sa consommation ?

C'est à l'homme de mourir, à la femme de pleurer.

Nous le voyons généralement. La femme si maladive, de deuil en deuil, de larmes en larmes, vit cependant et reste veuve.

C'est une beauté pour l'homme de mourir debout,

de mourir jeune, du moins en pleine action. Il en est bien plus regretté! Ne le plaignons pas; mais elle!...

L'homme qui survivrait, occupé, entraîné par le travail, sentirait peut-être moins, ou moins longtemps, ce grand deuil. Mais elle, hélas! combien loin le coup va porter en elle! A peine on ose y penser.

———

Je me rappelle, comme d'hier, que, le lendemain du jour où l'on enterra mon grand-père, comme il avait plu la nuit, ma grand'mère, avec un accent qui m'arrache encore des larmes au bout de quarante années, dit : « Mon Dieu! il pleut sur lui! »

Vous ne changerez point cela ; c'est le mot de la nature. Cela sera dit, redit par tous et par toutes ; du moins, dit tout bas, étouffé peut-être, mais pensé certainement.

A froid, et quand nous aimons peu, nous sommes plus nobles et plus fiers. Nous ne laissons pas notre cœur s'enfermer dans une bière. Nous lui gardons de belles ailes. Mais, au serrement de la douleur, quand elle nous tient vraiment, nous prend à la gorge, cela revient invincible. Nous disons : « Il pleut sur lui! »

Est-ce là une simple enveloppe, un habit, comme on le dit ? Et ce corps qui jour par jour reçut l'alluvion de la vie, qui dans l'os indestructible a la trace de toute passion et de toute activité, qui dans mille ans garde encore ces dents délicates, admirées, ces beaux cheveux, soie vivante, que vous avez caressés, tout cela est si fort mêlé de la personne, que le cœur est bien excusable de s'y heurter, d'y voir même la personne qui n'y est plus, et de dire : « Il pleut sur elle. »

———

. . . .

C'est décembre. Un froid soleil éclaire le givre dont la campagne est blanchie. La maison, naguère bruyante, aujourd'hui silencieuse, frissonne au souffle de l'hiver. La cheminée, qui rayonna du cercle complet de famille, veuve elle-même, échauffe mal la veuve qui se serre au foyer. Dans un des coins de la chambre, deux siéges attendent et attendront à jamais : le fauteuil qu'en rentrant il approchait d'elle, où il contait les affaires de la journée, les projets du lendemain ; — et tout près la petite chaise où l'enfant venait se glisser entre son père et sa mère, jouait, les interrompait et les forçait de sourire...

D'elle que reste-t-il ? une ombre. Ses beaux cheveux, désormais en bandeaux blancs, couvrent à demi sa tempe amaigrie. Elle est toujours élégante, et semble même plus grande, svelte et jeune encore de taille, quand elle passe les yeux baissés dans ses appartements déserts. Du visage charmant, des yeux qui troublaient les cœurs, et qui, pour un cœur fidèle, furent toute la destinée, il lui souvient peu ; elle cache tout ce qu'elle peut en cacher. Mais pourtant deux choses en restent qui feraient l'envie des jeunes. L'une, c'est l'attribut admirable de pureté que Dieu accorde pour consolation à la femme innocente qui a passé sur la vie sans la toucher. Le teint où jamais ne surnage rien de trouble, gagne en transparence. Il passe du rose de jeunesse au demi-rose nacré, avec de délicats reflets. L'autre attribut qui pare encore notre veuve, malgré elle, qui même lui donnerait peut-être sous son deuil et ses voiles noirs un éclat mystérieux qu'elle n'eut point dans ses triomphes, c'est son doux, son puissant regard. Oh ! que l'œil est la vraie beauté, beauté fidèle, que le temps est forcé de respecter ! Mais que dis-je ? il y ajoute. Les épreuves et les souffrances ont pu faner tout le reste. Mais, au regard, c'est comme au cœur, on s'embellit d'avoir souffert.

Elle quitte le feu demi-éteint, et, s'approchant de

la fenêtre, heureuse de voir finir le jour, elle regarde le deuil de l'hiver, les mains jointes sur son cœur, dont elle écoute les voix. Le pôle ne tarde pas beaucoup à briller de vives étoiles. La mort, la vieillesse, l'hiver qui, dans ces nuits lumineuses, aiguise ses flèches piquantes, toutes ces sévérités, concentrent au pauvre cœur frissonnant la flamme à jamais vivante.

« Le monde, la jeunesse et le bruit, dit-elle, c'était un demi-sommeil, un rêve trouble, où mon amour n'eut jamais sa lucidité... Aujourd'hui, toute à toi, je veille! »

VIII

DE L'AMOUR PAR DELA LA MORT

« C'est trop veiller, c'est trop pleurer, chérie !... Les étoiles pâlissent ; dans un moment, c'est le matin. Repose enfin. La moitié de toi-même, dont l'absence te trouble et que tu cherches en vain et dans tes chambres vides et dans ta couche veuve, elle te parlera dans les songes...

« Oh ! que j'avais donc à te dire !... Et, vivant, je t'ai dit si peu... Au premier mot, Dieu m'a repris. A peine eus-je le temps de dire : *J'aime.* Pour te verser mon cœur, j'ai besoin de l'éternité.

« Un doux concert commençait entre nous, qui sanctifiait la terre. En nous, d'un double cœur, l'harmoniste céleste venait de faire un divin instrument ; il préludait... Si la corde a cassé, si la mort, qui nous semble une si criante dissonance, a fait taire cette lyre, garde-toi bien de croire qu'elle ait fini, ma chère, ni que Dieu la jette au rebut. Non, l'hymne est suspendu, pour reprendre dans un milieu tout autrement sonore, dans la liberté souveraine, affranchie du monde inférieur.

Pas une pièce et pas un atome du corps dont fut vêtue mon âme n'est perdu, tu le sais. Des éléments qui le constituèrent, chacun va trouver son semblable, retourne à ses affinités. Combien plus l'âme elle-même, la puissance harmonique qui fit l'unité de ce corps, doit durer et survivre! Elle survit, mais une. Car l'unité, c'est sa nature. Elle reste, elle est de plus en plus ce qu'elle fut, une force d'attraction. Tout ce qui autour d'elle gravita dans la première vie, par l'analogie de nature et l'assimilation d'amour, invinciblement lui revient. Je t'attends, incomplet; le besoin d'unité que mon âme emporta lui fait aspirer à toute heure sa moitié la plus chère que votre terre lui garde encore.

« Il le fallait ainsi. Rappelle-toi nos tourments d'amour, l'effort, toujours tenté et jamais satisfait, pour échanger nos âmes, l'impuissance des voluptés même, la mélancolie du bonheur. Les regards,

les paroles, les plus ardents transports, laissaient une barrière entre nous. Laquelle? Nous ne savions. Le cœur disait toujours : « Après ! » Et : « Encore ! Ce n'est pas cela… » La fécondité même où la nature s'arrête, l'amour ne s'y arrêtait pas. Son regret légitime, c'était que, procédant de la lumière, étant l'amour unique, exclusif de l'objet aimé, il s'aveuglât si vite, tombât dans les ténèbres; qu'en cet oubli profond la personnalité disparût, s'abîmât; qu'en *elle* il ne sût plus, à ce moment, si c'était *elle* !… De là, la tristesse et le doute, l'amertume de dire : « Qu'est-ce donc que cette chose
« toujours incomplète, incertaine, qui n'atteint son
« désir qu'en s'y obscurcissant, en perdant l'idée
« même?… Dans cet élan de l'âme à l'âme, tout
« s'est évanoui, a fui, et je ne puis dire si l'union fut
« l'union, ou la mort d'un instant sous l'éclair du
« plaisir. »

« Ainsi, à ces transports brûlants, un tiers inattendu se mêlait…. l'idée de la mort. Effrayante? Non, mélancolique et non sans quelque charme. La mort disait : « N'ayez peur, espérez…. Une fausse
« mort vous a fait sentir que vous avancerez peu ici-
« bas. C'est ailleurs, c'est par moi et par ma déli-
« vrance que, gravissant l'échelle des mondes lumi-
« neux, participant vous-mêmes aux libertés de la
« lumière, vous vous pourrez pénétrer l'un par

« *l'autre, et, sans perdre* un moment la lucidité de
« l'amour, vous mêler dans un seul rayon. »

« Nous monterons ainsi. Mais par quel art et à quel prix?... Cherche le moyen le plus simple; ce sera le moyen de Dieu. Car, autant l'art humain, plein de tâtonnements, chemine par complications et pénibles circuits, autant celui de Dieu va droit, vite, aisément. Au moral, tout comme au physique, le semblable cherche le semblable, et instinctivement le rejoint. Autrement des forces infinies se perdraient par dispersion. Cette machine de l'univers, si visiblement harmonique en tant de choses palpables, serait, dans l'invisible, tout le contraire, une désharmonie, au-dessous des ébauches du plus maladroit ouvrier.

« Avions-nous sur la terre obtenu l'assimilation et la parfaite ressemblance? Nos essais y furent vains. L'aveuglement de mon désir, l'abandon de ton dévouement, nous ramenant toujours au même effort, laissa hors de nos prises cent portes accessibles de l'âme par où nous aurions pu nous joindre. Tu connus, de moi, un seul homme. Et plusieurs y furent contenus. Le silence du veuvage, et la force de ton souvenir, vont te les rendre peu à peu, et tu feras, dans l'infini d'une âme qui t'appartient, qui est ton bien toujours, plus d'une heureuse découverte. Recueille-les ces forces, ces pensées qui furent moi. Reprises dans ton cœur, couvées de ta tendresse, elles te seront une fécondation nouvelle, venue du monde des esprits.

« Je souffre de te voir souffrir. Mais, avec cela il ne faut pas que tu guérisses. Une telle assimilation posthume se fait par la douleur, par la blessure saignante. Cette blessure boira mon âme, et, la fusion se faisant, tu ne pourras plus rester là-bas. Une invincible attraction, te prenant un matin là où ton cœur n'est plus, te portera comme une flèche là où il est, là où je suis. Cela n'est pas plus difficile qu'au ressort durement comprimé d'un poids : le poids ôté, il vibre et se redresse, revient à sa nature. Or je suis ta nature et ta vie naturelle ; l'obstacle ôté, tu me reviens.

« L'obstacle, c'est la différence qui subsiste encore entre nous. Oh ! je t'en prie, deviens moi-même !... tu seras à moi tout à fait.

« La douleur est ton existence d'aujourd'hui. Je te veux une douleur active. Ne reste pas assise à ce marbre froid d'un sépulcre. Porte un grand deuil, vraiment digne de moi, avec de nobles larmes qui servent à tous et grandissent les cœurs.

« Je vois ces pauvres gens, mes amis, éperdus, qui ne sentent pas mon âme errer sur eux. Je vois leur troupeau égaré qui fuit sauvage, comme si j'étais vraiment dans le tombeau. A toi de leur défendre et le désespoir et l'oubli. A toi de dire : « Il vit « encore. »

« Si tu l'affirmes, ils le croiront. Ma maison, qui fut leur maison, les rappellera et maintiendra leur unité. Dans leurs incertitudes et leurs fluctuations souffrantes, ils voudront revoir mon foyer, s'y réchauffer : il brûle en toi.

« Là, tu conserveras mon âme ; qui sait ? tu l'étendras. Par toi, elle végétera et poussera de nouveaux rameaux. Plus d'un que je ne pus gagner, dans la rudesse du génie mâle, pourra venir à moi quand il me retrouvera sous une touchante figure de femme, belle de douleur et d'espérance.

« Cette couronne d'amitiés qui fut ma gloire, elle a en toi son unité, la flamme qui lui continuera ma vie. Conserve-le, ce groupe aimé ; maintiens-y si bien ma pensée, qu'un jour ensemble, assimilés à moi, je vous voie arriver en mon nouveau séjour. Que je te voie encore, comme jadis jeune et si charmante, lorsqu'entrant, coupant mon travail, tu me disais, avec le sourire de l'aurore : « Réjouis-toi, tes amis... les voilà ! »

Telle est la veuve, tel le veuvage. C'est l'âme attardée du mari, qui, dans cette moitié fidèle, témoigne encore ici de lui, et, par le souvenir, par le pressentiment, fait la transition des deux mondes.

Grande position religieuse, d'avoir un pied déjà dans la voie haute, l'ascension prête et désirée vers les vies supérieures !... Chacun aussi, approchant de cette femme y sent une chose sacrée, le doux esprit des morts qui n'ont aucune guerre ici-bas, et n'y veulent rien que faire un peu de bien. — Que j'aimerais à m'arrêter ici ! Mais ce sacerdoce de la veuve est un côté attendrissant des Religions de l'avenir. Assez aujourd'hui ; rien de plus.

Donc, je ne la suis pas entre les amitiés du passé dont elle reste le lien, ni dans les amitiés nouvelles qu'elle fait à celui qui n'est plus, en répandant son âme sous cette forme d'amour maternel qu'on appelle enseignement.

Si le mari n'avait pas laissé d'œuvres pour répondre de lui, mais des actes, toujours discutés, s'il avait spécialement usé ses jours aux combats de la vie publique, alors, surtout alors, il aurait bien à désirer que son autre *moi* survivant, veillât à sa mémoire, la cultivât, la défendît des premiers jugements, lui ménageât l'appel du temps, la résurrection de la gloire.

Elle revient à qui peut attendre sous la garde d'un témoin fidèle. Un matin, la lumière se fait. Et la veuve, longtemps dans l'ombre et comme enterrée avec lui, voit (comme virent les Sept Dormants de la Légende) les couleurs qu'il avait suivies reparaître au fronton des temples, fraîches et dans l'éclat du matin.

Et elle a, vieille alors, une bien charmante surprise, d'entendre dire, comme s'il était encore vivant : « C'est un juste. »

De tous côtés, des enfants qu'il n'a pas connus lui viennent, se réclamant d'un tel père. Ils ont regret d'être jeunes et de ne l'avoir pas vu. On interroge curieusement celle qui eut le bonheur d'être le témoin de sa vie. Le voilà déjà antique. Elle le voit rayonnant dans la postérité.

Tels sont les effets de la légende pour tous. Combien plus pour celle qui a vu de si près, aimé, touché, l'objet du deuil, et qui le revoit maintenant à travers la tradition, transfiguré de rayons lumineux !

L'autel du Juste disparu reste aux générations nouvelles un objet de religion. Nul jeune homme qui ne vienne là et ne veuille honorer la veuve. Ils trouvent une femme gracieuse, qui est loin de rappeler l'âge où recule déjà la légende. Ce qui lui conserve la grâce, c'est l'amour dont son cœur est plein, sa bonté pour tous, sa douceur résignée, sa sympathie pour les jeunes, et ses vœux pour leur bonheur.

Elle est belle encore de tendresse et belle de la grande ombre qui la pare et l'enveloppe. Plus d'un, à vingt ans, s'attriste d'être né si tard, revient malgré lui près d'elle, s'éloigne à regret, maudissant le temps qui s'amuse à nous séparer ainsi, et disant du fond de son cœur : « O femme que j'aurais aimée !... »

NOTES ET ÉCLAIRCISSEMENTS

1. *Ce que l'Amour a été* dans les sociétés anciennes et modernes;
2. *Ce qu'il pourrait être aujourd'hui*, dans nos circonstances, en le prenant pour moyen d'une réforme morale qui seule peut rendre possibles les réformes sociales;
3. Enfin *ce qu'il deviendra* dans un monde de justice et de lumière, tel que nous l'aurons un jour;

Voilà le sujet tout entier. J'en donne aujourd'hui la *seconde* partie seulement.

La première et la troisième se compliquent nécessairement d'une infinité de questions religieuses, sociales et politiques, que je dois ajourner.

La seconde partie que je donne, c'est l'*Amour en lui*, concentré en ce qui paraît individuel, l'amour suivi dans son progrès que l'on croirait solitaire.

Mais rien, dans les choses morales, ne s'isole ainsi.

Ici, il crée le foyer, et il le crée solidement, parce qu'il en fait une chose vivante, élastique et progressive. Le feu meurt s'il est immobile. L'arbre meurt s'il ne végète.

Marchant dans son mouvement vrai, libre de l'agitation vaine qui l'énerve et le rend stérile, l'Amour aura le progrès naturel qu'il eut tant de fois, ce puissant rayonnement qui, si souvent dans l'histoire, féconda les sociétés.

Ma tristesse, en quittant ce livre, si bref et si imparfait, c'est de n'avoir pu cette fois développer les chapitres qu'on pourrait nommer proprement de *culture et d'éducation*, ou de discipline morale; chapitres vraiment pratiques où j'ai mis (selon ma faiblesse) les germes d'un art nouveau.

Nouveau, mais combien nécessaire! Car la famille aujourd'hui, étant si peu soutenue de la religion et si peu de la cité, est obligée de demander chaque jour l'aliment de sa vie morale à l'Amour, de puiser sans cesse à ses sources profondes.

Comment parler à la femme aux moments sacrés qui précèdent et qui suivent le mariage? Comment la prendre pour toujours à ces heures de la foi parfaite où elle écoute et croit d'avance? Et comment la reprendre aussi, plus tard, quand son cœur vacille, lorsque, d'ennui, de tristesse, elle flotte aux hasards du rêve? Voilà ce qu'il eût fallu pouvoir développer longuement.

Aux chapitres *Fécondation et incubation morales*, j'aurais voulu pouvoir donner des exemples de la vraie culture d'amour. J'en ai du moins marqué un point très-essentiel où l'éducation de la femme se différencie tellement de la nôtre par la nécessité d'observer le rhythme de sa vie et la manière dont la nature lui mesure le temps.

Aux chapitres *Tentation* et *Médication du cœur*, j'aurais voulu multiplier les recettes parfois très-simples par lesquelles on donne le change à l'amour, on l'élude ou le guérit. Le plus souvent l'objet aimé est pour peu dans la passion; c'est le moment qui fait tout; la personne qui aime a besoin d'aimer; elle est médiocrement éprise, mais amoureuse de l'amour. L'amour d'un enfant, l'amour d'une idée, d'un lieu nouveau, d'une affaire grave, suffirait pour la calmer. Souvent aussi une personne qui a peu vu se prévient pour tel mérite secondaire dont elle a fait un idéal. Elle reviendrait au bon sens si vous la mettiez en face de la vraie supériorité. Telle, engouée d'un brillant causeur de province, n'avait besoin pour guérir que d'aller voir Béranger.

J'aurais bien voulu encore développer les chapitres importants et capitaux où la femme, ayant obtenu tout son ascendant légitime, tendre épouse, est en même temps pour l'homme comme une jeune mère, administrant la dépense, la réparation de sa vie, souvent calmant sa fougue aveugle, souvent lui rendant l'étincelle, par moment donnant le plaisir, et par moment la puissance, mais toujours, toujours le bonheur (livre V, ch. ɪɪ et ɪɪɪ).

C'est là que l'accord des sciences morales et physiologiques créera le plus fécond des arts; — diamétralement contraire à l'influence morbide de la vieille casuistique, — *l'art de vivifier par l'amour.*

Nous nous sommes arrêté au seuil de ce sujet délicat, quoique nous sachions très-bien que la décence hypocrite qui a baissé le rideau et livré tout au caprice, n'a rien épuré, rien moralisé. En renonçant à éclairer les rapports intérieurs du mariage, elle en a fait le monde obscur du prosaïsme physique qu'on a cru pouvoir mépriser. On a conclu que l'amour n'était rien qu'énervation, méconnaissant qu'en lui réside l'aiguillon des forces infinies.

Naguère un brillant chirurgien, oracle des étudiants, leur prêchait, d'après les doctrines d'un grand et rude maître, l'infériorité de la femme et la royauté de l'homme, la vanité de l'amour, etc. Il croyait les émanciper, leur faire mépriser le plaisir. Un physiologiste illustre, de mes amis, qui était là, lui dit : « Prenez garde, monsieur, prenez garde ! Ils n'adopteront que trop aisément sa brutalité apparente, mais non pas son austérité, non pas la mâle tendresse qu'il cache au foyer de famille. Ils n'entendront rien à l'âpre censeur qui veut frapper trop pour frapper assez... Vous le dirai-je en médecin ? ces paroles de mépris pour la femme sont très-dangereuses; elles ne font pas l'abstinence; au contraire; elles font vaguer misérablement, et conduisent tout droit à l'énervation. »

———

Pour revenir aux lacunes de ce livre, j'aurais voulu conduire la femme dans la culture intérieure qu'elle peut se donner elle-même. Son mari qui la soutint jeune, plus tard dans l'accablement et le tiraillement du monde, revient le soir trop fatigué et souvent fané de cœur. A elle de créer dans le sien ce paradis où les sources vivifiantes abonderont pour le ranimer. Elle les prendra dans son amour, dans les innocentes voix de Nature qui lui traduit Dieu. « Une rose pour directeur, » c'est beaucoup. Que j'aurais voulu la faire parler souvent, longtemps, tout au long, cette rose ! Elle a beaucoup à dire à la femme d'aujourd'hui. Et celle-ci peut très-bien l'entendre, elle si fine de cœur et d'oreille !

Ce grand docteur en harmonie, la Nature, au nom de Dieu, lui conseillera de s'harmoniser (femme ou fleur) à sa forte tige qui la soutient, de ne pas fleurir à part. Eh! que servirait de briller isolée, pour quelques moments, dans le hasard d'un bouquet? Cette tige, ne la dédaigne pas. Ne dédaigne pas cet homme. S'il n'est pas le contemplatif de tel âge, s'il n'est pas non plus le svelte lutteur, le héros de l'antiquité, songe, chère fille, qu'il a en revanche un côté bien supérieur; il est le puissant ouvrier, il est le créateur fort d'un prodigieux monde de science, d'industrie, de richesse, qui sortit hier de sa brûlante activité. Il vient de changer toute chose. A côté de la nature, il en a bâti une autre de son génie et de sa force. Toi assise (et il faut le dire pour les femmes des classes aisées), toi, la belle paresseuse, tu regardes et tu jouis.

« Mais quoi? mon mari est marchand, industriel, ouvrier... » Donc, un créateur de richesse... « Écrivain? peintre? » etc. Un créateur en œuvres d'art. Et descendez où vous voulez, le métier est art aujourd'hui.

De l'effort universel, idées, œuvres et produits, s'entassant rapidement l'un par-dessus l'autre, tout s'exhausse, tout va montant dans une énorme ascension. « Tel moyen est prosaïque?... » Mais le résultat si grand! Ton mari, l'homme moderne, n'a rien trouvé; il a fait tout. Si nos pères pouvaient revenir, ils seraient épouvantés, et se mettraient à genoux devant leur terrible fils. Regarde-le avec respect, avec amour et avec pitié aussi, ce martyr du travail. Ne va pas puérilement remarquer un peu de poussière dont ton glorieux Prométhée a pu souiller son habit. Regarde à son front pâli. Dans l'auréole qui rayonne, tu vois ruisseler la sueur, maintes fois la sueur de sang.

Lui aussi, il a un devoir. C'est de ne pas s'emporter dans la furie du travail jusqu'à en être englouti, ne voir que son *rail* étroit, s'aveugler dans le détail. Il n'y a point de petites choses, je le sais. Pour réussir, la minutie est nécessaire; sans elle, sans la précision, nul résultat n'est possible. Mais il faut que l'ouvrier reste plus grand que son œuvre, qu'il la domine. On ne l'embrasse fortement qu'autant qu'on est au-dessus. S'il en garde la haute pensée, il aura là, jour par jour, une puissance sur la femme, une prise, et ne la perdra pas. Elle est fidèle, autant que tendre, à quiconque est fort et grand. Or, dans le moindre métier, celui qui en sent la vie, le profond rapport à l'art, se révèle avec grandeur.

J'en aurais écrit davantage dans ce doux abri de Pornic devant la mer humanisée qui sympathisait à ce livre, et dont les rimes profondes lui servaient d'accompagnement. Mais voici une petite fille de six ou sept ans, je crois, qui, sans savoir ce qu'elle dit, m'avertit que c'est assez. On puisait de l'eau pour les bains. L'enfant, fille d'un pêcheur, ne jouait pas, regardait. « A quoi songez-vous? lui dis-je. — Monsieur, dit-elle, la mer, c'est bien singulier. On a beau y prendre toujours. Il en reste toujours autant. »

C'est justement ce que je pensais à ce même moment, mais d'une autre mer.

J'ai puisé, comme j'ai pu, dans ce sujet sans fond ni rive. Il en reste toujours autant.

Mes matériaux historiques feraient deux volumes. Mes notes de physiologie un, ou davantage. Je ne puis dire ce qu'il faudrait pour donner, au moins par extraits, les lettres, les révélations, les faits d'actualité, dont j'ai profité.

Cette petite mer, tirée de l'océan de l'Amour, suffisait pour me noyer. J'étais submergé du nombre des notes. Pour aujourd'hui, je les ajourne, et me tiens à celles-ci.

NOTE 1.

COUP D'ŒIL SUR L'ENSEMBLE DU LIVRE.

Si vers la fin de ce volume nous n'en avons pas tout à fait oublié le commencement, nous devons nous rappeler une singularité de l'amour : c'est qu'à chacun de ses âges il s'est cru au but, s'est cru sûr de tenir l'infini. Tous de rire, de dire qu'il est fou.

Pas tant qu'il semble. Plusieurs fois, effectivement, il a occupé, maîtrisé l'infini de l'âme, mais (bien entendu) de l'âme comme elle pouvait être encore, dans les limites étroites où elle est d'abord contenue.

Quand la fleur d'amour, à vingt ans, disait d'un si grand élan : « Je me donne, prends-moi tout entière, » ce n'était pas un mensonge; mais que donnait-elle? encore peu. Elle donnait ce qu'elle avait, non ce qui lui manquait encore (livre II).

Lorsque la fécondation l'imprégna si profondément et changea son être, lorsqu'une soie blonde et légère, qui vint fleurir à sa lèvre, révéla sa transformation; lorsque la voix, la démarche, tant de signes involontaires, semblaient dire : « En moi, tout est *lui*, » sans doute l'infini fut atteint. — Atteint? Oui, fatalement; non le libre infini de l'âme (livre III).

Mais, enfin, les velléités de cette liberté résistante qui protestaient par le caprice s'étant domptées elles-mêmes, le désaccord momentané de la maladie morale et physique (livre IV) ayant fait place à l'harmonie, les deux âmes se sont retrouvées dans l'unité la plus tendre qu'elles eussent obtenue encore. Avec bien plus d'effusion, l'amour triompha cette fois, et se dit : « Je tiens l'infini. »

Il y manquait une chose que la femme n'atteint vraiment que dans sa seconde jeunesse; c'est que, par un effort de cœur, elle sortît de l'état passif qui presque toujours fut le sien, prît action et mouvement, se fît *lui*, non plus par la sourde fatalité d'imprégnation, mais par la volonté, l'amour (livre V)

Jusque-là le travail les séparait, et la femme avait ses heures; aujourd'hui toute heure est à elle, le jour, la nuit. En toute chose, il la sent utile et charmante; il ne peut plus s'en passer : c'est le jeune compagnon chéri, en qui il trouve le sérieux, le plaisir, tout ce qu'il veut, qui se transforme pour lui. C'est Viola, c'est Rosalinde, un doux ami le matin, femme au soir, ange à toute heure.

Obéissante, elle a pourtant, au besoin, l'initiative; elle sait vouloir, agir. Et, quand l'homme, soit en affaires, soit en idées, faiblit, hésite, dans les nuits troubles surtout où son âme agitée cherche, ne trouve, et semble ensorcelée, elle est là, elle sourit. Le mauvais enchantement disparaît; il en rit lui-même. Un baiser lui rend les ailes.

N'avons-nous pas obtenu ici ce que nous cherchions, l'échange absolu de l'être? L'amour n'a-t-il pas l'infini? Que la faible femme ait reçu, pris si bien l'âme de l'homme qu'elle puisse, au besoin, la lui rendre, et que, dans la défaillance du génie viril, elle lui donne ce qu'elle n'a pas, l'étincelle génératrice, ne semble-t-il pas que ce soit le miracle de l'unité?

Non, celle-ci peut encore se resserrer d'un degré : c'est quand tous deux se rencontrent dans une idée de bonté, s'attendrissent dans la surprise d'avoir tellement le même cœur, quand l'amour et la pitié mêlés coulent en douces larmes, c'est le moment de fusion, où l'amour triomphe invincible, où l'âme renouvelle les sens, où, souvent plus vif qu'au jeune âge, revient l'aiguillon du désir.

La bonté ! oh ! quelle grande chose ! Tout le reste est secondaire : grâce, esprit, raison, tout cela ne vaut que par elle. Même seule, elle est toute-puissante. Il n'est pas rare qu'on désire une femme parce qu'elle est bonne, et sans aucune autre raison. Profonde harmonie de notre être ! Il va, par les sens, aux choses du cœur ; il tend, par l'union physique, à atteindre, à posséder la suavité morale qui est là. On y sent Dieu. C'est pourquoi on veut s'unir.

L'amour est chose cérébrale. Tout désir fut une idée.

Idée souvent très-confuse ; idée qu'un état du corps (chaleur, ivresse, pléthore) a secondée, enflammée, mais qui n'a pas moins précédé. Des deux pôles de la vie nerveuse, le pôle inférieur, le sexe, a peu d'initiative. Il attend le signe d'en haut.

Recueillez vos souvenirs. Dans le plaisir qui vous parut tout aveugle et tout instinctif, vous trouverez, en y songeant, qu'une occasion, un incident, quettre circonstance nouvelle avait préalablement éveinet l'esprit.

La circonstance fut piquante ? l'idée vive, inattendue ? Le plaisir est grand.

Les renouvellements du désir sont inépuisables par la fécondité d'esprit, l'originalité d'idées, l'art de voir et de trouver de nouveaux aspects moraux, enfin l'*optique de l'amour*.

Le simple changement des milieux, des climats, des habitations, suffit parfois pour tout changer. Tel qui s'ennuie de sa femme au Marais l'aimerait aux Alpes. Rousseau dit qu'il fut vertueux pour avoir vu le Pont du Gard. Tel se retrouvera amoureux pour avoir vu le Lac Majeur, le Colisée, le Vésuve. — Plaisanterie? Non. Faites mieux, transportez-les en Amérique, ces gens ennuyés ; mettez-les dans une langue étrangère, au milieu de mœurs nouvelles, au seuil des grandes forêts : ils trouveront très-doux d'être ensemble, d'être l'un à l'autre la patrie et l'univers. La chère femme de la jeunesse se retrouvera jeune encore, désirée comme au premier jour, féconde ; elle va l'être, à coup sûr. Nouveau monde, nouvelles amours.

Combien plus vivement encore le désir serait réveillé, s'il arrivait à l'un ou l'autre des époux un de ces grands bonheurs de l'âme qui donnent tout à coup la beauté ! Par exemple, un acte héroïque, un triomphe d'opinion, que sais-je? Un de mes amis qui réussit au théâtre, à chaque succès, trouve chez lui récompense, se voit très-aimé. Celui qui fait une chose belle, hardie, qui sauve une vie, je suppose, en risquant la sienne, n'est jamais un vieux mari pour sa femme, mais un jeune amant. L'amour, dans ces circonstances, reprend des forces immenses, un torrent de vie poétique qu'on n'eût jamais attendu.

NOTE 2.

L'AUTEUR EST-IL EXCUSABLE DE CROIRE QU'ON PEUT AIMER ENCORE?

Je l'ai dit, ce sujet est venu à moi plusieurs fois, en 1836 par l'histoire, en 1844 par ma sympathie pour la jeunesse dont la vie est un suicide, en 1849 par la douleur sociale. Je sentais que là était et le mal et le remède. Mon esprit découragé m'opposait les mœurs publiques et me disait : « A quoi bon? »

Cependant des chiffres terribles, irrécusables, officiels, qui m'arrivaient par moments, semblaient sonner à mon oreille un glas funèbre, et m'annoncer que la race même, la base physique de ce peuple, était compromise. — Par exemple, les jeunes gens impropres au service militaire, nains, bossus, boiteux, dans les sept années, 1831-1837, n'étaient que 460,000, et dans les sept années suivantes, ils augmentent de 31,000, etc. — Les mariages ont été diminuant, et d'une manière effrayante en certaines années : en 1851, *neuf mille de moins* que l'année précédente; en 1852, *sept mille de moins* qu'en 1851 (c'est-à-dire 16,000 de moins qu'en 1850), etc

— La Statistique officielle de 1856 montre que la population diminue, ou reste stationnaire. — Les veufs se remarient encore, mais non plus les veuves. — Ajoutez le nombre énorme des femmes suicidées, mortes de misère, etc. Voir sur la Morgue les *Annales d'hygiène et de médecine légale*, t. II, VII, XVII, XLIV, XLV, XLVI, XLVIII, L, et VII de la seconde série.

L'Europe est-elle moins malade que la France? Je ne le vois pas.

Notez que la vie de l'Europe, jusqu'ici c'est la vie du monde. Si elle meurt, c'est la terre qui meurt. L'Amérique, inondée d'Irlande et de cent éléments troubles, est emportée par ce qu'elle a de barbare à la conquête du monde catholique et barbare, où elle risque de perdre ce qu'elle a encore de jeunesse, ce qu'elle offrirait de rajeunissement possible au reste du genre humain.

Je sais que l'Europe a déjà subi une sorte d'éclipse à la chute de l'empire romain. Mais la situation était différente, et même contraire en un point. Cet événement politique fut précédé d'un affaissement extraordinaire de l'esprit. Ici, au contraire, le progrès du génie inventif, accéléré dans les trois derniers siècles (qui firent l'œuvre de dix mille ans), est dans un brûlant *crescendo*. Le miracle des miracles n'est pas loin de s'accomplir, et véritablement, le plus grand événement de la pla-

nète, c'est que, par le fil électrique, ayant, minute par minute, conscience de sa pensée, elle obtienne une espèce d'identité et soit comme une personne.
Ces miracles d'applications, d'où viennent-ils?
Ce sont les éclairs que nous lance la grande tour bâtie de toutes les sciences. — Babel? Non, une merveilleuse harmonie. Le myope l'appelle Babel, parce que, le nez sur une pierre, il ne voit pas la pierre voisine, donc encore bien moins l'édifice. Mais elle peut bien en rire, la sublime et solide tour, le pied dans les mathématiques et la tête dans la voie lactée!
Incalculable puissance, non d'intelligence seulement, mais de vie, de force. Il n'est pas une vérité intellectuelle qui n'ait une grande portée dans les choses de l'action.
Comment meurt-on avec cela, et dans une si grande lumière, dans une si parfaite connaissance du monde et de soi? Quand l'empire romain sombra, il descendit dans les ténèbres. Avant la mort, il eut la nuit.
Si le sens moral a baissé; ce n'est pas défaillance d'esprit. Le cerveau directement n'est pas attaqué, mais il nage, il flotte, par l'énervation des organes inférieurs. Nous avons une force énorme, mais elle est prodigieusement éparpillée, gaspillée.
Tout ce livre aboutit là :
Ou concentre-toi, ou meurs. — La concentration

des forces vitales suppose, avant tout, la fixité du foyer.

Il ne faut pas se mépriser et croiser les bras. Tout serait fini.

Nous sommes corrompus, c'est vrai. Mais l'eau corrompue peut redevenir bonne à boire. Nos héroïques pères n'étaient pas des saints. L'idée les trouva piétinant tristement dans un marais. Voilà qu'ils regardent au ciel ; saisis de l'éternelle beauté, ils ne se connaissent plus ; il leur est poussé des ailes !

Ce peuple, au total, vaut-il moins que dans mon enfance ? je vois le contraire. Il m'est resté de ce temps-là l'idée d'une terrible aridité. Qui supporterait aujourd'hui le mortel ennui des *Martyrs* ? L'abbé Geoffroy, MM. de Jouy, Baour, régnaient sur la presse. Nul sentiment de la nature. Peu d'oiseaux. Pas une fleur. Je les vis entrer une à une ; l'hortensia a quarante ans, le dahlia a trente ans, etc. Aujourd'hui toute cabane a un rosier à sa porte, tout grenier du septième étage une fleur sur sa fenêtre. Le cantonnier du chemin de fer, qui ne peut quitter sa guérite, saisit le temps, entre deux convois, de se faire un jardin.

Dans ma vie de soixante ans, j'ai vu commencer, s'accroître, une des manifestations les plus graves de l'âme humaine, le culte des morts, le soin des tombeaux. J'avais douze ans en 1810, et mes souvenirs sont fort nets. Je me rappelle parfaitement qu'un cimetière à cette époque était une Arabie Déserte où personne presque ne venait. Aujourd'hui c'est un jardin plein de monuments, de fleurs. Le progrès de la richesse y est pour beaucoup, sans doute, mais aussi le progrès du cœur. Car on y vient; car les pauvres trouvent moyen d'y porter des couronnes, des souvenirs. Aux grandes époques de l'année, la femme du plus pauvre ouvrier économise quelques sous sur le pain de la famille pour porter des fleurs aux morts.

La Mort est la sœur de l'Amour. Ces deux religions sont parentes, indestructibles, éternelles. Et si la Mort est vivante, pourquoi pas l'Amour encore?

Je ne croyais guère, dans l'hiver de 1856, que le public refroidi entendrait certain chant d'oiseau, un rouge-gorge impatient qui s'envolait quand la neige n'était pas encore fondue. Mais on écouta. Je doutais du moins qu'un bruissement de fourmis pût se faire entendre. Mais on écouta, et tel, dit-on, fut ému. Comment ce monde ténébreux des imperceptibles, qui n'a pas la grâce ailée, put-il faire impression? On y reconnut l'Amour, qui circule en toutes choses.

Donc, j'ai espéré *quand même*. Et l'excès même des maux m'a donné courage. Tant de folies, tant de dépenses, ne doivent-elles pas s'arrêter, tout au moins par impuissance? L'ennui aussi est visible. Les deux conjoints gagnent-ils au divorce dans le mariage, qui est l'état d'aujourd'hui? Madame n'éprouve que trop cette vérité si bien établie par George Sand : « Que l'amant est tout aussi ennuyeux que le mari. » D'autre part, ce pauvre mari ne s'amuse pas beaucoup. Il n'y a plus de *filles de joie ;* il y a des *filles de marbre* et des filles de tristesse.

Au reste, quand le *monde* ne se réformerait pas, il y a trente millions de Français, cent ou deux cents millions d'Européens, qui ne sont nullement du *monde*, ne connaissent ni la Bourse, ni les bals de filles, ni les dames entretenues. S'il reste deux cents millions d'hommes pour aimer encore, c'est un public suffisant.

L'Amour ne peut pas mourir. C'est lui qui refera tout. Il te refera toi-même, jeune homme de vingt-neuf ans (c'est l'âge du mariage à Paris), jeune homme qui n'es pas trop jeune, qui déjà es fatigué. Tu songes à t'organiser. Mais tu n'oses, devant le train ruineux de la vie d'aujourd'hui. Si tu es homme positif, lis ce livre. Quelle qu'en soit la forme, tu n'y trouveras pas moins plusieurs choses fort positives. Il te faut, dans le mouvement universel de la mer de sables où l'on se débat, un sérieux associé. Tu ne le trouveras pas tout fait, mais ce livre t'apprend à le faire. La mère ne peut savoir d'avance quel sera le rôle actif de sa fille mariée ni l'y préparer. Toute chose aujourd'hui est devenue personnelle. Le mariage varie à l'infini selon le mari. Dans certaines professions, la femme est *collaboratrice*, par exemple, dans le commerce. Dans d'autres, comme dans les arts, elle assiste et elle inspire, s'*associe de la pensée*. Enfin, dans les plus pénibles, les carrières d'hommes d'action, d'hommes d'affaires, elle est la *confidente* naturelle et la seule possible, le soutien moral, la consolation. Si tu ne la négliges point, si tu la tiens au courant, si tu établis avec elle une communication complète, tu verras combien la personne qu'en certaines professions on croit inutile y prête au contraire de force. Dans un monde où tout remue, il faut avoir un point fixe où l'on puisse bien s'appuyer. Or ce point, c'est le foyer. Le foyer n'est pas une pierre, comme on dit souvent, c'est un cœur, et c'est le cœur d'une femme.

NOTE 3.

LA FEMME RÉHABILITÉE ET INNOCENTÉE PAR LA SCIENCE.

La science est la maîtresse du monde. Elle règne, sans même avoir besoin de commander. L'église et la loi doivent s'informer de ses arrêts, et se réformer d'après elle.

Or, jusqu'ici, la plupart des lois religieuses et civiles à l'égard de la femme pouvaient se résumer d'un mot : *Elle est livrée comme une chose, punie comme une personne* (p. 63).

Telle physique, telle législation. La contradiction législative venait originairement de la physiologie insensée des temps barbares. Ils disaient tout à la fois : La femme est *une chose impure,* — et une *personne responsable.*

Une chose *tellement impure,* que Moïse prononce la mort contre l'homme qui s'approche d'elle à certain moment du mois.

Une personne *tellement responsable,* qu'il a suffi de sa faute pour fausser à jamais la volonté du genre humain.

Le christianisme suit Moïse. Toute la série des Pères la condamne et la fait servante de l'homme, qui est l'être supérieur, et pur relativement. Le dernier et le plus terrible est le métaphysicien qui formule leur pensée, saint Thomas ; il va jusqu'à dire que, la femme étant un être *accidentel et manqué,* elle ne dut pas entrer dans la création primitive.

Énorme proposition ! Dieu se trompa, *manqua* son œuvre !

Mais enfin, en quoi *manqué?* Pour la beauté? non, sans doute. On n'a rien à alléguer que l'idée enfantine de la physique barbare : *Elle est impure.* — Le pape Innocent III l'exprime avec violence : « *La puanteur et l'immondice* l'accompagnent toujours. »

Cette doctrine n'est pas abandonnée. Un médecin de Lyon, défenseur opiniâtre de toute erreur du moyen âge, enseigne et imprime, en 1858, « que le sang des règles est impur. »

Maintenant, posons les faits :

1° *La femme est aussi pure que l'homme.* Nos premiers chimistes, MM. Bouchardat, Denis et autres, ont analysé ce sang, et l'ont trouvé tel qu'il est dans toute l'organisation.

2° *La femme est-elle responsable ?* Sans doute, elle est une personne ; mais, c'est une personne *malade*, ou, pour parler plus exactement encore, une personne *blessée* chaque mois, qui souffre presque constamment et de la blessure et de la cicatrisation. Voilà ce que l'ovologie (Baër, Négrier, Pouchet, Coste) a admirablement établi, de 1827 à 1847.

Quand il s'agit d'une malade, si la loi veut être juste, elle doit constamment tenir compte, en tout acte punissable, de cette circonstance atténuante. Imposer à la malade les mêmes peines qu'au bien portant (je veux dire à l'homme), ce n'est pas une égalité de justice, mais une inégalité et une injustice.

La loi se modifiera, je n'en fais nul doute. Mais la première modification doit avoir lieu dans la jurisprudence et la pratique légale. Nos magistrats sentiront, comme je l'ai dit (à la page 245) que, pour juger et punir ce qu'il y a de *libre* dans les actes de la femme, il faut tenir compte de la part de *fatalité* qu'y mêle la maladie. L'assistance *permanente* d'un jury médical est indispensable aux tribunaux. — J'ai établi ailleurs que la peine de mort était absolument inapplicable aux femmes. Mais il n'y a presque aucun article du Code qu'on puisse leur appliquer sans modifications, surtout quand elles sont grosses. Une femme prend un objet. Que faire? elle en a eu une insurmontable *envie*. Oserez-vous l'arrêter? mais vous lui ferez du mal. Allez-vous l'emprisonner? mais vous la ferez mourir. « La propriété est sacrée. » Je le sais bien, parce qu'elle est un fruit du travail. Mais il y a ici un *travail* supérieur qu'il faut respecter, et le fruit qu'elle a dans son sein, c'est la propriété de l'espèce humaine. Voici que, pour ravoir la vôtre, qui peut-être vaut deux sous, vous allez risquer deux assassinats!... Je voudrais, surtout, quand l'objet est une bagatelle, qu'on se laissât voler de bonne grâce et qu'on s'abstînt de l'arrêter. Les anciennes lois allemandes lui permettent expressément de pouvoir prendre quelques fruits.

A ces pensées d'humanité se rattache très-bien ce que j'ai dit (à la page 46) de l'union des deux branches de la science, *science de la justice, science de la nature.* Ce qui leur manque le plus, c'est de sentir leurs rapports. Par bien des points, elles sont une. *Il faut que la justice devienne une médecine*, s'éclairant des sciences physiologiques, appréciant la part de fatalité qui se mêle aux actes libres, enfin ne voulant pas punir seulement, mais guérir. *Il faut que la médecine devienne une justice* et une morale. C'est-à-dire que le médecin, juge intelligent de la vie intime, entre dans l'examen des causes morales qui amènent le mal physique, et ose aller à la source, la réforme des habitudes d'où procèdent les maladies. Nulle maladie qui ne dérive de la vie entière. Toute médication est aveugle, si elle ne s'appuie sur la connaissance absolue de la personne et sa confession complète.

NOTE 4.

DES SOURCES DU LIVRE DE L'AMOUR, ET DE L'APPUI QUE LA PHYSIOLOGIE DONNE ICI A LA MORALE.

La source la plus riche où j'ai puisé, c'est, je l'ai dit, la confiance avec laquelle mes amis, et beaucoup d'autres personnes, m'ont révélé leur vie intime. Ils étaient si sûrs de ma sympathie, qu'ils m'ont souvent fait connaître plus d'un détail délicat qu'ils cachaient même à leur famille. J'ai profité de toute chose, bien entendu sans désigner personne par des signes trop précis. Mais ici, en général, je puis avertir le lecteur que le terrain où il marche est solide et porte sur des réalités. Tel mot que l'on pourrait prendre pour une forme littéraire, est, au fond, une anecdote, un fait de la vie d'aujourd'hui.

Toutefois, ces riches matériaux, si précieux pour l'étude de la moralité humaine, m'auraient peu servi, si je n'avais eu par devers moi ce qui précède et éclaire cette étude, le ferme point de départ que nous ont récemment donné les sciences physiologiques. J'ai largement puisé dans les livres des médecins et dans leurs communications verbales, infiniment instructives.

N'ayant pas cette lumière, les littérateurs qui ont traité le même sujet avant moi, ont flotté un peu au hasard et dit beaucoup de choses vagues et souvent contradictoires.

On comprendra aisément pourquoi je n'examine pas les plus récents, malgré mon affectueux respect pour le génie de leurs auteurs. Quant aux anciens, deux ouvrages ont occupé le public, le livre sérieux de Sénancour (voir 1re et 2e édition, et non la 3e); et la plaisanterie de Balzac. Ces deux livres sont précisément opposés. L'homme de 1800 porte la condamnation la plus forte contre l'adultère. Et l'homme de 1830, commence et finit son livre par le mot connu : « L'adultère est une affaire de canapé. » Balzac avoue qu'il a voulu faire une œuvre sérieuse, mais n'a pu y arriver. Du reste, il n'y a dans son livre exactement *rien*, ni comique, ni sérieux. — Celui de Sénancour, au contraire, si l'on ôte deux ou trois pages inspirées de ce temps, est très-beau, très-fort, plein d'idées. Son âpre tristesse est bien éloquente. Il y a des choses sublimes : « O femme que j'aurais aimée, » etc. Je lui ai volé cette ligne; c'est la dernière de mon livre.

Pour revenir aux médecins, on peut dire qu'aux derniers temps, ils se sont, par leurs formes, calomniés eux-mêmes. A coup sûr, on ne peut du moins les taxer d'hypocrisie. Avec une ostentation de brutalité qu'ils gardent de l'École et du maniement du scalpel, ils n'en ont pas moins établi des doctrines vraiment humaines. Durs, cyniques d'apparence, ils ont fondé réellement ce qu'on peut appeler ici le *dogme de la pitié*.

Ils se croient matérialistes. On ne l'est pas autant qu'on veut. Leurs découvertes dans les choses de la matière, ont donné à la voix du cœur une confirmation admirable. L'Histoire naturelle a parlé comme la Morale elle-même. La Nature a dit comme l'Ame.

Rien de plus pur, de plus haut, que cette révolution. C'est la victoire de l'Esprit.

Trois résultats capitaux :

1° Les basses et matérielles idées qu'on se faisait de la crise périodique de la femme se sont trouvées relevées, épurées, spiritualisées;

2° Le jugement matériel, brutal, si souvent injuste, que l'on portait sur la vierge, réduit à néant, et le mariage ramené à la confiance, à l'accord de deux cœurs.

3° Mais en même temps il reçoit une consécration grave de la nature elle-même. Si fort et si définitif est le premier mariage, que ses effets physiques continuent sous le second.

Au chapitre de la Noce, fort court, j'ai résumé, sous forme simple et dans la mesure des convenances, les faits nombreux que je dois à la confiance des médecins. J'y ai énoncé, d'après eux. l'insignifiance d'une preuve qui ne prouve rien, aujourd'hui surtout, dans les classes affinées, nerveuses, souvent maladives, et si peu sanguines. La barbarie antique, continuée dans les âges soi-disant spiritualistes, commençait l'union par la défiance, exigeait de la douleur, et souvent frappait pour toujours de chagrin, d'humiliation, une pauvre fille innocente. Bas, cruel matérialisme. Celle que vous estimez assez pour lui confier votre vie entière et votre avenir, il faut vous fier à elle tout d'abord pour son passé. Que serait-ce si elle osait vous interroger sur le vôtre?... Eh! quand elle aurait eu un malheur, une faiblesse même, vous êtes sûr qu'elle aimera celui qui l'adopte bien plus que le cruel, l'ingrat, dont l'amour ne fut qu'un outrage.

La médecine a ici subordonné la matière, posé que ce hasard du corps est tout à fait secondaire.

Le droit de l'âme est rétabli. Le mariage dès lors n'est qu'amour. Loin d'exiger que ce jour qui est une fête pour l'un fût un jour de larmes pour l'autre, on a conseillé à la mère, au mari, les ménagements préparatoires qui diminuent la douleur (Fabre, I, 3, 19; Menville, II, 103; Raciborski, 133).

Sur le point si grave de la prétendue impureté de la femme, sa souffrance périodique, même barbarie matérielle chez les prétendus spiritualistes. Au contraire, les médecins, purifiant ce phénomène, en ont établi le caractère si touchant, si élevé. Ce que vous appelez une purgation, imbéciles, c'est la blessure sacrée d'amour dont vos mères vous ont conçus.

Ce n'est pas moins qu'un accouchement continuel, l'ovaire toujours déchiré et toujours guéri. Dès 1821 et 1826, les Anglais Power et Girwood avaient, dit-on, soupçonné cette loi. Mais leurs travaux restèrent inconnus en Angleterre même. C'est sur des observations toutes nouvelles et personnelles que l'Allemand Baër, en 1827, établit l'existence de l'œuf de la femme, et que le Français Négrier, en 1831 et 1858, montra que chaque mois l'œuf mûrit, déchire son enveloppe et se fraye sa route de l'ovaire à la matrice.

Le grand livre de Pouchet (*Ovologie spontanée*, 1842, 1847) établit sur une base systématique la loi de génération, montrant par les faits analogues, observés dans toutes les classes d'êtres, non-seulement que cette loi était telle dans l'espèce humaine, mais qu'elle ne pouvait être autre.

La loi, posée par Pouchet, en y joignant les modifications qu'y font Négrier et Raciborski (mémoire couronné par l'*Académie des sciences*) et les observations inédites de M. Coste, établit que la conception n'a lieu qu'au moment où l'hémorrhagie annonce l'apparition de l'œuf, c'est-à-dire qu'elle a lieu pendant les règles, et aussi un peu avant ou un peu après. Donc, il y a stérilité pendant une moitié du mois.

Les vérités, consacrées par le jugement de l'*Académie des sciences* et l'enseignement du *Collège de France*, ont apparu en tout leur jour par les travaux de MM. Coste et Gerbes. En dix années d'observations sur les femmes suicidées, ils ont, par un livre positif, d'une lumière admirable, par un atlas (qui reste comme un chef-d'œuvre immortel), posé solidement cette loi.

L'histoire de l'ovologie humaine est résumée de la manière la plus satisfaisante dans un ouvrage excellent, plein de choses neuves et originales, la Physiologie de MM. Robin et Béraud. Déjà ce grand anatomiste, notre premier micrographe, Robin, avait éclairé les sciences de la génération de vives lueurs, et par sa Description de la muqueuse utérine, et par son Mémoire sur l'œuf mâle, qui, de la femelle au mâle, des animaux aux végétaux, fait entrevoir l'identité du procédé de la nature.

En 1847, l'année même où M. Coste publiait les résultats de ses nombreuses dissections et fixait l'ovologie de la femme, le docteur Lucas publia un livre sur l'*Hérédité* physique, 2 vol. in-8°. Livre important, capital, qui, malgré certains nuages d'abstractions, n'en signalait pas moins, dans l'auteur, alors inconnu, un grand et excellent esprit. La presse s'en occupa peu. Qu'est devenu l'auteur? je l'ignore. Je l'ai recherché en vain. S'il vit encore, je le prie de recevoir ici le témoignage de ma reconnaissance et de mon admiration.

Au t. II, ch. IV, p. 53-65, M. Lucas réunit un assez grand nombre de faits qui prouvent que, du plus bas au plus haut de l'échelle vivante, des derniers insectes aux oiseaux, aux mammifères et jusqu'à l'espèce humaine, la fécondation s'étend bien au delà du présent immédiat, que l'acte générateur ne donne pas un résultat unique, mais qu'il a des effets multiples, durables, et souvent continués longtemps dans l'avenir.

Le puceron est fécondé en une fois pour quarante générations ultérieures (Bonnet); d'autres réduisent ce nombre, mais sans nier le fait. La chenille est fécondée pour trois ou quatre générations (Bernouilli). L'abeille pour une année (Réaumur). La poule pour la couvée suivante (Harvey).

Quant aux mammifères, les observations les plus précises sont dues aux habiles et persévérants éleveurs anglais. Le blason des chevaux de course, leurs mariages, leurs mésalliances, notées depuis deux cents ans dans leur Livre d'or (*Studbook*) avec autant de soin qu'aucune généalogie royale, ont mis la science sur la voie. On a appris à voir, observer, expérimenter. On a vu que la jument arabe, qui eut (seulement une fois) un caprice pour un âne, ne donne plus que des ânes aux illustres amants qu'elle peut avoir plus tard (Ed. Home); du moins des enfants mêlés qui rappellent tristement, par le poil ou par la forme, que leur mère a dérogé. Nos éleveurs du Poitou savent cela parfaitement et y prennent garde (Magne). Mais, en **Afrique**, où les mères sont peu surveillées, les chevaux barbes qu'elles ont, même du plus pur arabe, rappellent souvent, par des formes pauvres et bizarres, l'infériorité du premier amour.

Il en est de même pour le chien; le premier occupant influe plus que vingt qui peuvent suivre; il marque leurs enfants de sa ressemblance (Stark, Burdach); observation d'ailleurs proverbiale chez nos paysans du Midi. La laie que le sanglier a surprise reste ensauvagée et donne à ses paisibles successeurs des fils hérissés (Meckel). Cette loi, qui visiblement adjuge la femelle au premier amour et proteste contre ceux qui suivent, paraît être générale chez les animaux supérieurs.

En est-il de même dans l'espèce humaine? Analogue aux autres mammifères pour le progrès de l'œuf et la crise périodique (*Journal des vétérinaires*, 1846), le serait-elle aussi pour le caractère durable de la fécondation? Le premier amour, le premier enfant, détermineraient-ils l'avenir? Et le père de cet enfant étend-il sa paternité à ceux que la femme aura d'un amant, d'un second mari?

Nul doute que chez nous où l'âme, la volonté, intervient si puissamment dans les actes de la vie physique, la fatalité des lois générales n'ait à combattre des réactions de liberté, de passion individuelle, qu'on ne peut pas calculer.

Cependant les faits semblent témoigner que la nature communément résiste et donne un caractère durable à la fécondation première (Lucas, t. II, 60). Les anciens médecins, Fienus, Aldovrand, avaient remarqué que la femme adultère avait souvent, de l'amant, des enfants qui ressemblaient au mari. C'était, de leur temps, un adage : « Le fils de l'adultère excuse sa mère. » On supposait que la femme, dans cet acte furtif, avait pensé à celui dont elle avait peur, et que cette peur marquait son fruit des traits du mari. Mais on ne peut donner cette explication pour les femelles des animaux ; ce n'est pas la peur qui fait qu'elles reproduisent l'image du premier mâle dans les petits qu'elles ont du second et de ses successeurs.

Du reste, nous avons vu des veuves, fécondes au premier mariage, avoir ensuite du second, et d'un mari très-aimé, des enfants qui ressemblaient au premier mari, mort depuis longtemps et peu regretté. Ici, ni la crainte, ni l'amour, n'influait. C'était le résultat physique d'une modification de l'organisme. La première fécondation avait influé sur l'avenir à plusieurs années de distance et peut-être pour la vie.

S'il en était toujours ainsi, si la première fécondation modifiait la femme infailliblement pour toujours, l'adultère serait impossible (au moins pour les résultats). La possession du mari devenant ineffaçable, le seul trompé serait l'amant.

Cette transformation de la femme n'apparaît pas seulement dans les résultats de la génération, mais véritablement en toute chose. La femme, même très-jeune, au bout d'un an ou deux de mariage, prend à la lèvre un léger duvet, imperceptible chez les blondes, mais très-frappant chez les brunes. La voix, la démarche moins féminines, accusent aussi un état nouveau. Mais, ce qui est surprenant, et ce que j'ai observé très-souvent, l'écriture change. Celle de la femme se rapproche peu à peu de celle du mari.

D'anciens médecins (Bartholin, Perrault, Sturm), et récemment Grasmeyer, ont pensé que, même sans fécondation, les rapports du mariage suffisent à la longue pour masculiniser la femme. Mon ami, le docteur Robin, si profond observateur du monde microscopique, sans admettre les théories hasardées de ces auteurs, pour des raisons différentes, croit à cette transformation.

Le principe de la fécondation durable, élancée dans l'avenir, attriste au premier coup d'œil comme une fatalité. Mais d'autre part, il éclaire à une grande profondeur morale la crise obscure de l'amour et il la spiritualise. Il y révèle, en tous les êtres, à ce moment, plus clair pour l'homme, comme un essor vers l'infini, un élan dans l'éternité.

Ce qui se passe alors chez tous, les plus grands et les plus petits, ressemble si peu aux phénomènes ordinaires de la matière, qu'on serait tenté de dire, en regardant même au plus bas : Rien n'est matière, tout est esprit.

Un mot sonne, toujours le même, dans toute l'échelle vivante, soit qu'on monte ou qu'on descende, un seul mot (l'Amour n'en sait qu'un) : « Je veux par delà moi-même... Je veux trop... Je veux tout ! toujours ! »

Le vœu confus du désir dans les tribus inférieures, c'est l'infini grossier de force, qui, faisant celui de nombre, garantit l'infini de durée. Le vœu supérieur, en montant, c'est l'infini du beau, du bon, un infini de qualité. Le désir crée alors des êtres concentrés, puissants, capables, sinon de palper, du moins de penser l'infini.

Ainsi l'Amour monte, et toujours montera sans arriver. Il ne veut rien que d'absolu, sans fin, sans borne, sans limite. D'instinct profond, il se désire lui-même comme Amour éternel. Il se perçoit tel par éclairs, se sent Dieu, mais s'éblouit... La nuit se referme... L'infini a apparu, disparu...

« Hélas ! dit-il, j'avais tant de choses à lui dire ! »

FIN

TABLE

INTRODUCTION.

I. — L'OBJET DE CE LIVRE

La question de l'Amour, précède logiquement celles de la Famille, de la Société, de l'État. — Le sens moral a baissé. — *Goût des jouissances solitaires*, alcools et narcotiques. — *Polygamie de l'Occident*. — Maladies du cerveau et de la matrice. — Les animaux même tendent à l'union monogamique. — On a négligé l'étude des deux côtés essentiels de l'Amour. — L'Amour n'est pas une crise, un drame, mais une épopée.—Il donne prise à la volonté, à l'art.   ɪ

II. — LA RÉVÉLATION DE LA FEMME.

La mort a révélé la femme. — Les suicidées de Paris. — Des créateurs de la science. — La crise sacrée et fatale de la femme. — Elle se donne sans retour. — Pendant que sa fatalité apparaissait dans la science, sa personnalité a éclaté dans la littérature. — Elle a constaté sa personnalité par une guerre simulée.—Mais elle ne veut qu'être aimée.   XIII

III. — L'ORIGINE DE CE LIVRE.

L'idée de ce livre remonte à l'année 1836. — Elle fut confirmée en 1844. — Confiance que la jeunesse témoigna à l'auteur. — Secours qu'il trouva dans l'amitié des illustres médecins. — Fatalité volontaire, habitudes, art d'aimer — De la forme de ce livre. . xxiv

IV. — LA DÉLIVRANCE MUTUELLE DE L'HOMME ET DE LA FEMME.

L'*Andromède délivrée* du Puget. — Délivrance de la femme par l'homme. — Délivrance de l'homme par la femme. — Une femme et un métier. — La future épouse gardera le jeune homme. xxxvi

LIVRE PREMIER.

CRÉATION DE L'OBJET AIMÉ.

I. DE LA FEMME. — Combien elle diffère de l'homme. — Point où elle est supérieure 1

II. LA FEMME EST UNE MALADE. — Poésie de sa crise ordinaire. — Elle n'est point capricieuse, mais barométrique. — Combien elle a besoin de soins. 4

III. LA FEMME DOIT PEU TRAVAILLER. — Elle est très-mauvais ouvrier. — Ne faisant rien, elle fait tout. 11

IV. L'HOMME DOIT GAGNER POUR DEUX. — L'évangile de la femme à l'homme. — La femme, c'est la fortune. 15

V. CE QUE SERA LA FIANCÉE. — Riche ou pauvre? — De même race? de même classe?. 19

VI. FAUT-IL PRENDRE UNE FRANÇAISE? — L'Anglaise, l'Allemande. l'Espagnole, l'Italienne.—Raison, brillant, précocité de la Française. — Le mariage l'embellit. 25

VIII. LA FEMME VEUT LA FIXITÉ ET L'APPROFONDISSEMENT DE L'AMOUR. — Elle est, dans toute l'histoire, l'élément de fixité. — Pour elle, le but du mariage est le mariage (et la maternité secondairement). Elle y met bien plus que l'homme; donc tout changement est contre elle. — Épidémies accidentelles de changement, furie de toilette, etc. — La femme aimée est susceptible d'un renouvellement infini. 26

VIII. Il faut que tu crées ta femme. — Elle ne demande pas mieux. — L'amour moderne aime moins ce qu'il trouve que ce qu'il fait. 36

IX. Qui suis-je pour créer une femme ? — Le plus blasé peut aimer encore. — Le mariage est généralement une délivrance pour la fille. — La mère française a le tort d'être plus jolie que sa fille. — Le mariage et le bonheur embelliront celle-ci. — La femme (de 18 ans?) sent que son mari (de 28?) lui est triplement supérieur comme science, expérience et métier. — Il faut qu'il lui *humanise* la science. — Elle est vieille d'éducation, et lui, il est jeune. . 39

LIVRE DEUXIÈME.

INITIATION ET COMMUNION.

I. La maison du berger. — Que peut-on sur la femme dans la société? Rien. Dans la solitude? Tout. — Il en sera autrement dans une société meilleure. — Solitude relative d'une dame de commerce en plein public. — L'amour veut cependant, au début, quelque recueillement. — Ce que sera la petite maison. 53

II. Le mariage. — (En droit romain) *Mariage c'est consentement*. — La nouvelle épouse est-elle suffisamment garantie par l'Église, l'État, la famille? — Elle ne se confie qu'à *lui*. 61

III. La noce. — Il doit être le protecteur de la jeune épouse contre lui-même. — La fille moderne est peu sanguine. Prédominance du tempérament nerveux. — Méprises et défiances injustes. — Le trouble la rend souvent malade. Il doit la soigner avant tout. 69

IV. Le réveil. La jeune maîtresse de maison. — On doit lui ménager le repos et la solitude. — Elle visite la maison, l'ameublement, le jardin, préparés pour elle. 76

V. Resserrer le foyer. — Plus on est près et plus on s'aime. — Nos appartements sont trop divisés en petites pièces. — Les intérieurs de Rembrandt. — La présence de la jeune femme ne distrait nullement du travail. 85

VI. La table. — Ménager avec soin son changement de régime. — Il la nourrit. Elle le nourrit. Ils vivent l'un de l'autre. . . 92

VII. Ils se serviront eux-mêmes. — Tout au plus, une bonne fille de campagne. — Du mari comme serviteur de la femme. — Pour celui qui aime, les réalités de nature ne font nul tort à l'idéal. 98

VIII. Hygiène. — Combien il importe qu'au début il s'empare de celle qui va tellement s'emparer de lui. — Suivre attentivement le détail de sa vie physique. — La soigner discrètement, sans blesser ce qui lui reste des timidités de la jeune fille. — Vie de campagne, etc. 107

IX. De la fécondation intellectuelle. — Elle désire appartenir encore plus, être possédée moralement. — Difficulté d'enseigner une femme. — Il ne faut pas lui donner d'aliments indigestes. — Mettre en elle des germes vivants. — Trop de lecture tanne l'esprit. — Qu'elle garde « le velouté de l'âme. » 118

X. De l'incubation morale. — La femme ne veut (et n'a aujourd'hui aucun aliment que le cœur aimé. — Il faut, de son amour étroit, la mener au grand Amour. — Elle est incapable de *diviser* et d'abstraire, ayant pour mission d'*incarner*. — Sa vie est toute rhythmique et scandée de mois en mois. — Il faut respecter cette division du temps, profiter des périodes ascendantes. — Ne pas la fatiguer en temps d'orage. — Elle pense en travaillant des mains. — Docile, et non servile, elle couve le germe en silence. — Avantages du lit commun pour les communications morales, religieuses, etc. — Il faut une belle et noble cause pour fondre le jeune cœur. 130

LIVRE TROISIÈME.

DE L'INCARNATION DE L'AMOUR.

I. Conception. — La femme est très-noble dans l'amour ; elle hasarde sa vie pour donner le bonheur à l'homme. — Elle suit bien moins l'attrait physique que sa bonté, son besoin de complaire, de consoler et de renouveler le cœur. — La conception doit être hautement libre et volontaire................. 147

II. LA GROSSESSE ET L'ÉTAT DE GRACE. — La femme rêve toujours un enfant surnaturel, et c'est ce qui doue l'enfant. — Le miracle du monde nouveau qu'elle porte. — Elle-même a reçu une seconde vie, et se trouve transform'e. — Les *enfances* de la femme enceinte. — Toute la nature est pour elle, et la loi doit l'être aussi......................... 156

III. SUITE DE LA GROSSESSE. LE RIVAL. — La femme appartient déjà à l'enfant. — Son dévouement pour concilier deux devoirs. — Soumission et pureté................. 166

IV. ACCOUCHEMENT. — Terreur du mari. — L'accouchée préfère la sage-femme, le mari le médecin. — Le péril a créé entre eux un nouveau lien. — État cruel de la femme. — Atlas de MM. Coste et Gerbes..................... 172

V. COUCHES ET RELEVAILLES. — Le mari est la meilleure garde-malade. — Bonheur de la femme soignée par lui. — Ce qui devrait être la récompense de la femme. — Ce qui sera la récompense du mari...................... 180

LIVRE QUATRIÈME.

DE L'ALANGUISSEMENT DE L'AMOUR.

I. ALLAITEMENT ET SÉPARATION. — La femme mêle ses deux amours dans un demi-rêve. — L'enfant unit et sépare. — Il a pris la place du père........................ 195

II. LA PAPILLONNE. — La femme va se serrant à un berceau, l'homme s'éparpillant dans l'infini. — La variété accablante du monde moderne conspire contre la femme et le foyer. — Et cependant l'homme, en elle seule, garde l'*étincelle*......... 200

III. LA JEUNE MÈRE SEVRÉE DE SON FILS. — Elle souffre de le voir malheureux aux écoles, et encore plus de l'y voir consolé. — Sa tristesse, au premier regard sur le monde....... 208

IV. DU MONDE. LE MARI A-T-IL BAISSÉ? — Par la spécialité et le métier, il est devenu plus fort, mais il a perdu comme éclat et élévation. — L'homme moderne, ouvrier et *créateur*, n'a pas l'harmonie de l'homme antique (le héros). — Le monde préfère *l'amateur* et le favorise contre le mari auprès de la femme. — Est-il vrai que la femme soit « la désolation du juste ? » — Des romans. — L'homme fort n'a pas peur des romans. — Granville-*La-Victoire* 216

V. La mouche et l'araignée. — Comment les femmes perdent les femmes. — Ruses ou demies violences. — La femme trahit souvent son mari par attachement pour lui. — A-t-elle vraiment *consenti* ? — Des degrés infinis dont la volonté est susceptible. — Les tribunaux auraient besoin de l'assistance permanente d'un *jury médical* pour déterminer la part de la liberté et de la fatalité. . . . 231

VI. La tentation. — La femme à l'apogée de la vie, de la santé. — La plus pure peut être troublée, aimer celui que son mari aime. 247

VII. Une rose pour directeur. — Qu'elle écoute sa conscience et les voix innocentes de la nature qui garderont sa pureté. — Humiliation de celle qui se sent très-faible. — Recours à la confession conjugale. — La discipline conjugale demandée et refusée — Elle est traitée avec douceur, éclairée et replacée dans la lumière de la raison. — L'erreur du cœur tient souvent à ce qu'il prend pour mérite *unique* de l'objet aimé une chose *commune* à un peuple, une race, etc.. 256

VIII. Médication du cœur. — Énormes conséquences qu'entraîne l'adultère de la femme. — Généralement, elle est bien loin de les prévoir, elle pèche par étourderie et en a souvent de cruels remords. Exemples. — La cause la plus ordinaire de sa chute est l'ennui, l'oisiveté. — Ne l'abandonnez pas, quoiqu'elle aie fait. — La femme, s'étant donnée entièrement au mariage et se trouvant transformée par l'imprégnation, perd infiniment au divorce. — Ne la frappez jamais, quoiqu'elle aie fait. — Du cas où sa conscience lui ferait désirer l'expiation. — Le meilleur remède est de la tirer des mauvais milieux, de l'épurer et la renouveler, s'il se peut, par l'émigration. 270

IX. Médication du corps. — Après la pléthore et la passion, vient l'affaissement et la maladie. — C'est l'épreuve forte de l'amour. —

Raymond Lulle et M***. — Désolation de la femme qui craint d'être un objet de dégoût. — Le mari seul doit la soigner. — Elle gagne déjà beaucoup à se sentir enveloppée de lui, et à s'épancher avec lui. — Nulle médication sans confession. — La raffermir contre la mort. — Le mari doit être son prêtre, et s'il se peut, son médecin. — Lui seul la connaît parfaitement, parce qu'en grande partie il l'a faite. — Rien ne relève plus la malade que de voir qu'elle est toujours aimée et désirée.. 282

LIVRE CINQUIÈME.

LE RAJEUNISSEMENT DE L'AMOUR.

I. Seconde jeunesse de la femme. — Sa tristesse. — Elle a déjà faibli, quand l'homme est au plus haut point de sa force. — Les succès même de son mari le séparent d'elle. — Il est d'autant plus exposé aux tentations du monde. — Elle devient son auxiliaire zélé, et comme un jeune camarade pour le sérieux et pour le plaisir. — Elle comprend sa pensée la plus difficile, et elle la lui rend embellie.. 305

II. Elle administre et gouverne le régime et le plaisir. — La bonne Circé. — Elle surveille et soigne religieusement l'alimentation de son mari. — Elle le préserve d'excès. — L'homme désire plus, et plus tard dans la vie. — Pour l'homme fatigué, attristé, plaisir, c'est consolation. — Une bonne femme, c'est la gaieté, c'est l'*enfant* de la maison et sa *divine comédie*.. 313

III. Elle affine l'esprit, — ou rend l'étincelle. — L'épouse calme, harmonise l'esprit, donne toute lucidité aux facultés inventives. — Le moyen âge lui-même n'a fait ses trois grandes œuvres que par des hommes mariés. — Des abstinences consenties; élan du Puget au matin. — Le contact de la femme pure purifie. — L'amour, ajourné par l'amour, prend en elle l'essor du sublime. . . . 325

IV. Il n'y a pas de vieille femme. — Les grands artistes modernes ont senti profondément la beauté de la bonté, et ont peint de préférence la femme souffrante et déjà mûre. — Le visage vieillit bien avant le corps. — L'ampleur des formes est favorable à l'expression de la bonté. — Une génération qui n'aimerait que la première jeunesse et ne serait pas policée par le commerce des dames, resterait grossière. — Une femme qui aime et qui est bonne peut, à tout âge, donner le bonheur, *donner* le jeune homme. — De l'amour mêlé d'amour maternel. 335

V. LES ASPIRATIONS DE L'AUTOMNE. — Tristesses et craintes de la dame mûre : Être séparée par la mort? Ne pouvoir faire le bien selon son cœur? Vieillir et ne pas justifier l'illusion persévérante de celui qui aime? — Comment on peut se faire belle. — Supériorité de cette beauté acquise, qui n'est point un hasard de race, de famille, etc. — Combien de choses gracieuses étaient impossibles à la jeunesse. 339

VI. L'UNITÉ EST-ELLE OBTENUE? Résumé de ce qui précède.— Chaque âge a amené un degré de plus dans l'union. — Tout désir est d'abord une idée; l'amour peut toujours se renouveler par les idées; donc, le temps n'est pas son obstacle. — Le seul obstacle à l'union absolue est dans l'essence de l'amour : tant qu'ils vivent, ils restent deux. — La femme incline à la Grâce et suit l'homme difficilement dans la ligne de la Justice. 349

VII. LA MORT ET LE DEUIL. — La mort a suivi ce livre pour raffermir l'amour et le continuer. — C'est à l'homme de mourir, à la femme de pleurer. 355

VIII. DE L'AMOUR PAR DELA LA MORT. — Le semblable rejoint le semblable. — En devenant semblable à celui qu'on perd, on le rejoint. — La veuve est son âme attardée. — Elle garde sa mémoire, conserve, multiplie ses amis, l'aime de plus en plus dans le progrès de sa légende. 362

NOTES ET ÉCLAIRCISSEMENTS.

Des trois parties qu'aurait un livre complet sur l'Amour, l'auteur n'a donné dans ce volume que la seconde. — Il regrette de n'avoir pu développer les chapitres de culture, d'éducation, de discipline morale.— De ses notes, infiniment trop nombreuses, il ne donne que les suivantes. 371

NOTE 1.

COUP D'ŒIL SUR L'ENSEMBLE DU LIVRE,

Et spécialement sur les rajeunissements de l'amour. 378

NOTE 2.

L'AUTEUR EST-IL EXCUSABLE DE CROIRE QU'ON PEUT AIMER ENCORE ?

Chiffres officiels sur la diminution des mariages, etc. — Quoique l'Europe soit malade, elle a quelques raisons d'espérer. — La mort de l'Empire romain fut précédé d'un grand obscurcissement et d'une défaillance d'esprit. — Mais, ici, la lumière et l'invention augmentent. Depuis 1800, progrès moral dans le culte des morts et l'amour de la nature. — L'immense majorité des Français et des Européens n'a aucune connaissance des vices à la mode. — Même le jeune homme du monde ne peut espérer prendre une position forte qu'en concentrant mieux la vie et s'appuyant au foyer. 385

NOTE 3.

LA FEMME RÉHABILITÉE ET INNOCENTÉE PAR LA SCIENCE.

Tous les Pères, d'après la tradition hébraïque, condamnent la femme, et la déclarent impure. — La chimie a constaté *qu'elle est pure*. — La physiologie a montré qu'elle est constamment une blessée, *une malade*. — A ce titre, elle a toujours, en justice, une grave circonstance atténuante. — La peine de mort ne peut être appliquée aux femmes. — Peut-on arrêter une femme enceinte sans risquer de faire deux assassinats ? — Les anciennes lois allemandes lui permettent de petits vols. — Vœu pour que chaque cour d'assise ait l'assistance *permanente* d'un jury médical. — Il faut que la justice devienne une médecine et que la médecine devienne une justice et une morale. 389

NOTE 4.

DES SOURCES DU LIVRE DE L'AMOUR ET DE L'APPUI QUE LA PHYSIOLOGIE DONNE ICI A LA MORALE.

Les littérateurs m'ont peu servi (Sénancour, Balzac, etc.), mais beaucoup les médecins. — Sous des formes dures, cyniques et matérialistes, ils n'en ont pas moins fondé récemment une des grandes choses de l'âme, ce qu'on peut appeler (en ce qui concerne la femme) *le dogme de la Pitié*. — Ils ont humanisé le mariage, écarté ce qu'il conservait de barbarie matérielle.— Ils ont démontré que ce qu'on appelait impureté est la blessure mensuelle de l'amour et la fécondité même. — Ils ont établi que, du plus bas au plus haut, des moindres êtres aux premiers, la fécondation n'est point chose éphémère, mais durable, souvent pour un long avenir. Principe physique qui consacre la fixité du mariage. — L'amour implique l'essor vers l'infini et l'élan dans l'éternité. . . . 395

FIN DE LA TABLE.

Printed in Germany by
Amazon Distribution
GmbH, Leipzig